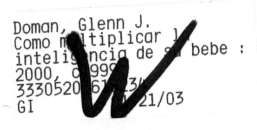

EDAF

MADRID - MÉXICO - BUENOS AIRES

GLENN DOMAN y JANET DOMAN

Cómo multiplicar la inteligencia de su bebé

Usted puede hacer posible que su bebé de dos años aprenda a leer, matemáticas, otro idioma, nadar, etc.

TU HIJO Y TÚ

Título del original:
HOW TO MULTIPLY YOUR BABY´S INTELLIGENCE: MORE GENTLE REVOLUTION

© 1994. Glenn Doman.
© 1999. De la traducción: Alejandro Pareja Rodríguez.
© 1999. De esta edición, Editorial EDAF, S. A. Jorge Juan, 30. 28001 Madrid, por
acuerdo con Glenn Doman and Janet Doman, Wyndmoor, PA 19038 USA.

Dirección en Internet: http://www.arrakis.es/~edaf
Correo electrónico: edaf@edaf.net

Edaf y Morales, S. A.
Oriente, 180, n.º 279. Colonia Moctezuma, 2da. Sec.
C. P. 15530. México, D. F.
Dirección en Internet: http:// www.edaf-y-morales.com.mx
Correo electrónico: edaf@edaf-y-morales.com.mx

Edaf y Albatros, S. A.
San Martín, 969, 3.º, Oficina 5.
1004 - Buenos Aires, Argentina
Correo electrónico: edafal3@interar.com.ar

6.ª edición, noviembre 2000

Depósito legal: M. 45.866-2000
ISBN: 84-414-0302-3

PRINTED IN SPAIN   IMPRESO EN ESPAÑA

IMPRIME: IBERICA GRAFIC, S.L. - FUENLABRADA (MADRID)

Dedicado a
Helen Gould Ricker Doman
y a
Joseph Jay Doman

Mi madre y mi padre,
que se empeñaron en que yo viviese la vida
subido sobre sus hombros.

Índice

————— • —————

Agradecimientos

———— • ————

S I HA PASADO a la historia el nombre de la persona que escribió el primer libro, el dato no ha llegado a mis oídos.

Quienquiera que fuese, estoy seguro de una cosa: no lo pudo escribir sin recibir gran ayuda por parte de otras personas.

Dios sabe que, si bien he trabajado cuarenta años, de una manera u otra, para escribir este libro, no cabe duda de que recibí gran cantidad de ayuda, toda ella fundamental.

De la manera más directa han intervenido Janet Doman, Michael Armentrout y Susan Aisen, que en realidad han escrito varios capítulos en su totalidad. Estos capítulos son tan brillantemente claros y penetrantes que siento a la vez gran placer por que lo sean y un poco de molestia porque el resto del libro no esté a su altura.

Lee Pattinson lo revisó palabra por palabra y corrigió mis errores gramaticales. El trabajo de Lee alivió la carga a mi viejo amigo y editor Ferris Mack, de la editorial Doubleday, cuyas «notas sarcásticas al margen» fueron lo bastante ingeniosas y amables como para que yo no sintiera dolor a la hora de eliminar algunas de mis expresiones favoritas que aplicaba a algunas de mis personas preferidas de este mundo.

Los cientos de miles de palabras que se contenían en los diversos manuscritos fueron mecanografiadas por Greta Erdtmann y por Cathy Ruhling, que consiguieron trabajar como si el tedio inacabable fuera un placer.

Michael Armentrout diseñó el libro y, sin una sola protesta, lo maquetó de varias maneras para acomodarse a mis «caprichos de acero», que debieron de parecerle inacabables.

El pintor y fotógrafo sin igual Sherman Hines, canadiense, realizó todas las fotos, salvo cuando se indica lo contrario.

El viejo Hipócrates, Temple Fay y muchos otros neurocirujanos y neurofisiólogos están presentes en todas las páginas,
como también lo están todos los grandes maestros que he tenido. (Los maestros terribles que he tenido también están presentes, aunque de otro modo.)

Los miembros de ese grupo que sólo puedo calificar de su-
blime, el personal de los Institutos para el Logro de las Posibilidades Humanas, también están presentes en cada página, en
cada palabra y en los espacios entre palabras. Su edad y su experiencia van desde las del catedrático Raymond Dart, de noventa años, cuyo descubrimiento del *Australopithecus African-
nus Dartii* modificó para siempre el concepto humano de
quiénes somos y de dónde venimos, hasta las de los aspirantes
incansables de veintiún años.

Del mismo modo se encuentran presentes en cada página
los muchos miles de niños maravillosos de los que hemos
aprendido, y que van desde los niños en coma con graves lesiones cerebrales hasta los niños verdaderamente renacentistas
del Instituto Evan Thomas.

Hablar de estos niños y de sus logros singulares y únicos es
alabar a sus padres, de decisión inagotable y de alegría y heroís-
mo constantes, que viven en un mundo gozoso diseñado por
ellos mismos. Si nombrásemos a sólo uno, o a cien, o a mil de
ellos, estaríamos haciendo de menos de algún modo a todos los
demás, que serían miles. Desde aquí los saludo a todos, niños,
mujeres y hombres, y me inclino ante ellos con el amor y el respeto más profundos.

Quiero expresar mi reconocimiento a ese grupo casi olvidado, el de los miembros de la Junta Directiva de los Institutos,
tanto los que viven como los que ya han fallecido, que nos han
entregado su amor, su devoción, su orientación y, en más de
una ocasión, han puesto en peligro sus valiosas reputaciones
para apoyarnos cuando atacábamos el *status* que tan celosa-
mente guardado por los que se consideran y se han entroniza-
do a sí mismos como «propietarios únicos de la verdad».

Por fin, aunque no son los últimos en importancia, me inclino con agradecimiento ante todos los que han apoyado la labor de los Institutos a lo largo de los años. Nos han entregado
su apoyo inquebrantable en cuestiones económicas, emocionales, intelectuales, científicas y morales, y de otras mil maneras.

Prólogo

———— • ————

Cuando conocí el trabajo de Glenn Doman yo era una profesora con 23 años de experiencia en educación y madre de ocho hijos, sí, ocho, bastante satisfecha con mis resultados profesionales en el mundo de la docencia. Percibía el cariño que alumnos y padres continuaban dispensándome después de los años. Esa es sin duda la mejor demostración del trabajo bien hecho. Trabajo cimentado en gran medida, sobre la base del inconformismo y sustentado en la **pedagogía como ciencia-guía**. Ese era mi modelo, y parecía razonablemente eficaz. ¿Por qué cambiar entonces? Porque el libro *Cómo multiplicar la inteligencia de su bebé* llegó a mis manos y me hizo ver la grandeza del potencial humano.

Visité los Institutos para el Desarrollo del Potencial Humano en Filadelfia en el año 1992, y tras este primer contacto seguí muy de cerca la filosofía de Glenn Doman. Su fundamento radica en estimular el cerebro, que puede estar dañado o no por múltiples causas, pero que es capaz de desarrollarse de manera sorprendente. Comprender nuestros sistemas de percepción, memoria, etc., conocer su funcionamiento. ¿Para qué? Es sencillo. Para mostrar la información como el cerebro quiere recibirla. Esto, por una parte, reduce el tiempo necesario para adquirir nuevos conocimientos y, por otra, aumenta la autosatisfacción por el aprendizaje, pues a quien le aprende le resulta sumamente sencillo. Y esto predispone para futuras adquisiciones.

Conocí algo plenamente corroborado hoy por la biología y la neurociencia; el cerebro -el encéfalo y todo el sistema nervioso- poseen una ingente cantidad de neuronas y una capacidad plástica, adaptativa y de crecimiento prácticamente ilimitadas. Y no exagero un ápice.

Por ello, quienes como yo entendemos que sólo hay personas capaces, debemos agradecer a Doman su convicción, su creencia y hoy ya su evidencia, de que usted, yo, todos, somos tan grandes como realmente nos empeñemos en ser. Él siempre nos invita a compartir su aventura.

En el campo de la educación, la aportación más notable de toda la obra de Glenn Doman es su total confianza en los padres. «Las madres y los hijos son la combinación más dinámica posible. Las madres son las mejores maestras.»

Busca siempre a las madres desde que inicia sus primeras investigaciones y aplica sus experiencias. Afirma que las madres pueden enseñar a sus bebés desde que nacen y que el aprendizaje es la mayor aventura de la vida. Dice que el niño lo cree así y siempre lo creerá, porque para él es el juego más estimulante y más importante de la vida.

La magia está en el increíble cerebro del niño. La madre debe saber que la explosión de esta magia hará posible la alegría para ella y para su hijo a lo largo de toda su vida.

Glenn Doman enseña a las madres a que cuiden la motivación que ofrecen a sus hijos para aprender. Si la motivación es alta, es un instrumento de éxito; si es baja, será un instrumento de fracaso. Este modo de actuar que propone Doman es: **el cómo que quiere el niño**.

Hoy día, gracias a él, los padres y profesionales podemos seguir de manera práctica y sencilla la aplicación de sus experiencias en la realidad personal de cada niño.

Cómo multiplicar la inteligencia de su bebé

Este texto de Glenn Doman contiene su teoría de la educación de manera muy especial, y explica con claridad enunciativa y gran precisión metodológica el título con que aparece en portada.

Escrito en un lenguaje «para todos» –padres y profesionales– aclara y describe, con deliciosa minuciosidad, conceptos clave como son **inteligencia y motivación**.

A mi entender, no pretende demostrar nada intelectualmente, más bien se inclina por ilustrar aquello que describe con una variada selección de ejemplos y casos empíricos tomados de la realidad.

La realidad está compuesta de hechos. Un amplio glosario de éstos, aquellos en los que los protagonistas son niños de muy corta edad, algunos con lesiones cerebrales, queda recogido a lo largo de estas páginas.

Doman expone ciertas claves, tan ligadas entre sí, que más que trucos destinados a obtener progresos en tal o cual área del aprendizaje, conforman toda una *actitud educativa*, un enfoque, una perspectiva filosófica y un proceso de carácter universalista que podemos asociar a la expresión que él mismo acuña como «revolución pacífica». Así mismo, encontramos una clara crítica al sistema escolar, ese sistema escolar que limita las posibilidades del niño.

Independientemente de lo que usted, lector o lectora, interprete del contenido de este libro que tiene en sus manos, lo que no puede es pasar por alto el propósito que tiene el propio autor. Tal propósito es: **enseñar a los padres que desean saber** las cosas notables y vitales con respecto a los niños pequeños.

Nos encontramos ante una narración rica en experiencias, anécdotas, citas, plena del sentido del humor, sencilla y agradable. Una gran admiración por la capacidad del ser humano recorre cada párrafo. Así, el desarrollo de tal potencial es eje y tarea de esta aventura.

Es una obra breve en su extensión pero dilatada en contenido profundo y conmovedor, que pretende hacernos capaces de creer en el desarrollo del potencial humano y nos da la confianza, ilusión y vehemencia necesarias para aplicar sin temores todas sus afirmaciones con los niños de hoy y de cualquier cultura.

Su autor actúa de profesor para las madres, por quienes tiene un gran respeto, y de ellas espera que hagan posible este regalo que él hace a todos los niños del mundo.

Gracias, Glenn.

NATIVIDAD VARA
Profesora de Educación Infantil

1

La Revolución Pacífica

———— • ————

L A REVOLUCIÓN PACÍFICA empezó calladamente, muy calladamente, hace más de un cuarto de siglo. Fue, y es, la más
pacífica de todas las revoluciones. Es probable que se trate de
la más importante de todas las revoluciones, y es seguro que es
la más gloriosa de todas.

Consideremos, en primer lugar, el objetivo de la Revolución
Pacífica: otorgar a todos los padres los conocimientos necesarios para tener unos hijos muy inteligentes, extremadamente
capacitados y deliciosos, y crear con ello un mundo muy humano, cuerdo e íntegro.

Consideremos, a continuación, a los revolucionarios: son la
pandilla más insólita que cabría imaginarse. Se dividen en tres
grupos.

En primer lugar, son los niños recién nacidos del mundo,
que siempre han estado allí, con sus posibilidades enormes y
casi inconcebibles.

En segundo lugar, las madres y los padres, que siempre han
albergado sueños sobre lo que podían llegar a ser sus hijos recién nacidos. ¿Quién habría creído que sus sueños más atrevi-
dos llegarían a quedarse cortos respecto de las verdaderas posibilidades de los niños?

Por último, el personal de los *Institutes for the Achievement
of Human Potential* (Institutos para el Logro de las Posibilidades Humanas), que han reconocido desde 1940 la asombrosa
verdad con respecto de los niños, una verdad con la que habían
tropezado una y otra vez durante los muchos años que han dedicado a buscarla.

Los bebés, las madres, el personal: una pandilla de la que no cabía esperar la revolución más importante de la historia.

Y ¡qué revolución tan inesperada!

¿Quién había oído hablar nunca de una revolución sin muertes, sin dolor, sin tormentos, sin torturas, sin derramamiento de sangre, sin odios, sin hambrunas, sin destrucciones? ¿Quién había oído hablar de una revolución *pacífica*?

En esta revolución, la más pacífica de todas, existen dos adversarios. El primero es el más implacable de los enemigos, los Mitos Antiguos, y el segundo es más temible de los rivales, las Cosas Como Son. No es necesario destruir las viejas tradiciones; basta con que las falsas creencias que se han mantenido durante mucho tiempo se marchiten sin que nadie las eche de menos. No es necesario romper en mil pedazos lo que tiene valor hoy día: basta con que las cosas que actualmente son destructivas se disuelvan por falta de uso.

¿Quién lloraría la desaparición de la ignorancia, de la incompetencia, del analfabetismo, de la infelicidad y de la pobreza?

¿Acaso la eliminación de estos adversarios antiguos no nos daría un mundo más amable, con menor necesidad de violencia, de homicidios, de odios y de guerras, o incluso sin necesidad alguna de todas estas cosas?

¿Qué descubrimientos pudieron conducir a estos sueños tan encantadores?

¿Qué sucedió hace más de un cuarto de siglo?

Lo primero que advertimos era que es posible enseñar a leer a los bebés. Parecía increíble, pero no sólo es cierto, sino que también es cierto que es más fácil enseñar a leer a un niño de un año que a un niño de siete años. Es mucho más fácil.

En 1964 ya habíamos escrito un libro para las madres titulado *Cómo enseñar a leer a su bebé*. Este libro tuvo un éxito inmediato, y así comenzó la Revolución Pacífica. Empezamos a recibir, casi de inmediato, cartas de decenas y decenas de madres que nos expresaban la alegría que les había producido leer el libro y el éxito que habían tenido al enseñar a sus hijos.

Después nos escribieron otros centenares de madres para contarnos lo que había sido de sus hijos después de que éstos aprendiesen a leer. Miles de madres habían comprado el libro y habían enseñado a sus bebés a leer.

Además de la edición americana en inglés, el libro se publicó en ediciones inglesas en Gran Bretaña y en Australia, y también en afrikaans, holandés, finés, francés, alemán, griego, hebreo, indonesio, italiano, japonés, noruego, malayo, portugués, español y sueco.

Decenas de miles de madres nos escribieron para narrarnos lo que había pasado. Estas madres nos contaban con orgullo y con placer lo siguiente:

1. Sus bebés habían aprendido a leer con facilidad.
2. A sus bebés les había encantado aprender.
3. Había aumentado el grado de amor entre la madre y el bebé (cosa que nos contaban con mucho agrado, pero sin sorprenderse de ello).
4. El grado de respeto de la madre hacia el hijo había aumentado a pasos agigantados (esto lo contaban con gran alegría y con bastante sorpresa por su parte).
5. Al ir desarrollándose la capacidad de los niños para leer, también se desarrollaba su amor al aprendizaje, así como sus capacidades en muchos sentidos.

Hoy día, el libro está publicado en dieciocho idiomas y más de dos millones de madres han comprado *Cómo enseñar a leer a su bebé* en la edición inglesa de tapas duras.

Recibimos todos los días cartas de las madres, como llevamos recibiéndolas desde 1964. Estas cartas son himnos de victoria, y su tema es la alegría y las alabanzas que les inspiran las enormes posibilidades de sus bebés en el instante en que las descubren.

Estas madres nos cuentan cómo se confirman sus impresiones intuitivas sobre las capacidades innatas de sus bebés, y nos expresan la decisión absoluta por parte de ellas de que sus hijos gocen de todas las oportunidades posibles para llegar a ser todo lo que son capaces de ser.

En nuestros viajes por el mundo, recorriendo todos los continentes, hablamos con millares de madres, individualmente o en grupo. Tanto en las sociedades más sofisticadas como en las más sencillas formulamos la pregunta siguiente:

«¿Tendrían la bondad de levantar la mano todas las madres del grupo que crean que su hijo está aprendiendo tan bien como debiera?»

Siempre sucede lo mismo. Nadie se mueve.

Como puede darse el caso de que no levanten la mano por timidez, reformulamos la pregunta para cerciorarnos.

«¿Tendrían la bondad de levantar la mano todas las madres del grupo que crean que su hijo no está aprendiendo tan bien como debiera?»

Ahora se levantan todas las manos de la sala.

Todo el mundo sabe que algo marcha mal en el mundo de los niños... pero nadie hace nada al respecto.

Es posible que nadie haga nada al respecto porque, como sucede con el tiempo meteorológico, nadie sabe con exactitud qué se puede hacer.

Después de casi medio siglo de trabajo con las madres y con los niños, un trabajo que ha sido gozoso y penoso a la vez, y después de una serie de coincidencias muy fortuitas, hemos aprendido qué es lo correcto y lo que creemos que se debe hacer al respecto. Hemos aprendido cómo podrían ser las cosas... cómo pueden ser las cosas... ¡no! Cómo deben ser las cosas con los niños del mundo.

Ya tenemos claro desde hace algún tiempo que las madres tenían toda la razón del mundo al estar seguras de que sus niños no aprendían también como debieran.

Ya hace algún tiempo que tenemos claro por qué las madres y los padres tenían razón al creer que sus hijos tienen derecho a sacar un partido mucho mayor de la vida.

Si los padres han cometido algún error al respecto, ha sido el de no saber cuánta razón tenían.

Nosotros ya sabemos sin rastro de duda que:

1. Los niños *quieren* multiplicar su inteligencia.
2. Los niños *pueden* multiplicar su inteligencia.
3. Los niños *están* multiplicando su inteligencia.
4. Los niños *deben* multiplicar su inteligencia.
5. Es fácil enseñar a las madres a multiplicar la inteligencia de sus hijos.

Lo que es más importante: desde la década de los 60 hemos enseñado, en efecto, a las madres a aumentar la inteligencia de sus hijos a pasos agigantados, y ellas lo han hecho así, aunque, hace varias décadas, ni ellas ni nosotros lo veíamos exactamente desde este punto de vista.

A partir de los primeros años 70, nosotros y los padres que trabajan con nosotros no sólo hemos estado aumentando la inteligencia de los niños en proporciones notables, sino que sabíamos exactamente lo que hacíamos.

Somos personas pragmáticas, y nos dejamos influir mucho más por los hechos que por las teorías de nadie, ni siquiera por las nuestras propias.

Todo ha funcionado de maravilla, aparte de algunos golpes más o menos dolorosos que nos hemos llevado por el camino, y hemos vivido tantas sesiones gozosas, iracundas, felices, desgraciadas, graciosas, terribles, remuneradoras, frustrantes, alucinantes, inspiradoras y deliciosas a las tres de la madrugada que nadie podrá recordarlas.

Nuestros días siguen siendo embriagadores y nos llenan de una inspiración sin tasa, y ninguno de nosotros cambiaría su vida por la de nadie.

Pero en nuestro paraíso tan atareado existe un gran problema, una pregunta a la que no hemos dado respuesta de una manera satisfactoria para nosotros mismos, un aguijón final que nos espolea la conciencia colectiva.

Casi todas las personas con las que hemos tratado nos han formulado la pregunta que nosotros nos hacemos constantemente a nosotros mismos:

«¿Y no es verdad que si un grupo de personas ha adquirido unos conocimientos especiales, vitales quizás, sobre los bebés del mundo, ya sea intencionadamente o por casualidad, entonces esas personas, les guste o no, tienen una obligación especial para con todos los niños del mundo?»

Es evidente que la respuesta a esta pregunta es: «Sí: tenemos una obligación especial para con todos los niños del mundo.»

Tenemos, para con todos los niños del mundo, la obligación de decir a sus madres y a sus padres lo que hemos descubierto para que ellos decidan lo que les gustaría hacer al respecto, si es que les gustaría hacer algo.

Si el futuro de cada uno de los niños pequeños del mundo tiene que ser decidido por otras personas (y está claro que es así), entonces esas otras personas deben ser sus padres.

Nosotros estaríamos dispuestos a defender el derecho de una madre o de un padre a hacer o a no hacer las cosas que se proponen en este libro.

Tenemos el deber de contar lo que hemos descubierto a todos los padres y madres que viven en el mundo.

Es fácil y gozoso enseñar a leer a un niño de doce meses.

Es fácil y gozoso enseñar matemáticas a un niño de doce meses (hasta que las domine mejor que yo mismo).

Es fácil y gozoso enseñar a un niño de doce meses a que comprenda y a que lea una lengua extranjera (o dos, o tres, si se quiere).

Es fácil y gozoso enseñar a un niño de veintiocho meses a escribir (no sólo a escribir palabras: a escribir cuentos y piezas de teatro).

Es fácil y gozoso enseñar a un niño recién nacido a nadar (aunque usted mismo no sepa nadar).

Es fácil y gozoso enseñar a un niño de dieciocho meses a realizar ejercicios de gimnasia (o a bailar ballet, o a caerse por las escaleras sin hacerse daño).

Es fácil y gozoso enseñar a un niño de dieciocho meses a tocar el violín, o el piano, o el instrumento que sea.

Es fácil y gozoso enseñar a un niño de dieciocho meses a conocer las aves, las flores, los árboles, los insectos, los reptiles, las conchas, los mamíferos, los peces: a conocer sus nombres, a identificarlos, a conocer su clasificación científica o cualquier otra cosa que desees enseñarle.

Es fácil y gozoso enseñar a un niño de dieciocho meses a conocer los presidentes, los reyes, las banderas, los continentes, los países, las provincias.

Es fácil y gozoso enseñar a un niño de dieciocho meses a dibujar, o a pintar, o... bueno, cualquier otra cosa que usted sea capaz de presentarle de una manera sincera y concreta.

Cuando se enseña a un niño pequeño aunque sólo sea una de estas cosas, su inteligencia aumenta.

Cuando se enseñan a un niño pequeño varias de estas cosas, su inteligencia aumenta marcadamente.

Cuando se enseñan a un niño pequeño todas estas cosas con alegría, con amor y con respeto, su inteligencia *se multiplica*.

Y lo mejor de todo es que cuando los padres que aman y respetan de verdad a sus bebés les otorgan el don del conocimiento y de la capacidad, los niños son más felices, más amables y más cariñosos que los niños a los que no se han otorgado estas oportunidades.

Los niños a los que se enseña con amor y con respeto no se convierten en monstruitos repelentes. ¿Cómo podría surgir un carácter repelente como fruto del conocimiento y de la verdad que se otorgan como un don gozoso?

No pueden volverse así, y no se vuelven así.

Si se volviesen así, entonces los miembros del personal de los Institutos, que quieren y respetan a los niños, dejarían caer en el olvido todos los conocimientos que han recibido.

Pero lo que sucede es lo contrario: *el conocimiento conduce al bien.*

Los niños más competentes son los más autosuficientes. Son los que tienen menos motivos para lloriquear y los que tienen más motivos para sonreír.

Los niños más listos son los que tienen menos motivos para pedir ayuda.

Los niños que tienen más capacidad son los que tienen menos necesidad de pegar a otros niños.

Los niños que tienen más capacidad son los que tienen menos motivos para llorar y los que tienen más motivos para hacer cosas.

En suma, los niños que son verdaderamente listos, los que están verdaderamente informados y capacitados, son los niños más agradables y los que entienden mejor a los demás. Están llenos de las características que nos hacen querer a los niños.

El niño que se queja, que llora, que protesta y que pega es el menos competente, el menos capacitado, el insensible y el no informado.

En suma, con los niños viene a pasar lo mismo que con los adultos.

Nosotros reconocemos que tenemos, en efecto, el deber de contar a todas las madres y a todos los padres lo que hemos descubierto para que ellos lo tengan en cuenta.

Tenemos el deber de decir a todas las madres que ellas son y han sido siempre las mejores maestras que ha conocido el mundo.

Este libro, al igual que *Cómo enseñar a leer a su bebé, cómo enseñar matemáticas a su bebé* y los demás libros de la serie de la Revolución Pacífica, es nuestra manera de cumplir con esta deliciosa obligación.

El objetivo de la Revolución Pacífica es conceder a todos los niños del mundo, por medio de sus padres, su oportunidad para que sean excelentes.

Y nosotros, juntos, somos los revolucionarios.

Si esto es una traición, aprovechémosla al máximo.

Los miembros del personal de los institutos tenemos la esperanza de que su bebé y usted sientan tanto gozo, placer, emoción, sentido del descubrimiento y regocijo al aplicar estos conocimientos como los hemos sentido nosotros al tropezar con ellos a lo largo de todos nuestros años de exploración.

Nota para los padres

En los Institutos no hay lugar para el machismo ni para el feminismo radical. Amamos y respetamos a las madres y a los padres, a los niños y a las niñas. Para resolver el problema enloquecedor de tener que describir a las personas llamándolas «personas adultas masculinas» o «personas pequeñas femeninas», hemos optado por llamar «madres» a todos los progenitores y «niños» a todos los niños o niñas.

Parece equitativo.

La naturaleza de los mitos

CUANDO A NOSOTROS, los seres humanos, se nos mete un mito en la cabeza, nos resulta casi imposible sacárnoslo, aunque todos los datos visibles, audibles, mensurables, indiquen lo contrario del mito; aunque la verdad sea mucho mejor, más importante, más sencilla y eminentemente más agradable que el mito.

Aunque los seres humanos llevábamos decenas de miles de años contemplando la curva del horizonte del mar desde las cumbres, seguimos convencidos de que la Tierra era plana hasta hace sólo quinientos años. Algunos siguen convencidos de que es plana.

Casi todos los mitos denigran gravemente la verdad.

No hay mitos que denigren la verdad más gravemente que los relacionados con las madres, los bebés y los genios.

Las madres, los bebés y los genios tienen mala prensa.

A veces debemos descubrir los motivos por los que nuestros mitos degradan a las madres, a los bebés y a los genios.

Si tenemos tiempo para descubrir estos motivos, podemos descubrir que algunas personas de nuestra sociedad se sienten amenazadas por las madres, por los bebés y por los genios. Descubriremos, quizá, que existen personas que, por determinados motivos, se sienten inferiores a ellos.

En algunos casos, nuestras vidas están dominadas y disminuidas por los mitos con los que vivimos.

Casi todos los mitos son negativos y se inventaron en un principio para hacer daño o para destruir a algún grupo de personas.

¿Cómo es posible que mantengamos con firmeza, incluso con fervor, centenares o incluso miles de creencias inamovibles cuando nos rodean día a día, o incluso hora ahora, las pruebas de que son manifiestamente falsas?

Una buena parte de lo que oigo no recorre el camino desde mis oídos hasta mi cerebro, como debería recorrerlo fisiológicamente, para que yo comprendiese lo que oigo.

Por el contrario, soy víctima de mis propios mitos y prejuicios, y por eso oigo precisamente lo que *quiero* oír.

Así pues, yo decido por adelantado lo que el otro va a decir y, con independencia de lo que diga, oigo exactamente lo que *creía* que iba a decir el otro (que es, en realidad, lo que yo *quería* oír).

Lo que dijo el otro no cubrió el camino desde su boca hasta mi cerebro pasando por mis oídos, tal como dicta la fisiología en las criaturas inferiores.

Como soy humano, y como cargo con la maldición de los mitos que me influyen, soy capaz de subvertir hasta las funciones fisiológicas; y, así, lo que dijo el otro ha salido de mi cerebro, y de ahí ha pasado a mis oídos y ha vuelto a mi cerebro, y el otro ha dicho exactamente lo que yo sabía desde el primer momento que ibas a decir.

Tampoco veo lo que tengo delante, sino lo que yo *creía* que iba a ver.

¿Me permite que le presente un solo ejemplo claro?

Voy a dibujar una cara.

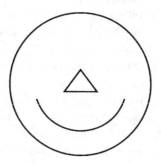

Hasta aquí, con sus orejas, su nariz y su boca, podría ser una cara de cualquier clase.

Ahora voy a dibujar dos líneas más, y con dos sencillas líneas se convertirá en un tipo muy concreto de cara.

¿Qué tipo de cara es ahora?

Al añadir dos líneas rectas cortas la he convertido en una cara japonesa. Esto se debe a que (como todo el mundo sabe), los japoneses tienen los ojos oblicuos.

Cierre los ojos e imagínese una cara japonesa característica.

¿Ve esos ojos oblicuos? En verdad, ¿acaso no son los ojos oblicuos lo que más característico le parece de una cara japonesa?

Así es... salvo si resulta que usted es japonés.

La verdad es que los japoneses *no* tienen los ojos oblicuos. La verdad es que los japoneses tienen los ojos tan horizontales como la superficie de una mesa.

Yo descubrí este dato desconocido un día que comía en Tokio con un amigo japonés íntimo.

Yo hablaba con mucho interés de este mismo tema y me preguntaba en voz alta cómo era posible mirar la realidad y ver algo completamente opuesto a la misma.

—Exacto —dijo mi amigo japonés—. Ejemplo perfecto de ello es la creencia que tienen los occidentales de que los japoneses tenemos los ojos oblicuos.

—Ah, pero es que los japoneses tenéis los ojos oblicuos —dije yo, mirando fijamente a los ojos de mi amigo japonés, tan horizontales como una mesa de billar.

Ante mis propios ojos, sus ojos oblicuos se volvieron horizontales.

—Pero ¡si tienes los ojos horizontales! —le dije en tono acusador, como si se tratase de un falso japonés.

Recorrí con la vista el restaurante lleno de público y descubrí que todos los comensales japoneses presentes tenían los ojos extraordinariamente horizontales. Lo que me pregunté inmediatamente fue cómo habían conseguido reunir en un solo restaurante a todos los japoneses del mundo que no tenían ojos de japonés.

Me sentí enormemente incómodo.

A mí no me había importado nunca reventar los mitos de los demás de una manera delicada y amable, pero me pareció que mi amigo japonés, que solía ser muy educado, se había comportado con cierta grosería al hacerme ver de una manera tan contundente que los ojos japoneses son, en efecto, horizontales.

La próxima vez que usted vea a un amigo japonés, mírelo fijamente y preste una atención especial al hecho de que tiene los ojos perfectamente paralelos al suelo.

Pero si no tiene la oportunidad de examinar de cerca un par de ojos japoneses, ¿por qué no prueba ahora mismo un experimento?

Pruebe a cerrar los ojos e imagínese una cara japonesa. ¿Vuelve a ver esos ojos oblicuos?

A las personas que tienen mayor amplitud de miras les cuesta quitarse de encima los mitos; a la mayoría de las personas nos resulta casi imposible librarnos de ellos, y a muchas personas les resulta imposible sustituirlos por la realidad.

En cuestión de ojos, como en lo que se refiere a la superficie de la Tierra, a los seres humanos nos resulta difícil distinguir lo plano de lo curvo o de lo oblicuo.

Este libro tiene como objetivo primario distinguir entre los mitos establecidos y la realidad, sobre todo en lo que atañe a los niños pequeños, a los padres en general y a las madres en particular, a la inteligencia, al cerebro humano y a los genios.

Existen mitos inacabables sobre los niños, las madres, la inteligencia, el cerebro y los genios. El hecho de que estos mitos sean evidentemente absurdos no ha reducido en nada su aceptación general, sobre todo por parte de los profesionales que deberían saber mejor lo que se hacen.

Estos mitos son tan absurdos y tan ridículos que serían graciosísimos si no fueran tan trágicas sus consecuencias.

La génesis del genio

—— • ——

NOSOTROS DEBERÍAMOS HABERLO SABIDO mejor que nadie. Nosotros, los miembros del personal de los Institutos para el Logro de las Posibilidades Humanas, deberíamos haberlo sabido mucho mejor y mucho antes.

Deberíamos haberlo sabido antes que nadie, y no porque seamos más listos que nadie, sino porque después de haber convivido con niños pequeños de muchas clases y con sus padres, veinticuatro horas al día, durante cuarenta años o más, hemos tropezado con la verdad con mucha mayor frecuencia que nadie.

Deberíamos haber sabido hace mucho tiempo que todo ser humano recién nacido lleva dentro de sí las semillas del genio.

Deberíamos haber sabido desde hace mucho que:

1. Formamos parte del grupo al que llamamos *Homo sapiens*, y, por el hecho de formar parte de este grupo, cada uno de nosotros heredamos los genes que nos proporcionan la singular corteza cerebral humana.
2. Nacemos en un entorno que o bien nos proporciona estímulos o no nos los proporciona.
3. Cada vez que nace un niño, vuelve a nacer con ese niño la posibilidad del genio.

Llega dotado del gran don genético que es la corteza cerebral humana. La única cuestión es: ¿qué tipo de entorno proporcionaremos para que esa corteza cerebral humana crezca y se desarrolle?

El genio está al alcance de todo recién nacido humano. Nosotros deberíamos haberlo sabido intuitivamente, a la luz de nuestra experiencia, y mentalmente, a la luz de nuestro conocimiento. La génesis del genio no se encuentra únicamente en nuestros antiguos genes ancestrales comunes, sino que es como una semilla que está dentro de cada pequeño recién nacido humano y que puede llegar a fructificar.

Deberíamos haber sabido muy bien hace años que el genio no es un don que otorgue a unos pocos un Dios que, al desear que un número muy reducido de sus hijos fueran enormemente superiores, desearía que la gran mayoría de sus hijos fueran inferiores.

Mucho menos es el genio el fruto de un azar ciego que se produce una vez cada cien, cada mil o cada millón de años, sin orden ni concierto.

Deberíamos haber sabido (hace veinte años, veinticinco, cincuenta quizá) que lo que llamamos «genio», una capacidad singularmente humana de la singular corteza cerebral humana, no es un don en absoluto.

Es, por el contrario, un derecho común a todos los seres humanos, del que hemos sido despojados por nuestra falta de conocimientos. Es una oportunidad extraordinaria de la que ha sido despojada una familia de criaturas que tienen el genio como derecho heredado.

Deberíamos haber sabido que toda madre humana tiene la capacidad de nutrir las semillas del genio que se encuentran dentro de su hijo recién nacido. También tiene la capacidad de aumentar la inteligencia de su bebé hasta hacerla llegar al nivel que permita la capacidad o la disposición de ella misma.

Deberíamos haberlo sabido, pues hemos pasado muchos años tratando con niños y con padres:

Con niños maravillosos que se han beneficiado enormemente del conocimiento, del amor y del respeto de sus padres.

Con niños potencialmente maravillosos, que actualmente tienen resultados medios y cuyos padres y nosotros estamos decididos a que suban de la media.

Con niños potencialmente maravillosos que sufren lesiones cerebrales, y cuyos padres y nosotros estamos decididos a que no sigan incapacitados: muchos de ellos ya se desenvuelven de una manera intelectualmente superior.

Cara a cara, ojo a ojo, mano con mano, de corazón a corazón, de amor a amor, de preocupación en preocupación, de alegría en alegría, de éxito en éxito, de emoción en emoción y a veces de fracaso en fracaso, pero siempre llenos de decisión.

Durante más de cincuenta años, en el caso de los más veteranos.

Somos personas que *hacemos* cosas con los niños y con los padres.

Enseñamos a padres *de verdad* y a niños *de verdad*.

Ofrecemos hechos, no teorías.

En nuestra realidad diaria intervienen niños deliciosos, encantadores, divertidos, cariñosos, corrientes, extraordinarios y destructivos. Como son niños, también tratamos a veces con niños que tienen fiebre, que lloran, que vomitan, que tienen convulsiones, que manchan los pañales, que tienen mocos, que tienen hambre y que tienen mal genio. En suma, tratamos con la realidad.

Cuando informamos de cómo marchan las cosas en el mundo de los niños y cuando presentamos a modo de ejemplo el caso de diversos niños, estamos presentando hechos reales. Son niños de verdad, que tienen nombre y dirección, padre y madre.

Sus muchos logros no son teorías sino hechos reales.

Volviendo la vista atrás, no nos sorprende tanto lo lejos que hemos llegado en nuestra comprensión del desarrollo del niño. Lo que nos sorprende es, más bien, cuánto tardamos en comprenderlo.

Nos dedicamos a hacer que cada niño sea superior a sí mismo, que sea superior al niño de ayer.

Al principio, nuestro objetivo no consistía más que en conseguir que los niños que padecían graves lesiones cerebrales, que estaban ciegos, sordos, paralizados y mudos, pudieran ver, oír, caminar y hablar. A esto nos dedicamos durante cinco años, con éxito a veces, fracasando con mayor frecuencia.

Lo hacíamos a base de tratar el cerebro, donde se encontraba el problema, más que los brazos, los ojos, las piernas y los oídos, donde se encontraban los síntomas.

Sucedieron dos cosas.

En primer lugar, un número importante de niños impedidos llegaron a andar; algunos niños ciegos llegaron a ver; algunos niños sordos llegaron a oír, y algunos niños mudos llegaron a hablar.

En segundo lugar, a casi todos esos niños se les había diagnosticado un retraso mental insuperable; pero cuando llegaban a andar, a hablar, a ver y a oír, sus C.I. (cocientes de inteligencia) subían. En algunos casos subían hasta ponerse en la media; en otros, superaban la media.

A nosotros nos parecía que cuando sus C.I. subían, la capacidad de estos niños para hablar, para leer, para escribir, para las matemáticas y para funcionar en otros sentidos también subía.

Sólo hacia 1960 empezó a quedar claro que las cosas no eran así en absoluto. Que, en realidad, sólo parecía que eran así.

Ni siquiera en 1960 nos dimos de bruces con la verdad. Fuimos percibiéndola poco a poco como una luz que brillaba con más intensidad cada día. Incluso hoy día, cuando esa luz nos parece clara como el cristal, nos resulta difícil comprender por qué tardamos tanto tiempo en comprenderla y por qué su verdad no resulta evidente para todas las personas del mundo.

No era que cuando los niños se volvían más inteligentes pudieran escribir mejor, leer mejor, dominar mejor las matemáticas, aprender mejor y obtener con frecuencia unos rendimientos superiores a los de los niños sin lesiones.

Sucedía exactamente lo contrario.

Sucedía que cuando los niños *veían* mejor, *leían* mejor; que cuando los niños *oían* mejor, *comprendían* mejor; que cuando mejoraba la capacidad de *sentir* por parte de los niños, éstos *se movían* mejor.

En resumen, sucedía que cuando los niños leían mejor, hablaban mejor, se movían mejor, y por lo tanto absorbían cada vez más información, entonces aprendían mejor y sus C.I. aumentaban.

Esto no sólo se cumplía con los niños con lesiones, sino con todos los niños: con los niños corrientes y con los niños que estaban por encima de la media.

La verdad es que *la inteligencia* es consecuencia del *pensamiento*; no es que el pensamiento sea consecuencia de la inteligencia.

La verdad que habíamos comprendido por fin era inspiradora hasta tal punto que resultaba imposible explicarlo.

Lo que habíamos buscado durante tanto tiempo, y aquello con lo que habíamos tropezado por fin, no era ni más ni menos que *la génesis del genio*, y el hecho de que esa génesis existe desde el nacimiento hasta los seis años de edad.

Aquello recompensaba los muchos años de trabajo que habíamos dedicado muchos hombres y mujeres a su búsqueda, y los recompensaba con creces.

Si la inteligencia es, por lo tanto, consecuencia del pensamiento, y si el pensamiento es la génesis del genio, entonces más nos valía estudiar la inteligencia con mayor profundidad.

Hay una cosa que parece segura, y es que ser inteligentes es bueno y no malo.

4

Ser inteligentes es bueno
y no malo

*La diferencia entre la inteligencia y los estudios es ésta:
la inteligencia te permitirá ganarte bien la vida.*

CHARLES FRANKLIN KETTERING

———— • ————

A MÍ ME PREOCUPA MUCHO un mundo que venera los bíceps
y que de alguna manera, inexplicablemente, teme al
cerebro.

Cuando me dan la oportunidad de recorrer el mundo im-
partiendo charlas ante el público, tengo la costumbre de plan-
tear algunas preguntas claves.

—¿Creen que sería bueno hacer que nuestros hijos fueran
más fuertes?

Claro que sí. La respuesta es tan evidente que la pregunta
resulta absurda.

—¿Creen que sería bueno hacer que nuestros hijos fueran
más sanos?

Claro que sí. ¡Qué pregunta tan tonta!

—¿Creen que sería bueno entregar a nuestros hijos mayores
conocimientos?

Por supuesto. ¿Dónde quiere ir a parar con estas preguntas
tan ridículas?

—¿Creen que sería bueno hacer que nuestros hijos fueran
más inteligentes?

Se advierte un claro titubeo. El público se divide y tarda en
responder. Se ven muchas caras inexpresivas o inquietas. Algu-

nos afirman con la cabeza y sonríen. La mayoría de las sonrisas pertenecen a los padres de niños pequeños.

He tocado un punto francamente delicado.

Díganme, en nombre de la razón: ¿por qué tenemos miedo los seres humanos a la inteligencia elevada? Es nuestra herramienta humana.

Este miedo había quedado reflejado algunos años atrás en un programa de entrevistas en televisión realizado por la BBC.

Habíamos hablado de lo que habíamos estado enseñando a los niños pequeños por medio de los padres.

El entrevistador era inteligente, tenía brillo en la mirada, sabía expresarse y era afable, pero era evidente que la marcha de la conversación lo inquietaba cada vez más. Por último, ya no pudo resistirlo más.

Entrevistador (*con tono acusador*): ¡Pero da la impresión de que ustedes proponen la creación de una especie de elite!

Yo: Exactamente.

E.: ¿Reconoce que proponen la creación de un grupo de elite entre los niños?

Yo: Lo reconozco con orgullo.

E.: Entonces, ¿cuántos niños quiere usted que constituyan esa elite que proponen?

Yo: Unos mil millones.

E.: ¿Mil millones? Y ¿cuántos niños hay en el mundo?

Yo: Unos mil millones.

E.: Ah, empiezo a entenderlo. Pero, entonces, ¿respecto de *quién* quieren ustedes hacerlos superiores?

Yo: Queremos hacerlos superiores respecto de *sí mismos*.

E.: Ahora lo entiendo.

¿Por qué debemos considerar que la inteligencia superior es un arma que hemos de usar los unos contra los otros?

¿Qué nos han hecho nuestros genios para que los temamos tanto? ¿O para que los temamos en absoluto?

¿Qué daño ha hecho Leonardo da Vinci con la *Mona Lisa* o con la *Última Cena*?

¿Qué daño ha hecho Beethoven con su Quinta Sinfonía?

¿Qué daño nos ha causado Shakespeare con su *Enrique V*?

¿En qué nos ha perjudicado Franklin con su cometa y su electricidad?

¿Qué mal nos ha hecho Miguel Ángel con sus esculturas?

¿En qué nos ha perjudicado Salk con su vacuna, que está haciendo de la polio una enfermedad olvidada?

¿Qué daño nos ha hecho Thomas Jefferson con la Declaración de Independencia de los Estados Unidos, que hace que se me salten las lágrimas siempre que la leo, a pesar de que me la aprendí de memoria hace mucho tiempo?

¿De qué modo nos pueden entristecer Gilbert y Sullivan con su opereta *El Mikado*, que me alegra los días más tristes?

¿En qué sentido nos ha hecho daño Thomas Edison, una persona tan práctica que sabía que el genio es un uno por ciento de inspiración y un noventa y nueve por ciento de trabajo, y que estaba a mi lado la última vez que viví con una tribu de bosquimanos en el desierto del Kalahari, iluminando mi noche más oscura con una bombilla eléctrica desnuda alimentada por un pequeño generador?

La lista es interminable y se extiende sobre todas las naciones y sobre los mares, y se remonta a épocas remotas y a tiempos inmemoriales. En ella figuran los genios recordados y los no recordados de todas las naciones y de todos los lugares.

Escriba su propia lista. ¿Quiénes son sus genios favoritos, y qué daño le han hecho?

¡Ah! Los genios favoritos. Y ¿qué hay de los genios odiados? ¿No se levanta una voz o un coro de voces para preguntarme qué pasa con los genios malos de la historia? ¿No oigo un matiz de triunfo en la voz del que me pregunta: «Qué pasa con Hitler»?

¿Genios malos? Nada de eso.

Son dos términos contradictorios.

Si quiere describir a Hitler y a los de su calaña a lo largo de toda la historia, pruebe a llamarlos asesinos de masas. ¿Es que hay que tener mucha inteligencia para incitar a la locura colectiva a los hombres, a unas criaturas que eran unos depredadores que acechaban con un garrote, llamadas *Australopithecus Afrikanus Dartii*, hace sólo pocos días según la medida geológica del tiempo?

Hitler fue un fracaso según su propio criterio, cuanto más según el mío. ¿Es que la meta del genio es acabar tendido en un suelo de cemento, empapado en gasolina y prendido fuego por sus propias órdenes? ¿Era la meta de Hitler morir con Alemania en ruinas alrededor de su propio cadáver carbonizado?

Genio es el que se comporta como un genio.

Sólo nos quedaremos atascados en la paradoja del genio malo si persistimos en basarnos en definiciones arcaicas del genio, medido en función de pruebas de inteligencia absurdas.

El genio loco y el genio poco centrado e inútil son productos de esta misma visión. No son ni más ni menos que un error monumental en la medida de la inteligencia.

¿Por qué aceptamos unas definiciones que son claramente absurdas?

Para dejar de tener miedo al genio basta con que lo midamos en función de sus logros.

¿Tenemos miedo al término «elite», que significa «los mejores dentro de un grupo»? Aparentemente, sólo lo tememos cuando se aplica a la inteligencia. ¿Es pecado pertenecer a la elite en sentido físico? Ni por lo más remoto.

Tememos la inteligencia y veneramos el músculo.

A intervalos regulares repetimos alegremente un proceso que lo proclama por todo el mundo y a todos sus habitantes.

Este proceso culmina cuando colocamos a tres jóvenes adultos sobre unos cajones de tres alturas diferentes y les ponemos al cuello sendas medallas. Entonces proclamamos que son la flor y nata, que los tres son la elite de la elite. Esta joven es capaz de saltar más alto que ninguna otra mujer del mundo. Este joven corre más que nadie en el mundo. Los corazones se aceleran, las lágrimas hacen brillar los ojos y los pechos se hinchan de orgullo cuando se iza cada bandera y cuando suena cada himno nacional. Y si resulta que esa bandera y que ese himno nacional son los míos, la alegría es casi insoportable.

¿Es que quiero despreciar este elitismo por encima de todos los elitismos al que llamamos Juegos Olímpicos?

No, claro que no. A mí me parecen bien. El hecho de que nuestros jóvenes atletas sean superiores físicamente me parece de primera.

Nosotros creemos que todos los hijos deben ser brillantes físicamente.

De hecho, enseñamos a los padres el modo preciso de hacer que lo sean.

Es que me preocupa mucho un mundo que venera los músculos y que teme la inteligencia.

En mi vida he caminado por muchas calles oscuras, sólo y en plena noche, en muchos países. Ni una sola vez en toda mi vida, al pasar por una mancha negra donde se ocultaba un callejón oscuro, he temido que saltara alguien de la oscuridad... y me dijese algo ingenioso.

O que me hiciese una pregunta brillante.

¿Lo ha temido usted?

Por otra parte, he temido incontables veces que saltasen ciento cuarenta kilos de músculos y me destrozasen.

A mí me preocupa un mundo que venera el músculo y que teme la inteligencia.

Cada vez que tenemos elecciones a la presidencia de los Estados Unidos, no puedo menos de preguntarme si al mundo le preocupa la idea de que el candidato republicano o el demócrata sean *demasiado* inteligentes.

¿Acaso no tememos exactamente lo contrario?

¿Ha temido alguien alguna vez que nuestros senadores o nuestros representantes sean demasiado listos?

¿O es que temíamos que nuestros líderes no fueran suficientemente sabios? Hace cosa de diez años, el mundo entero se retorció de risa cuando un miembro del Congreso de los Estados Unidos propuso que lo que necesitábamos en el gobierno era más mediocridad, con lo que daba a entender que lo que teníamos estaba por encima de lo mediocre. ¿Debimos reírnos... o llorar?

Ser inteligentes es bueno, no malo.

En realidad, es muy bueno.

Herencia, entorno
e inteligencia

———— • ————

Sꜰ, ᴇɴ ᴇꜰᴇᴄᴛᴏ, ser inteligentes es bueno, entonces nos interesa saber algunas cosas acerca de la inteligencia.

Qué es la inteligencia, y de dónde procede, ha sido siempre objeto de debates animados, aunque no siempre razonables, tanto en los antiguos pórticos de Grecia como en las aulas universitarias de hoy.

Hace dos mil quinientos años, el antiguo Empédocles creía que el corazón era la sede del pensamiento y de la inteligencia, mientras que aquel genio que se llamó Hipócrates y que impartía clases a sus alumnos de Medicina bajo el plátano de la isla de Cos, les enseñaba que el cerebro humano era el órgano que contiene y controla la inteligencia.

A mí me parece fascinante que los antiguos griegos sintiesen tan gran respeto hacia sus grandes hombres y mujeres que llegasen a llamarlos «dioses» después de su muerte. Así pues, los griegos, entre los que hubo tantos genios, crearon a sus propios dioses.

Así sucedió que Esculapio, el médico que vivió doce siglos antes de Cristo, se convirtió en el dios Esculapio después de su muerte.

Hoy hacemos prácticamente lo mismo, aunque le hemos cambiado el nombre. Hoy observamos a las personas cuyas características brillantes, de aspecto divino a veces, las diferencian de los demás; y las llamamos «genios». Tal como hacían los griegos, solemos esperar hasta después de su muerte para otorgarles el título que se ganaron en vida.

Ahora que toca a su fin el siglo xx, ya hemos resuelto al cabo de tanto tiempo la cuestión de dónde reside la inteligencia. Reside en el cerebro. La cuestión que todavía se debate ardientemente es de dónde procede esta inteligencia.

Lo que se debate hoy día es si esta inteligencia tiene un carácter hereditario o si es ambiental.

¿Es por naturaleza o por crianza?

Este debate divide al mundo en dos escuelas de pensamiento.

Hay partidarios de la herencia y partidarios del entorno.

Los miembros de cada una de las escuelas están absolutamente seguros de que tienen la razón.

Cada uno de los bandos está completamente seguro de que sus opiniones excluyen a las del otro bando.

Cada uno de los bandos recurre a un mismo argumento para demostrar que tiene la razón.

Yo mismo soy un buen ejemplo de ambos puntos de vista.

Las personas amables dicen que soy «grueso». La verdad es que soy un poco gordo.

Los partidarios de la herencia me miran y dicen: «Tiene demasiado peso. No cabe duda de que sus padres tenían demasiado peso.» Y, en efecto, mi padre y mi madre estaban un poco gruesos. Así pues, llegan a la conclusión de que mi gordura es completamente hereditaria.

Los partidarios del entorno dicen que mis padres comían demasiado y que, por lo tanto, me enseñaron a mí a comer demasiado, con la consecuencia de que estoy algo grueso. Así pues, llegan a la conclusión de que mi gordura es completamente ambiental.

En este caso, los partidarios del entorno tienen la razón.

No cabe duda de que los partidarios de la herencia tienen razón cuando creen que mis ojos, mi pelo, mi altura y mi corpulencia son heredados de mis padres, de mis abuelos y de mis bisabuelos; pero ¿también mi peso?

Si bien me gustaría mucho echar la culpa de mi peso a mis abuelos, sinceramente no puedo hacerlo.

He estado delgado, muy delgado, dos veces en mi vida. Siendo oficial de infantería durante la Segunda Guerra Mundial, conseguí varias veces, por suerte o por desgracia, infiltrarme tras las líneas alemanas durante cierto tiempo. La *Wehr-*

macht, comprensiblemente, tendía a recibirnos con muy poca hospitalidad en tales casos. Yo adelgazaba.

En la Universidad de Pensilvania no obtuve ninguna beca y comía peor de lo que me hubiera gustado. También entonces adelgacé.

Por otra parte, durante la mayor parte de mi vida he disfrutado de la buena comida, con la consecuencia de que las personas más amables me han llamado «llenito».

Apenas parece necesario señalar que mi abuela no subía ni bajaba de peso en los periodos en que yo comía demasiado o demasiado poco.

La función determina la estructura.

A mí me gustaría echar la culpa de mi gordura al abuelo Ricker o a la abuela McCarthy, pero nadie se lo tragaría.

Hay en el mundo un grupo muy reducido de personas que no ven en la herencia o en el entorno la causa exclusiva de lo que somos o de lo que podemos llegar a ser. Nosotros figuramos en este grupo.

¿Qué puede decirse a favor de estos puntos de vista?

Acompáñenme en un rápido viaje por el mundo en el que visitaremos a grupos de niños que hacen cosas extraordinarias, un viaje que nosotros hemos hecho varias veces en la realidad. Veremos si estos niños concretos son fruto del entorno o de la herencia.

Intentaremos, en primer lugar, defender la tesis de la herencia.

Acompáñenme hasta Melbourne, y retrocedamos en el tiempo hasta finales de los años 60. Nos encontramos en una gran piscina cubierta y contemplamos un espectáculo encantador. En la piscina se encuentran veinte o treinta bebés de un hermoso color rosado, cuyas edades oscilan entre pocas semanas y un año. Los acompañan sus madres, también de un hermoso color rosado, en biquini. Los bebés están aprendiendo a nadar. En efecto: están nadando.

Hay un hermoso niño de dos años que me pide con insistencia que lo tire al agua donde cubre. Sale nadando y me vuelve a pedir una y otra vez que lo tire al agua. Yo me canso de tirarlo al agua antes de que él se haya cansado de salir nadando.

Hay una niña de tres años que se está preparando para obtener el título de salvavidas de la Cruz Roja. Arrastra a su madre nadando hasta el otro lado de la piscina.

Hoy todo el mundo sabe que es posible enseñar a nadar fácilmente a los niños recién nacidos, pero esto sucedía a finales de los años sesenta.

Lo que veo me encanta, pero de alguna manera no me sorprende. ¿Por qué no han de nadar los recién nacidos? Al fin y al cabo, han pasado nueve meses nadando.

Al final de la sesión, las madres van a vestir a sus hijos y a vestirse ellas mismas. Vuelven con sus hijos en brazos o en cestas grandes. Yo me quedo asombrado. ¡Los niños pequeños saben nadar pero no saben andar!

Yo aprendí a nadar a los nueve años de edad en la Y.M.C.A. (Asociación de Jóvenes Cristianos) del Norte de Filadelfia. Todos mis conocidos aprendieron a nadar en la Y.M.C.A. a los nueve años de edad. Conclusión: todo el mundo aprende a nadar a los nueve años de edad.

Dado que yo sabía que todo el mundo aprende a nadar a los nueve años, la consecuencia lógica era que cualquier persona a la que yo viera nadar tenía al menos nueve años de edad. Sutilmente, para justificar mi creencia arraigada, había resuelto subconscientemente el dilema entre lo que veía y lo que creía. Había llegado a la conclusión de que aquellos niños recién nacidos eran unos enanos de nueve años. Sólo el hecho de que sus madres tuvieran que llevarlos a cuestas me obligó a afrontar conscientemente este absurdo tan patente.

Volveremos más adelante a Australia e intentaremos defender la tesis de la herencia.

Ahora nos vamos a Tokio y retrocedemos en el tiempo hasta principios de los setenta. Nos encontramos en la Asociación para el Desarrollo Temprano, en el Japón.

De nuevo se nos ofrece un espectáculo encantador. En el centro de una sala grande están arrodilladas dos mujeres jóvenes. Una es norteamericana y la otra es japonesa. Arrodillados a su alrededor, formando un semicírculo, hay una veintena de madres japonesas, cada una de ellas con un niño pequeño en el regazo. La mayoría de los niños tienen dos años; algunos tienen tres.

La norteamericana habla en inglés al primer niño pequeño.

—Fumio, ¿cuál es tu dirección?

Fumio responde en un inglés correcto, claro y comprensible. Tiene un leve acento de Filadelfia.

A continuación, Fumio se dirige a la niña que ocupa el regazo contiguo y le pregunta:

—Mitsue, ¿cuántos hermanos y hermanas tienes?

—Dos hermanos y dos hermanas —contesta Mitsue.

Mitsue también tiene un leve rastro de acento de Filadelfia, pero sólo un natural de Filadelfia lo advertiría. Ella se dirige a continuación a la niña que ocupa el regazo siguiente y le pregunta:

—Michiko, ¿cuál es tu número de teléfono?

—Cinco, tres, nueve, uno, seis, tres, cinco, cinco —responde Michiko.

Michiko se dirige al niño que tiene a su izquierda y le pregunta:

—Jun, ¿hay algún árbol delante de tu casa?

—Hay un árbol ginkgo en un hoyo en la acera.

Como todos los demás niños, Jun tiene un leve acento japonés, y la palabra «hole» (hoyo) suena como si hubiera dicho «hore». Cuando dice la palabra «pavement» (acera) suena un poco como si hubiera dicho «payment». Cualquier natural de Boston lo reconocería de inmediato como el acento propio de Filadelfia.

Pero esta escena seductora no nos sorprende a mi esposa, Kate, ni a mí, porque, naturalmente, la maestra norteamericana era nuestra hija, Janet Doman, que actualmente es directora de los Institutos.

Su ayudante japonesa era Miki Nakayachi, que más tarde sería instructora de japonés en los Institutos y que llegaría a convertirse en la primera directora de nuestra Escuela Internacional.

Pero ya es hora de que abandonemos esta escena tan interesante para visitar otra igualmente encantadora, donde conoceremos a uno de los grandes maestros de este siglo y de todos.

Vengan conmigo a un lugar situado a varios centenares de kilómetros al noroeste de Tokio, a una venerable población de montaña llamada Matsumoto, en los Alpes japoneses, y les presentaré al más célebre de sus ciudadanos, Shinichi Suzuki.

El profesor Suzuki había oído hablar de nuestro trabajo y nosotros habíamos oído hablar del suyo diez años antes de que llegásemos a conocernos en persona. Es curioso: la primera persona que nos habló del trabajo de Suzuki no se lo creía, pero nosotros sí lo creímos. Recuerdo como cosa divertida la discusión acalorada que mantuvimos a continuación.

Al recordar aquel debate me parece absurdo haberme puesto a defender con pasión a un hombre del que ni siquiera había oído hablar media hora antes, y también me parece absurdo que lo sometiese a un ataque vitriólico un hombre que no sabía de él más que el hecho de que, según se decía, enseñaba a tocar el violín a niños de dos y tres años.

El motivo del enfrentamiento verbal era bastante sencillo. Aunque ninguno de los dos habíamos visto nunca tocar el violín a un niño de tres años, yo estaba absolutamente convencido de que *podía* ser, y el otro estaba absolutamente convencido de que *no podía* ser.

En los Institutos habíamos descubierto que los niños eran unos genios de la lingüística que afrontaban el aprendizaje del inglés sin el menor esfuerzo.

La lengua inglesa tiene un léxico de 450.000 palabras. Aunque el número de combinaciones que se pueden hacer con estas palabras no es infinito, la verdad es que podríamos estarlas combinando hasta el fin del mundo.

La música también es un lenguaje, pero sólo tiene siete notas, no 450.000. Aunque parezca que estas notas se pueden combinar entre sí inagotablemente, la verdad es que sus combinaciones no son ni mucho menos tantas como las que se pueden realizar con 450.000 palabras.

Dado que los niños pequeños son capaces de aprender con tanta facilidad la lengua inglesa, con su amplio vocabulario, debería resultarles más fácil aprender el lenguaje de la música.

En realidad, se puede enseñar a los niños pequeños cualquier cosa que se les presente de una manera sincera y concreta.

¿Por qué no puede haber descubierto un hombre llamado Suzuki el modo de enseñar a los niños a tocar el violín de una manera sincera y concreta?

La respuesta a esta pregunta era sencilla.

Lo había descubierto.

Suzuki ha enseñado, directa o indirectamente, a tocar el violín a más de 100.000 niños pequeños.

Por fin íbamos a conocer personalmente al doctor Suzuki y a sus pequeños violinistas.

Nos saludamos como viejos amigos. Es un genio muy delicado. En todas sus palabras y en todos sus actos se refleja el amor y el respeto que siente hacia sus niños.

Acompáñenme al hermoso auditorio adornado con pancartas que nos dan la bienvenida a Matsumoto.

¡Qué emocionante fue oír por primera vez el sonido absolutamente glorioso de aquellos pequeños en concierto! Esperábamos oírles tocar y oírlos tocar bien. No esperábamos lo que oímos en la realidad. Aquel primer concierto llenó nuestros sentidos, los inundó y, por último, los abrumó.

Volvimos a oírlos muchas veces.

Tuvimos el gran placer de oír a más de cinco mil alumnos de Suzuki en su Concierto Nacional Anual, en Tokio.

La oportunidad de gozar del espectáculo de miles de niños muy pequeños que interpretan a Mozart, a Bach y a Beethoven es una experiencia que resulta imposible de describir.

Es, sin duda, una de las pruebas más convincentes e irresistibles de que los niños pequeños son capaces de aprender, en efecto, cualquier cosa que se les enseñe de una manera amorosa y sincera.

También oímos tocar a diez de ellos, de entre tres y diez años de edad, en la Academia de Música de Filadelfia, sede de la Orquesta de Filadelfia. Los Institutos han patrocinado estos conciertos a lo largo de los años.

El público musical de Filadelfia no es el más efusivo del mundo. Es un público que sabe apreciar la música, pero que no es efusivo en sus aplausos. Nosotros hemos llenado la Academia de aficionados a la música que pagaban su entrada al mismo precio que para asistir a los conciertos de la Orquesta de Filadelfia. Los pequeños nunca han dejado de recibir una gran ovación, sincera y bien merecida.

Volvamos a nuestro viaje por el mundo.

Vengan conmigo a la Academia de Aspirantes a Oficiales de Infantería de Fort Benning, en el estado de Georgia, hace media vida, en 1943.

En una de las literas, dispuestas en orden alfabético, nos encontramos al aspirante John Eaglebull, indio siux de pura cepa, que ha estudiado en la universidad y que es el jefe hereditario de su tribu. Junto a él nos encontramos al aspirante a oficial Glenn Doman. Doman, con D. Eaglebull, con E.

En los meses siguientes, duros pero bien ordenados y emocionantes, nos hicimos amigos íntimos, a pesar de que Eaglebull tendía a ser tan reservado como lo daba a entender su hermoso rostro de indio.

Por eso me sorprendió una vez que me habló por casualidad de su hijo. Yo sabía que estaba casado, pero no me había enterado hasta entonces de que tenía un hijo.

Sacó la cartera con la inevitable foto.

—Mi hijo —dijo Eaglebull, con un aire más bien majestuoso.

La foto me hizo temblar. En ella se veía a un niño pequeño, de dos años y medio, muy lindo, montado en un caballo grande. Parecía que estaba a un kilómetro de altura. No lo sostenía ningún adulto; montaba a pelo y sujetaba las riendas. Sus piernecitas no caían por los costados del caballo, sino que le asomaban para los lados, de tal modo que se le veían las plantas de los pies.

—¡Cielo santo, Eaglebull, qué cosa tan peligrosa has hecho!

—¿Por qué es peligroso tomar una foto, Doman?

—¿Y si se hubiera movido el caballo cuando estabas tomando la foto?

—Entonces habría salido mal la foto.

—Se habría roto el cráneo, Eaglebull.

Antes de ingresar en el ejército yo me había dedicado a arreglar cerebros lesionados, y la idea de que aquel niño pequeño se hubiera podido caer del caballo me horrorizó.

El recio rostro de Eaglebull se llenó de sorpresa, y tardó en contestarme. Cuando comprendió la causa de mi protesta, me respondió indignado.

—El caballo es suyo —me dijo Eaglebull—. Yo no conozco a nadie que se acuerde de cuando aprendió a montar a caballo, como tú no conoces a nadie que se acuerde de cuando todavía no sabía andar.

Yo oía con mi imaginación el sonido de los tambores de guerra.

El padre de Eaglebull ostentaba todavía las cicatrices que se había ganado bailando la danza del sol. Mi propia abuela era una niña pequeña cuando Custer murió en la batalla del Little Big Horn.

James Warner Bellah, gran autoridad en la historia de las guerras de la caballería contra los indios, dijo en cierta ocasión que los siux eran «cinco mil de los mejores guerreros de caballería ligera del mundo».

Claro que eran de la mejor caballería ligera del mundo. ¿Cómo no iban a serlo? Habían nacido a caballo.

Vengan conmigo a Filadelfia y a los Institutos en 1965 para conocer a nuestro último grupo de niños pequeños. A un lado de la avenida Stenton está Filadelfia, orgullosa de sus trescientos años de historia, de su museo de arte, de su orquesta, de sus muchas universidades, de sus siete facultades de Medicina, de sus hermosos barrios residenciales.

Filadelfia recuerda su historia como primera capital que fue de los Estados Unidos: en aquella época era la mayor ciudad del mundo de habla inglesa después de Londres.

Pero en su sistema escolar moderno una tercera parte de los niños de siete a diecisiete años no saben leer, o no saben leer al nivel de primaria, lo que viene a significar lo mismo. No sólo era posible, y lo sigue siendo, obtener el certificado de educación secundaria sin ser capaz de leer el propio diploma, sino que a muchos estudiantes les sucede al final de cada curso.

Antes de que se le hinche el pecho de orgullo cuando compare a su propia ciudad con Filadelfia, estudie de cerca los datos de su ciudad.

Pero al otro lado de la avenida Stenton, a cuatro metros de distancia, en el condado de Montgomery, está el recinto de los Institutos para el Logro de las Posibilidades Humanas. Ya en 1965 había en los Institutos niños de dos y tres años con lesiones cerebrales y que sabían leer con comprensión plena. ¿Qué podía significar aquello?

¿Qué significa todo esto?

Niños de dos meses que saben nadar; y, además, muchos.

Niños japoneses que no han cumplido los cuatro años y que mantienen conversaciones en inglés, con acento de Filadelfia.

Niños japoneses que no han cumplido los cuatro años y que saben tocar el violín, y algunos de los cuales dan conciertos e interpretan solos en la Academia de Música de Filadelfia, ante públicos muy entendidos.

Niños siux, poco más que bebés, que montan a caballo: todos los niños siux lo hacen.

Niños de dos y tres años con lesiones cerebrales entre leves y profundas, capaces de leer con comprensión, mientras que una tercera parte de los niños sanos de entre siete y diecisiete años no saben leer.

¿Es la herencia o es el entorno?

Intentamos defender en primer lugar la causa de la herencia.

Volvamos a Australia y a los niños recién nacidos que saben nadar. ¿Herencia? Puede ser.

Observemos un mapa de Australia. Casi 6.500 kilómetros de playas preciosas y de mares hermosos y cálidos. ¡Qué lugar tan maravilloso para practicar la natación (si a uno no le importa algún tiburón que otro)!

Es posible que, con unas playas tan maravillosas, los australianos, después de miles de años, de decenas de miles de años, hayan desarrollado una predisposición genética atávica para nadar, lo que les otorga una ventaja genética sobre el resto de las personas.

Pero ya oigo que un australiano que tiene las ideas claras me responde:

—¡Un momento! ¿Qué es eso de decenas de miles de años? No llevamos aquí ni mil años. Sólo los aborígenes han vivido aquí desde hace mil años, y la mayoría de ellos no han visto nunca junta una cantidad de agua como para nadar en ella. No hay quien nade si no tiene el agua suficiente para nadar, ¿no es así? Ni siquiera los australianos somos capaces de hacer tal cosa. Somos un montón de ingleses, escoceses, galeses e irlandeses emigrados.

Oigo también otra voz, un poco menos estridente (la de un biólogo, quizá), que dice:

—Déjese de cuentos. No me hable de cambios genéticos en mil años, ni en cincuenta mil. En cien mil, puede ser.

Si no es genético, ¿qué es, entonces?

Aquellos bebés australianos nadaban hace veinte años porque una pareja de australianos pensaron que los bebés deberían ser capaces de nadar, y lo demostraron.

Si bien se mira, ¡se trataba, en realidad, de una pareja de holandeses! Si se hubieran quedado en los Países Bajos, los que se habrían echado a nadar serían unos bebés holandeses, y nosotros habríamos ido a verlos a los Países Bajos. Aquella pareja era el entorno.

¿Y qué hay de aquellos niños japoneses que hablaban inglés? ¿Se trata de algo hereditario?

Todo el mundo sabe lo listos que son los japoneses y lo mucho que se ocupan de sus hijos. Es posible que los japoneses, después de hablar inglés durante miles de años, hayan desarrollado una predisposición genética...

Ya oigo que todos me dicen a gritos:

—¡Un momento! ¿Cómo es posible que los japoneses hablasen inglés hace mil años, cuando no había llegado ni un solo inglés...?

Está bien; está bien. De modo que no se trata de la herencia. Entonces, ¿de qué se trata?

Hacía mucho tiempo que sabíamos que todos los niños son unos genios de la lingüística y que, para un niño japonés que nace en Tokio hoy día, el japonés es una lengua extranjera. Ni más ni menos que el inglés. ¿Hay alguien que dude de que el niño hablará el japonés antes de cumplir los cuatro años?

El personal de habla inglesa de los Institutos fue el entorno de aquellos niños japoneses. ¿De qué otro modo podemos explicar los leves acentos de Filadelfia que percibimos en los niños japoneses?

Y ¿qué hay de los niños de Suzuki, que tocan el violín maravillosamente? ¿No es un caso de herencia? Todo el mundo sabe lo hábiles que son los japoneses con las manos. ¿No es posible que los japoneses, después de tocar el violín durante miles de años...?

Un momento; será mejor que no siga por ahí otra vez. Veamos: el almirante Perry llegó al Japón hace unos 150 años, y...

Bueno, si no se debe a la genética, ¿a qué se debe, entonces?

A un hombre, a un genio, llamado Shinichi Suzuki, que pensó que los niños pequeños debían ser capaces de tocar el violín; y en esto no hay nada de japonés ni de hereditario, salvo el propio Suzuki.

Ahora hay en todos los rincones del mundo niños pequeños que tocan el violín; y si hacemos un poco de memoria recordaremos que Eugene Ormandy lo tocaba a los dos años; y ¿cuánto tiempo hace que empezaron a tocar el violín Yehudi Menuhin... o Mozart?

¿Y esos 5.000 niños que actúan en el concierto nacional y que interpretan obras de excelentes compositores japoneses antiguos, como Mozart, Vivaldi y Bach?

Los australianos no tienen la exclusiva de la natación.

Ni tampoco tienen los japoneses la exclusiva del dominio del inglés.

Ni tampoco tienen los japoneses la exclusiva de la interpretación del violín.

Un momento, Doman: ¿qué hay de los niños siux que montan a caballo? ¿No has dicho tú mismo que han nacido a caballo?

Sí, lo he dicho, y es posible que se trate de algo hereditario en este caso.

Supongamos que los indios, después de subir al caballo a sus hijos desde tiempos inmemoriales...

¡Alto!

Ya oigo al estudiante de historia que se ríe a carcajadas.

—En el Nuevo Mundo no hubo caballos hasta la llegada de los conquistadores.

Dieciocho españoles, con dieciocho caballos, pusieron en fuga a miles de aztecas, un pueblo muy civilizado, y más tarde a los sabios incas, que realizaban operaciones cerebrales con éxito antes de que un solo hombre blanco pusiera el pie en el Nuevo Mundo.

Con todo lo civilizados que eran, estaban cargados de supersticiones. No habían visto nunca un caballo. Cuando vieron que el conjunto del caballo y el jinete se separaba en dos partes, llegaron a la conclusión de que eran dioses. Se postraban de rodillas para adorarlos y morían a miles.

Los conquistadores sólo conocieron la derrota cuando empezaron a atravesar los grandes desiertos de lo que ahora es el sudoeste de los Estados Unidos, pues allí se encontraron con los apaches.

Los apaches no creyeron que fueran dioses, sino hombres que cabalgaban sobre un animal que era nuevo para ellos. Los apaches los mataron y se quedaron con sus caballos.

Los caballos eran ideales para los indios de América del Norte, y se propagaron entre los indios hasta llegar por fin a los siux.

No vamos a hablar otra vez de los genes o de la herencia. Los caballos pasaron a formar parte rápidamente del entorno siux, hace bastante menos de trescientos años.

Los niños siux no tienen la exclusiva del arte de montar a caballo. Cualquier niño del mundo puede ser un experto jinete: lo único que necesita es que le brinden la oportunidad, y cuanto antes se le conceda, mejor jinete será.

Los niños siux empezaron a montar a caballo cuando tenían un día de edad, aunque fuera en brazos de sus madres.

Y ¿qué decir de los niños pequeños con lesiones cerebrales, que asisten a los Institutos en Filadelfia y leen con comprensión a los dos y tres años de edad, mientras al otro lado de la calle una tercera parte de los niños sanos de siete a diecisiete años no saben leer?

¿Es una cuestión genética? Bueno, algunas personas han sugerido que aquellos niños con lesiones cerebrales pueden tener una predisposición genética especial. Pero decían que se trataría de una predisposición para mal, no para bien.

En realidad, estos niños no tienen nada de especial genéticamente, ni para bien ni para mal. Simplemente, tienen una lesión cerebral. Pero cabe preguntarse si alguien cree que tener una lesión cerebral es una ventaja.

La verdad es que todos los niños son genios de la lingüística, y que como consecuencia el personal de los Institutos ha enseñado a sus madres a que les enseñen a leer a ellos.

Es un factor ambiental.

Y bien, parece que los que trabajamos en los Institutos nos hemos decantado claramente por los partidarios del entorno; y, en efecto, así es.

¿Es que la herencia y la genética no tienen nada que ver con la inteligencia, entonces?

Dios mío, lo tienen que ver todo con la inteligencia.

El *Homo sapiens,* un don de los genes

*Si parece que veo más lejos que los demás es porque es-
toy sentado sobre los hombros de unos gigantes.*

BARÓN GOTTFRIED WILHELM VON LEIBNITZ (1646-1716)

EL PROBLEMA a la hora de entender la herencia es que confundimos el concepto de nuestra especie, *Homo sapiens,* con el de nuestras familias, los Smith, los Jones, los McShain, los Buckner, los Matsuzawa, los Vera, los Samoto, y todos los demás clanes.

Se nos ha metido en la cabeza que desde el punto de vista hereditario no podemos llegar más arriba de lo que marcan las capacidades genéticas que nos legaron las cuatro o cinco últimas generaciones de nuestra familia.

Aparte de algunas características físicas no muy importantes, tales como el color del pelo y la estructura general del cuerpo, de la que ya hemos hablado, yo afirmo que el resto no tiene importancia.

La idea de que yo no puedo llegar más arriba de lo que llegaron mi abuelo o mi abuela, y de que usted tampoco puede llegar más arriba que sus abuelos, es tan absurda que llega a ser estúpida.

Mi abuela irlandesa murió antes de que yo naciera, de modo que yo sé poco de ella, pero sí recuerdo a mi abuela Ricker. Era una señora granjera, agradable, temerosa de Dios y recta, y la idea de que yo no puedo llegar, intelectualmente, más arriba que ella y que el abuelo Ricker, o que el abuelo Doman, ni siquiera vale la pena discutirla.

¿Saben a quién repugnaría por completo tal idea? A mis abuelos, ni más ni menos.

Mis abuelos se pasaron toda la vida procurando que sus hijos se levantaran sobre los hombros de ellos. Procuraron que sus hijos empezaran en el punto al que habían llegado ellos. Fue su meta en la vida.

La primera meta en la vida de mi padre fue que yo me levantase sobre sus hombros. Que empezase allí donde había llegado él.

Y nuestra propia meta en la vida ha sido, y es, que nuestros hijos se levanten sobre nuestros hombros y que empiecen en el punto donde llegamos nosotros.

Gozamos de una gran familia, al menos en sentido espiritual: todo el personal de los Institutos. No puedo menos de decir que están haciendo un trabajo magnífico.

Si Temple Fay bajara de ese cielo de los maestros donde reside actualmente, si viniese a visitar los Institutos, si se sentase en el auditorio del edificio que lleva su nombre (¡ojalá pudiera!) y oyese hablar al más joven de los miembros del personal, tardaría algún tiempo en entender qué era lo que se estaba enseñando allí. Escucharía con atención, y después, como era un genio, se le iluminaría la cara con una gran sonrisa y diría: «Sí. Claro. Debí haberlo sabido.»

Pues el más joven de los miembros del personal de los Institutos sabe más de niños y del desarrollo de sus cerebros que lo que llegó a saber Temple Fay en toda su vida.

Por otra parte, si el doctor Fay pudiera sentarse en el mismo auditorio y me oyese impartir clases a mí, y si sólo me oyese explicar aquellos centenares de conceptos brillantes que él me enseñó a mí, se le nublaría el rostro con una mueca cada vez más marcada y diría: «Me equivoqué al elegir a este joven como discípulo. No se ha levantado sobre mis hombros: se ha sentado en mi regazo.»

Temple Fay fue probablemente el más grande de los cirujanos cerebrales de la historia, con la posible excepción de Hipócrates (teniendo en cuenta la época tan antigua en que vivió Hipócrates).

Ahora hay decenas de miles de personas vivas, quizá más, que estarían muertas si no fuera porque Fay inventó la refrigeración humana.

Su recompensa fue recibir los ataques de casi todo el mundo. Mucho después de la muerte de Fay, a mí me agrada mucho ver las caras de los padres de niños que han sufrido accidentes de automóvil, y cuyas vidas se salvaron por medio de la hipotermia, cuando estos padres asisten a conferencias en el auditorio del edificio Temple Fay.

Hoy día no hay ningún hospital que se considere moderno y que no disponga de un departamento o varios en los que se aplique la refrigeración humana.

Nosotros, todos nosotros, nos levantamos sobre los hombros del gigante que fue Temple Fay, y a él no le resultaba incómodo el peso de nuestros pies sobre sus hombros. Al contrario: le agradaba.

¿No les agrada a ustedes sentir el peso de los pies de sus hijos sobre sus hombros?

¿Por qué, si no, ibas a ponerte a leer un libro titulado *Cómo multiplicar la inteligencia de tu bebé*?

Habría que preguntarse si la costumbre universal que tienen los padres de sentar a los niños sobre sus hombros, una costumbre que encanta tanto a los padres como a los niños, es algo más que un juego agradable.

La capacidad de hacer que nuestros hijos comiencen en el punto donde llegamos nosotros es una característica singularmente humana. Es fruto de la maravillosa y singular corteza cerebral humana.

Es lo que más nos caracteriza como seres humanos, lo que nos diferencia de los grandes monos y de todas las demás criaturas de Dios.

Todo chimpancé que nace está destinado a vivir, paso a paso, la misma vida que vivió su padre. Está predestinado a ser un chimpancé, lo que significa que sólo puede aprender lo que le puedan enseñar sus padres o, como mucho, lo que le puedan enseñar los demás miembros de la tribu. Éstos prestan mucha atención y enseñan a sus crías con gran dedicación. Hacen un trabajo de primera, y como consecuencia la cría se convierte en un chimpancé de primera.

Con nosotros no sucede lo mismo.

Ya les oigo decir: «Bueno, ¿no es esto lo que nos sucede a nosotros? ¿Acaso no se dice en este mismo libro que debemos hacer de nuestros hijos unos seres humanos de primera?»

Claro que se dice eso. Pero es que un chimpancé de primera es una cosa estable, es una criatura que tarda muchos milenios en cambiar de alguna manera significativa, si es que cambia.

Con los seres humanos no sucede lo mismo.

Hay que ver cuánto cambiamos. No somos unas criaturas estables.

Tampoco estamos limitados a ser lo que fueron nuestros abuelos.

Cuando los seres humanos, con nuestros cerebros ingeniosos, inventamos los lenguajes abstractos escritos, nuestra capacidad de cambio se multiplicó por mil.

Ya no estábamos limitados a lo que podían enseñarnos nuestros padres. Ni mucho menos. Pues el momento en que aprendimos a leer por primera vez nos hizo libres.

¡Libres!

Ya no estábamos limitados a lo que podían enseñarnos nuestros padres. Por ejemplo, ahora podemos leer cualquiera de las cosas gloriosas que se escribieron en la lengua inglesa, todas las cosas doradas que todos los hombres o mujeres geniales, divertidos, cálidos o deliciosos han escrito en inglés.

También somos libres para aprender cualquier otro idioma, y por eso es magnífico enseñar a los bebés a comprender, a hablar, a leer y a escribir varios idiomas.

¿Recuerda el día en que aprendió a leer de verdad?

Usted debe de haber vivido la misma experiencia que viví yo.

Mi madre me había leído en voz alta desde siempre, que yo recuerde, y siempre ponía el libro en mi regazo mientras yo me sentaba en el suyo. En consecuencia, yo me sabía todas las palabras.

¿No recuerda cuando su madre se saltó una palabra o una frase o una página porque tenía la vista cansada? Y usted dijo: «No, mamá, no dice eso. Dice...»

Yo tenía cinco años, poco más o menos. Era un día de lluvia y yo no podía salir, de modo que mi madre me dijo:

—Échate en el suelo y lee un libro. Aquí tienes uno nuevo. Cuando encuentres una palabra que no conozcas, ven a la cocina y yo te la leeré.

Así lo hice.

Seguí leyendo y leyendo. Me emocionaba cada vez más. De pronto, lo descubrí con asombro. Supe por qué estaba emocionado. La persona que había escrito aquel libro me estaba hablando *a mí*. Me estaba diciendo cosas que yo no había sabido hasta entonces. Lo tenía. Tenía lo que todos los niños del mundo desean más que cualquier otra cosa. Había atrapado a un adulto para mí solo, y no se podía escapar. No tenía que ir a lavar la ropa, ni a apagar la lumbre, ni a sacar las cenizas. Era mío.

Entonces empezó todo. Yo leía todo lo que me caía entre las manos, lo entendiese o no. Siempre estaban allí mi padre o mi madre para explicarme una palabra.

¿Acaso no era también mi madre el entorno?

Naturalmente, ella es el entorno del niño, y, con la excepción del padre, es casi el único componente de este entorno.

Entonces, ¿cuál es el gran don hereditario del que os iba a hablar, según prometía el título de este capítulo?

¿Quién es su genio favorito? ¿Edison? ¿Beethoven? ¿Mark Twain? ¿Sócrates? ¿Gainsborough? ¿Einstein? ¿Shakespeare? ¿Bach? ¿Pauling? ¿Salk? ¿Picasso? ¿Vivaldi?

¿Sabe que usted está emparentado directamente con su genio favorito?

Nadie ha visto nunca un gen alemán, ni un gen francés, ni un gen japonés, ni mucho menos un gen estadounidense.

Cuando murió Einstein, tomaron su cerebro y lo han estudiado desde entonces.

Se intenta descubrir en qué sentido es diferente del de usted y del mío.

Hasta ahora no se ha descubierto nada.

Deseo buena suerte a los que lo investigan. No tiene ninguna característica alemana, ni genes de la Universidad de Princeton, ni genes atómicos, aunque en vida estuvo lleno de conocimientos alemanes y de conocimientos de Princeton y de $e = mc^2$, o como sea.

Se parece sorprendentemente al cerebro de usted en todos los sentidos importantes, pues a Einstein se le entregó el cerebro del *Homo sapiens,* con exactamente las mismas posibilidades que tenía el cerebro de usted al nacer.

Tenía un don glorioso. Tenía los genes del *Homo sapiens,* y eso es precisamente lo que tenía el de usted y lo que tiene el de su bebé.

Debo reconocer que me siento orgulloso de pertenecer a la familia Doman, y al personal de los Institutos, y de ser de Filadelfia, y de ser de Pensilvania, y de ser estadounidense, y de ser ciudadano del mundo, pues soy todas esas cosas. Así como estoy seguro de que usted está orgulloso de ser todo lo que es, yo estoy justamente orgulloso de ser lo que soy.

Pero éstas no son las cosas más grandes que somos, ni con mil leguas. Ni tampoco estamos limitados a ser lo mismo que son los demás miembros de estos grupos.

Nosotros, los seres humanos, estamos limitados a ser *Homo sapiens,* y nada más.

Estamos limitados a ser seres humanos.

Podemos ser cualquier cosa que sea cualquier ser humano.

Podemos ser cualquier cosa que haya sido cualquier ser humano.

Podemos ser cualquier cosa que vaya a ser cualquier ser humano. Pues todo ser humano tiene el don de los genes del *Homo sapiens.*

Si esto empieza a parecer un mensaje inspirador como los que transmiten Norman Vincent Peale y todas las demás buenas personas que nos exhortan, y muy bien, a que saquemos el mejor partido posible de lo que tenemos, me parece bien, y creo, desde luego, que es lo que debemos hacer.

Pero en realidad ese no es todo mi mensaje. Lo que quiero comunicar no es un mensaje inspirador, es un mensaje biológico y neurológico.

El tipo de ser humano que vamos a ser, ya sea excepcional, corriente o lento de entendimiento; ya sea amable, humano, duro, mezquino o cruel; ya sea inspirado o común, ya está determinado en gran medida a los seis años de edad.

En su nacimiento, el niño es un libro en blanco con la posibilidad de ser cualquier cosa que es, fue o será cualquier ser humano. Sigue así hasta los seis años.

Así pues, tenemos, en efecto, un don genético. Nacemos con el mayor don que podría sernos entregado. Todos tenemos los genes del *Homo sapiens.*

Ahora vamos a hablar de los niños y de los seis primeros años de vida.

7

Todo lo que aprendió Leonardo da Vinci

———— • ————

¿CÓMO ES, EN REALIDAD, un niño de tres años, a diferencia de cómo creemos nosotros, los adultos, que es?

Los niños nacen con un deseo furioso de aprender. Quieren aprenderlo todo acerca de todo y quieren aprenderlo enseguida.

Los niños pequeños creen que el aprendizaje es lo más grande que existe. La gente se pasa los seis primeros años de su vida intentando convencernos de que lo más grande que existe en la vida no es aprender sino jugar.

Algunos niños no aprenden nunca que lo más grande de la vida es jugar, y la consecuencia es que estos niños van por la vida con la convicción de que lo más grande de la vida es aprender. A éstos los llamamos «genios».

Los bebés creen que el aprendizaje es una habilidad necesaria para la supervivencia... y tienen razón.

El aprendizaje es una habilidad necesaria para la supervivencia, y es muy peligroso ser muy jóvenes y estar desvalidos.

Hacen falta 10.000 huevos de trucha para que sobreviva una sola trucha; 40 huevos de tortuga para producir una sola tortuga adulta. Los huevos de tortuga son muy vulnerables a los depredadores; las tortuguitas que se dirigen al mar por la playa corren grandes peligros. Cuando llegan a salvo al mar se enfrentan a nuevos depredadores.

Las crías de ardilla y de conejo que vemos muertas en las carreteras a principios del verano y que no vivieron el tiempo suficiente para aprender son testigos mudos de una dura ley de la naturaleza: el aprendizaje es una habilidad necesaria para la supervivencia.

Esta ley se cumple sobre todo en los seres humanos, y todo niño recién nacido la conoce. La tiene incorporada. La naturaleza conoce trucos geniales para asegurar la supervivencia de la raza y la del individuo.

Para asegurar la supervivencia de la raza recurre a un truco encantador y delicioso en el que caemos. Se llama sexo. ¿Se ha parado a pensar alguna vez cuál sería la población del mundo si el sexo fuera desagradable y doloroso? ¿Y cuánto tiempo haría que la población sería nula?

Con cada niño que nace, la naturaleza aplica su truco para asegurar su supervivencia. Le hace nacer con la creencia de que el aprendizaje es absolutamente lo mejor que puede pasar, y todo niño que nace lo cree y lo creerá siempre a no ser que lo convenzamos de otra cosa con argumentos o con presiones... o con ambas cosas a la vez.

No se limite a creerse esto fiándose de mis palabras: es demasiado importante. Si quiere saber lo que piensan *de verdad* los niños de tres años, en vez de las tonterías que nosotros nos decimos que piensan (en hacer pasteles de barro y cosas así), ¿por qué no consulta a una verdadera autoridad en el tema de los niños de tres años? ¿Por qué no se lo pregunta a un niño de tres años?

Cuando se lo pregunte, esté dispuesto a escucharlo con los oídos despejados y a mirarlo con los ojos despejados. Si usted ya sabe lo que le va a decir antes de que él se lo diga, oirá lo que usted *creía* que le iba a decir, y le verá hacer lo que usted *creía* que iba a hacer.

Recuerde el poder de los mitos.

Pregunte a un niño de tres años qué es lo que desea de verdad. Si él tiene confianza en usted, no le dará tiempo a preguntárselo: se lo preguntará él a usted. No le preguntará cómo son los niños de tres años: él ya lo sabe perfectamente. Le hará preguntas sin fin, como todo el mundo sabe, con lo que le demostrará que los niños de tres años no quieren jugar a hacer pasteles de barro: lo que quieren es aprender.

(La gran ventaja de ser irracionales, como lo son todos los forjadores de mitos, es que se pueden mantener dos opiniones opuestas al mismo tiempo. Por lo tanto, *todo el mundo sabe* que los niños pequeños quieren jugar, y todo el mundo sabe que los niños pequeños hacen preguntas sin cesar.)

La verdad es que los niños pequeños no quieren jugar y que, en efecto, hacen series interminables de preguntas. ¡Y qué preguntas tan excelentes hacen!

—Papá, ¿cómo se sostienen las estrellas en el cielo?

—Mamá, ¿por qué es verde la hierba?

—Mamá, ¿cómo se mete el hombrecito en el televisor?

Son unas preguntas geniales. Son unas preguntas exactamente del mismo tipo de las que se formulan los científicos de alto nivel.

Nuestra respuesta, en cierto modo, viene a ser la siguiente:

—Mira, chico, papá está muy ocupado pensando qué es lo que debíamos hacer con la situación en el Oriente Medio para poder escribir una carta al director de un periódico para decirle qué es lo que debíamos hacer. ¿Por qué no te vas a jugar mientras papá piensa?

Nunca respondemos a sus preguntas, por dos motivos.

El primer motivo es que no sabemos si entenderían la respuesta si se la diésemos.

El segundo motivo es que tampoco nosotros sabemos las respuestas a sus preguntas. Son unas preguntas geniales.

Desde el año 1962, todos los estadounidenses hemos pagado un centavo de cada dólar de impuestos para financiar una organización genial llamada NASA. Por lo que a mí respecta, pueden destinarle diez centavos de cada dólar que pago de impuestos siempre que quieran.

No es que me entusiasme tanto la idea de estar en la Luna. Pero la capacidad de *ir* a la Luna y, todavía más, la capacidad de *volver*... bueno, es increíble.

Si alguien le pidiera que resumiese todo el programa espacial en una sola pregunta sencilla y clara y le diera un año para pensar cuál sería esa pregunta, ¿cree usted que podría presentar una pregunta más sencilla y más clara que la de «cómo se sostienen las estrellas en el cielo»?

O la de «¿por qué es verde la hierba, papá?»

La verdad es que yo no lo sé.

—Vamos, Glenn: tú sí sabes por qué es verde la hierba.

—Por la clorofila, cariño: es la clorofila la que hace que la hierba sea verde.

—Papá, ¿por qué la clorofila no hace que la hierba sea roja?

Y ahora el niño me ha acorralado, porque verdaderamente yo no sé por qué la clorofila hace que la hierba sea verde.

Y sospecho que usted tampoco lo sabe, a no ser que sea biólogo.

De modo que su madre dice:

—Porque sí, cariño.

Una de nuestras madres profesionales llenas de dedicación, que respeta verdaderamente a su hijo, me contó el caso siguiente.

Su hija pequeña le había hecho una pregunta, que, como siempre, era una pregunta genial. Como ella es una madre estupenda, intentaba formular una respuesta clara para la respuesta de su hija, y ésta se impacientó.

—¿Por qué, mamá? ¿Porque sí?

La madre se quedó horrorizada.

Todos deberíamos reflexionar sobre esto.

—Papá, ¿cómo se ha metido el hombrecito en el televisor?

Esa pregunta me ha inquietado desde la primera vez que vi al hombrecito dentro del televisor, y más aún desde que cada uno de mis hijos pequeños me hizo sucesivamente la misma pregunta.

Yo podía quitarme de encima la pregunta hablando de las ondas de luz durante un minuto y de las ondas sonoras durante otro minuto, pero la verdad es que no daría resultado.

La verdad es que no lo sé.

En consecuencia, no he intentado nunca responder a esa pregunta si no es diciendo: «No lo sé.» Yo nunca miento a los niños ni intento engañarlos.

Me miento y me engaño a mí mismo de vez en cuando. Pero nunca miento a los niños ni intento engañarlos.

Nunca da resultado, porque los niños, sobre todo los niños pequeños, ven las intenciones de los adultos con tanta claridad como si fuésemos vidrios de ventana.

Todos los niños pequeños ven las intenciones de todos los adultos.

Ningún adulto debe intentar nunca engañar a un niño, porque nunca da resultado, y yo, por lo menos, soy demasiado viejo para hacer cosas que no dan resultado: no tengo tiempo.

Volvamos al hombrecito del televisor.

La televisión fascina a las personas de mi edad. No nacimos en un mundo lleno de televisores ni bajo un cielo lleno de aviones, como han nacido los niños de hoy. ¿Me quieren creer que todavía levanto la vista cuando oigo el ruido de un avión?

Lo que nos fascina no son los programas-basura que se ven en el televisor, sino el milagro electrónico.

Es la pregunta de cómo se ha metido el hombrecito en el televisor. Nos la hacemos nosotros y los niños pequeños.

Entonces, ¿qué hacemos cuando nuestros hijos nos hacen una de esas preguntas geniales e imposibles de responder?

Lo que hacemos, en la práctica, es decirles:

—Mira, nene, toma un sonajero (o un camión de juguete, en función de si el niño tiene un año o tres). Vete a jugar con él.

Marshall McLuhan solía decir que la miniaturización es un arte muy apreciado por los adultos.

Los niños no lo entienden, y deben pensar que estamos locos como regaderas.

—¿Esto es un camión? —se dice el niño de tres años mientras sostiene el juguete en sus manitas.

»Me habían dicho que los camiones eran esas cosas gigantes que hacen temblar las ventanas cuando pasan, y que dan calor y huelen a grasa, y que si te pones por delante te aplastan. ¿*Esto* es un camión?

Los niños pequeños han resuelto este tipo de dicotomías de los adultos. No les quedaba más remedio.

Se dicen:

—Son mayores que yo, así que si ellos dicen que esto es un camión, yo lo llamaré camión.

(Gracias a Dios, los niños son unos genios de la lingüística.)

¿Qué pasa cuando damos al niño pequeño un camión de juguete?

Bueno, todo el mundo sabe lo que pasa. «Juega» con él durante un minuto y medio, y después se aburre y lo tira.

Nosotros lo observamos y tenemos preparada una explicación: tiene poca capacidad de atención. Cerebro grande, cerebro pequeño.

¡Qué arrogantes somos, y qué ciegos! Hemos visto exactamente lo que creíamos que íbamos a ver.

¿Y si tornamos atrás y volvemos a contemplar la escena, pero esta vez viendo lo que ha sucedido de verdad?

Acabamos de *ver* una demostración brillante del modo en que aprenden los niños, pero nos ha parecido que se trataba de una demostración de la inferioridad de los niños.

Los niños pequeños sólo pueden aprender acerca del mundo de cinco modos. Pueden verlo, oírlo, tocarlo, olerlo y gustarlo.

Nada más.

Tienen a su disposición cinco pruebas de laboratorio para aprender acerca del mundo. Y es exactamente el mismo número de pruebas que tenía a su disposición Leonardo da Vinci. Y usted, y yo. Cinco modos de aprender.

Vamos a repetir la escena. Dimos al niño el sonajero o el camión de juguete que no había visto nunca. Si lo hubiera visto antes, se habría limitado a tirarlo inmediatamente y habría exigido algo que no hubiera visto nunca. Por eso los trasteros se llenan de trastos llamados juguetes, con los que los niños «jugaron» una vez y después se negaron a mirarlos de nuevo.

De modo que le damos un juguete nuevo con la esperanza de que éste capte su atención.

Primero lo miró (por eso los juguetes están pintados con colores vivos).

Después lo escuchó (por eso los juguetes emiten sonidos).

Después lo tocó (por eso los juguetes no tienen bordes agudos).

Después lo saboreó (por eso los juguetes no están hechos de materiales venenosos).

Por último, lo olfateó (todavía no hemos descubierto cómo debe oler un juguete; por eso no huelen).

Este proceso agudo y perspicaz en el que aplica todas las pruebas de laboratorio disponibles para aprender todo lo que vale la pena de aprender acerca de ese trasto llamado juguete dura unos sesenta segundos.

Pero el niño no sólo es agudo sino que es ingenioso. Puede aprender algo más. Puede aprender cómo está hecho el juguete rompiéndolo en pedazos.

De modo que intenta romperlo. Tarda unos treinta segundos en descubrir que no puede romperlo. De modo que lo tira. Naturalmente, por eso son irrompibles los juguetes.

Es uno de los dos métodos que aplicamos los adultos para evitar el aprendizaje:

En primer lugar, existe una escuela de pensamiento que recomienda la política del «construirlo de tal modo que no pueda romperlo» para la prevención del aprendizaje.

La segunda escuela de pensamiento es la que recomienda la política del «ponerlo fuera del alcance del niño».

Él intenta desesperadamente aprender y nosotros intentamos desesperadamente hacer que juegue.

Pero, a pesar de nuestros esfuerzos, él consigue aprender todo lo que se puede aprender acerca del juguete, y dado que en ningún momento tuvo la intención de jugar, lo tira enseguida.

Todo el proceso dura unos noventa segundos.

Nosotros presenciamos esa exhibición absolutamente genial y nos servimos de ella para demostrar que él es inferior.

La pregunta es: «¿Cuánto tiempo debe dedicar una persona cualquiera a observar un sonajero?»

La respuesta debe ser: «Debe mirarlo mientras pueda aprender algo nuevo de él.»

Si ésta es la respuesta correcta, puedo decirles que nunca he visto a ningún adulto hacerlo de una manera tan genial como un niño de tres años.

Hay cinco vías de entrada al cerebro, sólo cinco.

Todo lo que aprende un niño en su vida lo aprende por estas cinco vías. Puede verlo, oírlo, tocarlo, gustarlo y olerlo.

Todo lo que aprendió Leonardo da Vinci lo aprendió por estas cinco vías.

Todos los niños son unos genios de la lingüística

———— • ————

En cuestión de niños, la arrogancia de los adultos no tiene límites.

Se trata de nuevo del mito, viejo y reseco, del adulto.

Los niños pequeños no son tan grandes como yo, no pesan tanto como yo y no son tan listos como yo.

¿Que no son tan grandes como yo? Es verdad.

¿Que no pesan tanto como yo? Es verdad, desde luego.

¿Que no son tan listos como yo? Ja, ja, ja.

No hay tarea intelectual más difícil para un adulto que intentar aprender una lengua extranjera. Sólo un pequeño porcentaje de adultos consiguen llegar a hablar con soltura una lengua extranjera. El número de adultos que consiguen hablar una lengua extranjera a la perfección y sin rastro de acento es tan reducido que puede considerarse insignificante. Los poquísimos adultos que aprenden una lengua extranjera siendo adultos son objeto de admiración y de envidia casi universales.

A mí me gustaría más hablar con soltura una lengua extranjera que realizar cualquier otro acto del intelecto que se pueda hacer en este mundo. Me gustaría hablar portugués, japonés o italiano, pero me conformaría con hablar cualquier lengua. He vivido durante periodos más o menos largos en más de cien países, pero no soy capaz de emitir una frase coherente ni gramaticalmente correcta en ninguna lengua extranjera, ni mucho menos pronunciarla con buen acento. No es que no lo haya intentado. Lo he intentado con mucho ahínco.

Tengo manuales de conversación en cincuenta idiomas, y me sirvo de ellos. Por lo menos, lo intento. Nadie espera que los estadounidenses ni los ingleses lo intentemos siquiera. Cuando lo intentas, a los habitantes del país les pareces encantador. Cuanto peor te sale, más encantador les pareces.

Yo les parezco enormemente encantador.

Subo a un taxi francés y digo algo así como:

—Yo... taxi... hotel.

El taxista me mira por encima del hombro y dice:

—¿Dónde quiere ir, amigo?, ¿al hotel?

Lo dice en inglés, con acento norteamericano. Es un poco más joven que yo. Y comprendo que vivió de niño en la zona americana durante la ocupación del país, en la Segunda Guerra Mundial.

Si cualquier adulto quiere ganarse en poco tiempo un complejo de inferioridad, lo único que tiene que hacer es desafiar a cualquier niño de dieciocho meses a aprender un idioma.

Supongamos que tomamos a un hombre brillante de treinta años, que hubiera ganado una beca Rhodes* y un atleta en la cúspide de su forma física, ganador de medallas de oro en los Juegos Olímpicos. Supongamos que le decimos:

—Pedro, te vamos a enviar a un pueblecito del centro de Italia. Allí vivirás dieciocho meses con una familia y lo único que tendrás que hacer es aprender a hablar el italiano.

Supongamos que entonces aparece, gateando, cualquier niño de dieciocho meses y que decimos al adulto que se lleve consigo al niño.

Al brillante adulto de treinta años le damos instrucciones detalladas.

Al niño de dieciocho meses no le damos ninguna instrucción.

Dieciocho meses más tarde, nuestro brillante adulto de treinta años hablaría bastante bien el italiano... con un terrible acento estadounidense.

El niño de dieciocho meses, al que no hemos dado ninguna instrucción, también hablaría bastante bien el italiano... con el

---

* Prestigiosas becas que ofrece la universidad de Oxford a estudiantes naturales de las antiguas colonias británicas, incluidos los Estados Unidos. Su fundador fue el político y explorador Cecil Rhodes, colonizador de Rhodesia (actual Zimbabue). *(N. del T.)*

acento exacto de aquella casa, de aquel pueblo, de aquella provincia italiana.

¿Cómo se explica esto?

Es muy sencillo.

Es que todos los niños son unos genios de la lingüística.

Para un niño que nazca en Filadelfia esta noche, el inglés será una lengua extranjera, ni más ni menos extranjera que el alemán, el italiano, el suahili o el urdú.

Pero cuando tiene un año lo entiende bastante y empieza a decir sus primeras palabras.

A los dos años lo entiende mucho y tiene una capacidad rudimentaria para hablarlo.

A los tres años lo entiende y lo habla con la soltura suficiente para valerse en casi todas las situaciones.

A los seis años ya lo habla a la perfección según la medida de su propio entorno. Si la gente de su barrio dice: «Me se ha olvidao», entonces él también lo dirá así; pero eso es perfecto dentro de su entorno.

Por otra parte, si su padre es catedrático de Lengua Inglesa en la Universidad de Londres, entonces él hablará el inglés clásico con un acento de inglés clásico, porque eso es perfecto dentro de su entorno.

Si nace en una familia bilingüe donde se hablan dos idiomas, entonces él hablará dos idiomas.

Si nace en una familia trilingüe donde se hablen tres idiomas, él hablará tres idiomas. Y así sucesivamente; si no hasta el infinito, por lo menos hasta tantas lenguas como existan.

Es el mayor de los milagros del aprendizaje que yo conozco.

Yo conocí a Avi en Río de Janeiro cuando él tenía nueve años, y lo hubiera estrangulado con mucho gusto.

Avi hablaba nueve idiomas con soltura.

Lo que más me desconcertó fue que se disculpase por su mal inglés, que, según me explicó, había aprendido principalmente en la escuela. Se disculpaba de su mal inglés, en inglés, con un espléndido acento de la BBC. El acento de la BBC es mejor que el acento de Oxford, que tiende a ser un poco almibarado.

Se disculpaba ante mí, ante mí... que hablo con el acento del norte de Filadelfia. (El acento del norte de Filadelfia se debe principalmente a la sinusitis, consecuencia del mal tiempo.)

Cuando yo pronuncio una conferencia ante un grupo de sabios consigo hablar con un acento tolerablemente sabio, a no ser que alguien me haga enfadar, en cuyo caso vuelvo a hablar con mi acento del norte de Filadelfia.

Tuvimos un presidente de los Estados Unidos que siempre decía «Cuber» cuando quería decir «Cuba».

Los medios de comunicación se burlaban de él constantemente, pero él seguía diciendo «Cuber». Se puede sacar a un niño de Boston, pero no se puede quitar al niño el acento bostoniano.

Avi había nacido en El Cairo, dentro de una comunidad de habla inglesa. Así aprendió francés, árabe e inglés. Sus abuelos españoles vivían con él, y así aprendió español. Se fueron a vivir a Haifa (yídish, alemán y hebreo), y después fueron a vivir con ellos sus abuelos turcos, que le enseñaron la lengua turca. Por último, se trasladaron a Brasil, donde aprendió el portugués.

Ni todos los ordenadores del mundo conectados entre sí serían capaces de mantener una conversación fluida al nivel de un niño de treinta meses en inglés, ni en francés, ni en árabe, ni en alemán, ni en yídish, ni en turco, ni en hebreo, ni en español, ni en portugués; ni mucho menos en todos estos idiomas a la vez, y mucho menos con el acento de la BBC.

¿Cómo se produce, pues, este milagro que supera todos los demás milagros?

Nosotros nos engañamos a nosotros mismos creyéndonos que fuimos nosotros quienes les enseñamos.

Mentira.

Nadie viviría el tiempo suficiente para ello. La lengua inglesa tiene 450.000 palabras, y una persona con un léxico de primera categoría maneja 100.000.

Nadie ha dicho nunca a un niño de dos años: «Mira, Juanito, esto se llama "gafas".» Por el contrario, le decimos:

«¿Dónde están mis gafas?» «Dame mis gafas.» «No me quites las gafas.» «Tengo que limpiarme las gafas.»

Y Juanito, que es un genio de la lingüística, se dice: «Esto se llama "gafas".»

Esta capacidad, esta capacidad increíble para aprender un idioma (o diez) en los primeros tres años de vida es un milagro incomprensible que damos absolutamente por supuesto.

Es un milagro que sólo se observa como milagro cuando falta.

Cuando un niño pequeño no aprende a hablar, entonces apreciamos al instante la magnitud del milagro con toda su gloria y toda su complejidad.

Cuando sucede esto a unos padres de cualquier parte del mundo, éstos sacan el dinero de donde pueden para venir a Filadelfia, a los Institutos, y decirnos: «Dígannos cómo podemos lograr que se haga el milagro.»

Un amigo íntimo mío, comandante de infantería, estuvo destinado en el Japón después de la Segunda Guerra Mundial. Un día, después de llevar allí poco más de un año, oyó que en el patio de su casa estaban hablando unos niños japoneses. Se asomó y vio que uno de los niños era suyo.

Pasaron allí tres años. Cuando volvieron a casa, su mujer y él tenían un vocabulario japonés de ocho palabras: *sayonara, kannichi-wa, arrigato, ohayo-gozamaisu,* y otras de ese estilo.

Sus amigos japoneses no entendían aquellas palabras japonesas, pero sus amigos norteamericanos sí que las entendían.

Cara Caputo, que había aprendido a hablar japonés en los Institutos, fue a visitar a una amiga japonesa cuando sólo tenía seis años. Cuando llegó, iba a empezar el curso escolar en el Japón, de modo que Cara se matriculó y fue a la escuela con su amiga japonesa del primer grado de primaria. Naturalmente, no tuvo ningún problema.

Es más fácil enseñar una lengua extranjera a un niño de un año que enseñársela a un niño de siete años.

Eso se debe a que todos los niños pequeños son genios de la lingüística.

Del nacimiento a los seis años

Nunca permití que mis estudios en la escuela
entorpecieran mi educación.

MARK TWAIN

———— • ————

TODO LO QUE ES o puede llegar a ser un bebé quedará determinado en sus seis primeros años de vida.

Nadie lo sabe mejor que los niños pequeños. Tienen prisa.
Por ejemplo, los niños pequeños quieren herramientas, no juguetes. Ningún niño pequeño inventó nunca un juguete. Si
damos a un niño pequeño un palo, no se convierte en un palo
de golf ni en un bate de béisbol: se convierte en un martillo.
Entonces, como es natural, golpea con su nuevo martillo la
preciosa mesa nueva de cerezo de usted, para practicar el manejo del martillo. Y tiene que volver a jugar con su pato de
goma. Si a una niña se le entrega una concha de almeja, se
convierte inmediatamente en un plato, con su suciedad y
todo.

Lo que quieren ser los niños pequeños es usted. En cuanto
puedan. Y tienen razón al quererlo.

La capacidad para absorber datos en bruto es inversa a la edad

Usted puede enseñar a un bebé cualquier cosa que sea capaz de presentarle de una manera sincera y concreta.

Acabamos de ver el milagro por el que el niño aprende su lengua materna (o cuatro lenguas) con una facilidad que no puede igualar ningún adulto.

Siendo adulto joven, pasé noches y noches en vela intentando aprender francés, pero ahora no soy capaz de pronunciar una sola frase correcta en francés.

Siendo niño no pasé una sola noche en vela estudiando inglés, pero aprendí a hablarlo sin ninguna ayuda, y escribo libros que leen millones de personas.

Las lenguas están compuestas de datos llamados palabras. Tienen decenas de miles.

La capacidad para absorber datos es inversa a la edad.

Cuanto mayores nos hacemos, más difícil nos resulta absorber datos en bruto.

Cuanto más jóvenes somos, más fácil nos resulta absorber datos en bruto.

Es más fácil enseñar a un niño de cinco años que enseñar a un niño de seis.

Es más fácil enseñar a un niño de cuatro años que enseñar a un niño de cinco.

Es más fácil enseñar a un niño de tres años que enseñar a un niño de cuatro.

Es más fácil enseñar a un niño de dos años que enseñar a un niño de tres.

Es más fácil enseñar a un niño de un año que enseñar a un niño de dos.

Y, caramba, es más fácil enseñar a un niño de seis meses que enseñar a un niño de un año.

Pregúntese a sí mismo cuántas poesías o canciones ha aprendido en el último año y es capaz de recitar ahora. Probablemente sean pocas o ninguna.

A continuación, pregúntese cuántas poesías o canciones aprendió antes de los seis años y es capaz de recitar ahora.

Al corro de la patata...

El patio de mi casa...

Dónde están las llaves...

Mambrú se fue a la guerra...

Jesusito de mi vida..., o cualesquiera que sean las poesías o cancioncillas que aprendían las personas de su edad siendo niños pequeños.

Pregúntese a sí mismo cuántas noches pasó en vela estudiándolas. ¿O acaso las aprendió por medio de una especie de ósmosis infantil?

Cuanto más jóvenes somos, más fácil nos resulta recoger datos... y mantenerlos.

La mayoría de las personas creen que cuanto mayores nos hacemos más listos nos volvemos. Y no es cierto.

Cuanto mayores nos hacemos, más sabiduría tenemos. Esa es la gran ventaja que tenemos los adultos sobre los niños, cuanto mayores nos hacemos.

Debe parecer evidente que los miembros de los Institutos tenemos un sentimiento casi de veneración hacia los padres y los niños. Es verdad.

Pero no somos unos místicos, de ningún modo. No tenemos ni un solo hueso de místico en todo nuestro cuerpo colectivo. Somos unas personas intensamente prácticas que sabemos qué es lo que da resultado. Pero si quisiésemos ser místicos, el objeto de nuestro misticismo serían sin duda las madres, los hijos y el cerebro humano.

Pero con todo lo que amamos, respetamos y admiramos a los niños, todavía no hemos conocido a ningún niño de dos años que tenga la sabiduría suficiente para no ahogarse o para no caerse de la ventana del cuarto piso en cuanto los adultos dejen de vigilarlos un momento.

Los niños no tienen sabiduría.

Los bebés no nacen con sabiduría ni con conocimiento.

Al nacer, la capacidad de absorber datos se eleva como la lanzadera espacial cuando despega de la plataforma de lanzamientos de cabo Cañaveral (casi en línea recta), y, como este mismo cohete, esta capacidad, después de haber alcanzado gran altura siguiendo una línea cada vez más desviada de la vertical, adopta rápidamente un rumbo paralelo al suelo.

Hacia los seis años, la ascensión ha terminado casi por completo.

La curva de la sabiduría, por su parte, sube muy despacio, y hacia los seis años apenas ha empezado a aparecer, en realidad. Su aspecto es el siguiente:

CURVAS DE LA CAPACIDAD Y DE LA SABIDURÍA

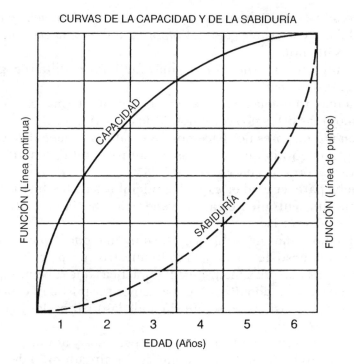

EDAD (Años)

De modo que la capacidad de aprender sube como un cohete y después decae rápidamente, mientras que la sabiduría asciende despacio. Estas dos líneas se cruzan a los seis años.

En este punto, la capacidad de los niños para absorber información sin el más mínimo esfuerzo ha desaparecido para toda la vida, y el desarrollo significativo del cerebro ya casi ha terminado. Se ha convertido prácticamente en lo que va a ser.

No obstante, su sabiduría no ha hecho más que empezar a desarrollarse. Seguirá creciendo a lo largo de casi toda su vida.

¿Qué y cuánto puede aprender exactamente en esos seis primeros años preciosos?

Todo lo que tiene importancia.

Es más fácil enseñar a un niño de un año que enseñar a un niño de siete

En efecto, es *mucho* más sencillo enseñar a un niño de un año.

La lectura no es más que aprender un número elevado de datos llamados palabras, y ya hemos visto que es mucho más fácil enseñar a un niño de un año una lengua nueva hablada que enseñársela a un niño de siete años.

Es, incluso, más fácil enseñar a un bebé una lengua escrita que enseñar una lengua hablada. La palabra escrita siempre es la misma. No tiene acento, nunca se murmura ni se habla en voz demasiado baja.

El lector ya ha oído mi confesión acerca de mi capacidad para hablar el francés o para entender el francés hablado. Sencillamente, no puedo hacerlo: ni una frase. Pero soy capaz de leer un periódico en francés. También soy capaz de leer un periódico en portugués. No entiendo todas las palabras ni todas las frases, ni mucho menos, pero entiendo lo más importante. Capto el mensaje. Leo con facilidad un artículo médico en italiano o en español. Los leo a mi propio ritmo. No entendería un periódico francés ni italiano si me los leyesen en voz alta. Sería demasiado rápido y confuso: las palabras no se están quietas, y yo no soy capaz de entenderlas. Es mucho más fácil leer una palabra extranjera que oírla y entenderla.

Para enseñar a un niño de un año a que entienda una lengua por el oído sólo existen tres requisitos. La palabra debe ser alta, clara y repetida, pues la vía auditiva del niño de un año no está madura.

Todas las madres han hablado siempre a sus niños, por instinto y por intuición, con voz fuerte y clara, y siempre les han dicho las cosas repitiéndoselas: «VEN CON MAMÁ»; «VEN CON MAMÁ»; y el niño va con su mamá.

En realidad, éste es precisamente el medio por el cual madura la vía auditiva que llega hasta el cerebro.

El proceso tiene una naturaleza neurofisiológica.

El proceso de aprendizaje del mensaje por los ojos también es neurofisiológico. Es exactamente el mismo proceso por el que se aprende el mensaje por el oído.

También en este caso existen tres requisitos. El mensaje debe ser *grande*, claro y repetido.

Pero esto no lo hemos hecho.

No hemos enseñado a los bebés palabras grandes, claras y repetidas. Para que los libros o los periódicos sean ligeros, económicos y fáciles de transportar, los imprimimos con cuerpos de letra demasiado pequeños para que los vea el bebé con sus vías visuales inmaduras.

Esto ha tenido dos consecuencias.

Durante diez mil años hemos guardado el lenguaje escrito como un secreto no accesible a los bebés, que son genios de la lingüística.

Las vías visuales de nuestros bebés se desarrollan con mucha mayor lentitud que sus vías auditivas.

Las vías visuales, como las vías auditivas, *se desarrollan con el uso.*

Recordemos que las vías sensoriales componen toda la mitad posterior del cerebro.

En un capítulo posterior estudiaremos más a fondo la importancia de hacer uso de una vía para que se desarrolle.

Es más fácil enseñar a leer a un niño de un año que enseñar a leer a un niño de siete años

Precisamente por este motivo, una tercera parte de nuestros niños de siete a diecisiete años no están aprendiendo a leer en la escuela.

Sencillamente, es demasiado tarde.

El milagro no es que una tercera parte no aprendan a leer en la escuela: éste es el problema.

El milagro es que dos terceras partes *sí* aprendan a leer a esa edad tan tardía.

¿Saben que algunas facultades de Medicina ofrecen a sus estudiantes cursos de lectura? Si eso no le impresiona tanto como diez años de desarrollo, no sé con qué le voy a impresionar.

Y por fin, aunque quizá sea evidente, un buen motivo para enseñar al niño a leer *antes* de que vaya a la escuela es que así no será uno de esos niños desafortunados que *no aprenden* a leer después de llegar a la escuela.

Es más fácil enseñar a un niño de un año a tener unos conocimientos enciclopédicos que enseñárselo a un niño de siete años

Por los mismos motivos que acabamos de ver en el caso de la lectura, también es bueno que el niño tenga unos conocimientos enciclopédicos sobre una gran variedad de temas.

Esto le ayudará eficazmente a estar mucho mejor educado cuando llegue a la escuela.

Sin duda, lo protege contra el fracaso en la escuela, más o menos como el hecho de saber nadar bien protege al niño contra los peligros del agua.

En el capítulo 18, titulado «Cómo dar a su hijo unos conocimientos enciclopédicos», explicaremos con detalle el modo exacto de darle unos conocimientos enciclopédicos.

Es más fácil enseñar matemáticas a un niño de un año que enseñárselas a un niño de siete años

Es más fácil y es mejor por todos los motivos que ya hemos indicado hasta aquí.

El hecho de comprender las matemáticas cuando va a la escuela también lo protege contra el fracaso en la escuela. En el capítulo 20, titulado «Cómo enseñar matemáticas a su bebé», le enseñaremos el modo exacto de enseñar matemáticas a su bebé (aunque usted no las domine).

Si enseña a su bebé a leer, si le da unos conocimientos enciclopédicos y si le enseña matemáticas mientras es un bebé, le habrá dado:

1. Un amor a las matemáticas que le irá creciendo durante toda su vida.
2. Una ventaja a la hora de dominar los temas afines.
3. Mayor capacidad e inteligencia.
4. Mayor desarrollo de su cerebro.

Y, por si esto no fuera suficiente, también lo habrá convertido en un ser humano más feliz.

Los niños a los que se permite aprender cuando el aprendizaje les resulta más fácil no pasan mucho tiempo aburridos, ni frustrados, ni molestando a los demás para que les presten atención. Viven vidas más felices.

Les gustan los adultos. También les gustan los niños. Hacen amigos con mayor facilidad y mantienen esas amistades con mayor facilidad que la mayoría de los niños.

Es muy fácil distinguir a nuestros niños: son unos chicos muy capacitados, tienen mucha confianza en sí mismos y son muy, muy amables.

Es más fácil enseñar cualquier conjunto de datos a un niño de un año que enseñárselos a un niño de siete años

¿Tiene usted un tema favorito que pueda presentar a un niño de una manera sincera y concreta? Adelante. Lo aprenderá con una facilidad que le dejará asombrado, y lo aprenderá de maravilla.

¿Le gusta a usted la ornitología, la historia del arte, el esquí acuático, el japonés, tocar la guitarra, los reptiles, los saltos de trampolín, la historia antigua, correr, la fotografía?

Lo único que tiene que hacer usted es encontrar el modo de presentárselo de una manera sincera y concreta, y a los tres años él será un experto en el tema y le encantará.

A los veintiuno será una autoridad en el tema o un campeón del deporte en cuestión, si eso es lo que quiere ser.

Nosotros animamos a nuestros niños a que sean generalistas y a que aprendan todo lo que podemos ofrecerles para que sepan hacerlo todo bien.

Los niños pequeños aprenden los datos a una velocidad tan tremenda que los adultos no son capaces de imaginársela.

Póngalo en marcha y retírese.

Si se enseñan a un niño pequeño los datos, él descubrirá las leyes por las que se rigen

Es una función que está incorporada en el cerebro humano.

Podemos definirla de una manera ligeramente diferente: si se le enseñan los datos de una rama del conocimiento, él descubrirá las leyes por las que operan estos datos.

Un bonito ejemplo de esto se aprecia en los errores gramaticales que cometen los niños pequeños. Esta aparente paradoja la señaló el genial escritor ruso Kornei Chukovski en su libro *From Two to Five* («De dos a cinco»), publicado por la Universidad de California.

Un niño de tres años se asoma a la ventana y dice:

—Aquí llega el correero.

—¿Quién llega? —le preguntamos.

—El correero.

Nos asomamos por la ventana y vemos al cartero. Nos reímos del error infantil y decimos al niño que esa persona no se llama «correero» sino cartero.

Y nos olvidamos de la cuestión. Supongamos que, en vez de ello, nos preguntásemos: «¿De dónde ha sacado el niño la palabra *correero*?» Sin duda, ningún adulto pudo enseñarle la palabra *correero*. Entonces, ¿de dónde la ha sacado.

Yo llevo veinticinco años pensándolo, y estoy convencido de que sólo existe una posibilidad.

El niño de tres años ha debido revisar la lengua hasta llegar a la conclusión de que existen ciertas palabras tales como «pan», «pescado», «fruta», tales que si se les añade el sonido *ero* al final, se forma una palabra que designa a la persona que tiene por oficio entregarlos, y así se forman palabras como «panadero», «pescadero», «frutero», etcétera.

Es un logro gigantesco.

¿Cuándo fue la última vez que usted revisó una lengua para descubrir una de sus leyes? ¿Me permite que le sugiera que fue cuando tenía tres años de edad?

No obstante, nosotros lo consideramos un error, porque no se dice «correero», sino «cartero», de modo que el niño se ha equivocado.

Se ha equivocado, sí, pero acertó con la ley.

El niño descubrió una ley gramatical absolutamente correcta. El problema es que, por las irregularidades del lenguaje, no siempre se pueden aplicar infaliblemente las leyes lógicas. Si el lenguaje fuera perfectamente regular, el niño de tres años habría tenido razón.

Es maravilloso.

Si se enseñan a un niño pequeño las reglas, él no podrá descubrir los datos como consecuencia

Los adultos tendemos a clasificar toda la información en dos clases, a las que llamamos lo concreto y lo abstracto. Llamamos concreto a lo que podemos comprender y a lo que se explica fácilmente. Llamamos abstracto a lo que no comprendemos y a lo que, en consecuencia, es difícil o imposible explicar.

Acto seguido, nos empeñamos en enseñar a los niños abstracciones.

El niño pequeño tiene una enorme capacidad para descubrir las leyes si le enseñamos los datos.

No es posible descubrir los datos, que son concretos, si sólo nos enseñan las reglas, que suelen ser abstracciones.

La definición de «ciencia» que más me atrae es la siguiente: «Una rama del conocimiento que trata de un conjunto de datos organizados sistemáticamente para manifestar el funcionamiento de unas leyes.»

Ésta es una explicación perfecta del modo en que los niños pequeños abordan todo el aprendizaje. En primer lugar, absorben un número enorme de hechos, sin el menor esfuerzo, y después los organizan sistemáticamente para descubrir las leyes por las que se rigen.

Los niños pequeños aplican exactamente el mismo método que los científicos para resolver los problemas.

Si me obligaran a describir con una sola palabra a todos los genios que he tenido el privilegio de conocer, los describiría con la palabra «curiosos».

A mí no me gustaría tener que describirlos con una sola palabra, pues todas las personas muy brillantes que he conocido eran muy diferentes entre sí. Los que se parecen como dos gotas de agua son mis amigos de mentalidad más corriente.

Los científicos y los genios tienen una curiosidad intensa.

La curiosidad intensa es una característica que comparten los verdaderos científicos, los genios y todos los niños pequeños.

Los niños pequeños *son* científicos.

Los niños pequeños aprenden más, en cuanto a volumen de datos, antes de cumplir los tres años que lo que aprenderán en el resto de sus vidas.

Hace treinta años, esto lo afirmábamos los miembros del personal de los Institutos y, que nosotros sepamos, sólo otro grupo de personas. A la mayoría de la gente le parecía una tontería.

Ahora parece que todo el mundo lo dice.

Y es verdad, a pesar de que todo el mundo lo dice.

Los niños podrían estar aprendiendo en sus seis primeros años de vida *tres veces más* de lo que aprenderán en el resto de sus vidas.

Algunos niños están aprendiendo así, y se convierten en unos niños muy agradables.

La palabra «aprendizaje» no es sinónimo de «educación».

La educación comienza a los seis años; el aprendizaje comienza al nacer.

Los niños aprenden de maravilla. Su único límite es la cantidad de material que tienen que aprender y cómo se les presenta.

Los primeros seis años de vida son la génesis del genio

También son los seis años en los que el cerebro realiza la mayor parte de su desarrollo. Consideremos el milagro del tamaño de la cabeza.

En el momento de la concepción no hay cabeza; sólo hay una única célula fertilizada.

Nueve meses más tarde, el niño recién nacido tiene una cabeza de 35 centímetros de circunferencia.

A los dos años y medio mide 50 centímetros.

A los veintiuno mide 55 centímetros.

He aquí una demostración radical del desarrollo del cerebro y del modo tan brusco en que deja de desarrollarse:

A los 9 meses: 35 cm.
A los 21 meses: 15 cm. más.
A los 231 meses: 5 cm. más.

Es fácil hacer de un bebé un genio antes de que cumpla los seis años

Y es muy divertido, tanto para el bebé como para sus padres.

Por desgracia, resulta dificilísimo hacer de un niño un genio *después* de que tenga seis años de edad.

Los seis primeros años de la vida tienen un valor precioso e inapreciable.

10

¿Qué significa realmente el Cociente de Inteligencia?

———— • ————

PARA DAR RESPUESTA a la pregunta que plantea el título de este capítulo tenemos que empezar por determinar cómo aparece la inteligencia.

Nosotros la hacemos aparecer.

Tenemos seis años de tiempo cronológico, y después se acaba el plazo.

En esos seis años de tiempo real o cronológico podemos conseguir que el cerebro se desarrolle muy poco, si eso es lo que deseamos conseguir.

Basta con que encerremos al bebé en un cuarto trastero y le metamos la comida por debajo de la puerta. Si se lo encierra en un cuarto trastero y no se le comunica ninguna información durante los seis primeros años de su vida, sólo existe una posibilidad: a los seis años será un idiota.

Si durante sus seis primeros años de vida no se le encierra en un cuarto trastero pero se le trata como si fuera idiota, sin hacerle caso, saldrá un poco mejor parado.

Será capaz de aprender un poco por su cuenta; aprenderá todo lo que se puede aprender acerca de su pato de goma, y aprenderá a hablar a base de escuchar a las personas que lo rodean. Cuando tenga seis años estará muy por debajo de la media de los niños de seis años y tendrá un C.I. verdadero inferior a 100.

Si se le trata exactamente como se trata al término medio de los niños, acabará siendo exactamente un término medio. En suma, tendrá seis años de edad intelectual cuando tenga seis años de edad cronológica. Eso es lo que significa ser un término medio. Su C.I. será exactamente de 100.

Si usted comprende los principios del desarrollo del cerebro de su hijo, tratará a su hijo en esos seis primeros años vitales de una manera totalmente diferente a como lo trataría sin comprender esos principios.

Esto es así con independencia de que usted siga o no un programa organizado y constante de lectura, de matemáticas o de conocimientos generales.

En tal caso, su hijo debería alcanzar la capacidad propia de los seis años cuando tuviese cuatro años de edad cronológica. Así pues, su C.I. sería de 150.

Si usted lee este libro y lo entiende de verdad, y trata a su hijo de una manera completamente diferente durante esos seis años fundamentales de vida y también le enseña a leer y a adquirir unos conocimientos enciclopédicos y a dominar las matemáticas, entonces debería alcanzar la capacidad propia de los seis años, la capacidad del término medio de los niños de seis años, a los tres años de edad cronológica como máximo, y entonces tendría un C.I. de 200, o de más, en función del tiempo cronológico que le falte para cumplir los tres años cuando alcance ese sexto año fundamental de edad intelectual.

Lo más importante es que tendrá el desarrollo cerebral de un niño de seis años cuando sólo tenga tres años de edad cronológica. Profundizaremos sobre este punto fundamental en un capítulo posterior.

Cuando los padres llegan a comprender de verdad este punto, suele resultarles difícil contenerse.

Muchas veces nos llegan a decir:

—¿Saben lo que están *diciendo*? ¿Se dan cuenta de la *importancia* que tiene?

Sí, lo sabemos.

La verdad es que llevamos mucho tiempo diciéndolo.

Esta es la raíz misma de la causa por la que los niños pequeños creen que es absolutamente fundamental desarrollarse con toda la rapidez posible.

Existe dentro de cada niño una especie de imperativo neurológico que así lo exige.

¿Recuerda usted cuando esperaba con impaciencia el momento de cumplir los trece años, y la desesperación con la que deseaba tener dieciséis años, y después dieciocho, y luego, al fin, tener veintiún años? ¿Y cómo deseaba después tener veintiún años, y después veintiuno, y después veintiuno?

Todos los niños pequeños quieren crecer ahora mismo.

Somos los adultos los que queremos que los niños pequeños sigan siendo niños pequeños. ¿Cuántas veces ha oído usted decir a alguien: «¡Qué bonito sería si tuvieran cuatro años para siempre!»?

Los padres de los niños que tienen lesiones cerebrales no dicen eso nunca.

Conocen la verdad, y su mayor temor es que su hijo de cuatro años siga teniendo siempre cuatro años.

Nadie ha dicho nunca al padre de un niño con una lesión cerebral que no debemos despojarlo de su preciosa infancia. A no ser que quisiera llevarse un puñetazo. Estos padres comparten un conocimiento de la verdad absoluta. Lo comparten con todos los niños pequeños.

No cabe duda de que la infancia es maravillosa, siempre que uno gane un día de edad mental por cada día que pasa. El problema que tienen los niños lesionados es que no se desarrollan así.

Hemos dedicado medio siglo a buscar modos de conseguir que los niños lesionados ganen un día de edad mental por cada día que pasa.

Cuando descubrimos maneras de conseguir que ganasen *más* de un día de edad mental por cada día que pasaba, las aplicamos para que pudieran ponerse al día.

Cuando algunos se pusieron al día y siguieron progresando más deprisa, aquello nos pareció notable.

También es notable en el caso de los niños no lesionados, y que por lo tanto parten sin desventaja con respecto a los demás. Progresan aproximadamente al doble de la velocidad normal, lo cual es muy bueno, o todavía más, lo cual es mejor todavía. El título de este libro es *Cómo multiplicar la inteligencia de su bebé*, y eso es lo que queremos decir.

El C.I. (cociente de inteligencia) no es más que esto. Es una medida de la edad mental en relación con la de las personas de la misma edad cronológica. Lo demás son tonterías.

Si un niño de dos años sabe hacer todo lo que puede hacer el promedio de los niños de cuatro años, y lo sabe hacer igual de bien, entonces su C.I. es exactamente de 200.

Ni más ni menos.

Esto no se basa en ninguna prueba arbitraria o incluso ridícula que sea capaz de superar, sino en lo que sabe hacer.

¿Se imaginan lo que habría sucedido si Thomas Edison hubiera sido Thomas Edison tres años antes? ¿Si se le hubieran sumado tres años de vida, pero no al final de su vida sino al principio de la misma?

No se podría obtener el mismo resultado creando a tres Thomas Edison. Pero, por supuesto, Thomas Edison *sí fue* Thomas Edison tres años antes, ¿no es verdad? Lo que quiero decir es que fue un genio, ¿no es cierto?

Yo no sé si Thomas Edison cumplimentó en su vida alguna prueba de inteligencia, pero sí sé que Leonardo da Vinci no cumplimentó ninguna.

Si hiciésemos que Linus Pauling realizara una prueba de inteligencia y el resultado fuera un C.I. de 100, ¿le quitaríamos el premio Nobel?

¿Los dos premios Nobel que recibió?

¿O llegaríamos a la conclusión de que era la prueba de inteligencia la que estaba equivocada?

La única prueba de inteligencia fiable es lo que hace la persona. Cada minuto del día es una prueba de inteligencia, y todos nos sometemos a esa prueba todos los días.

La inteligencia no es una teoría: es una realidad.

Es genio el que se comporta como un genio.

Ni más ni menos.

Si se ha dado alguna vez el caso de una persona que obtuvo puntuaciones propias de un genio en una prueba de inteligencia pero que nunca llegó a nada, yo propongo dos explicaciones:

1.   El mundo no ha oído hablar de él.
2.   La prueba no mide la inteligencia.

Es genio el que se comporta como un genio.

La prueba que mide si uno sabe tocar el violín consiste en tomar un violín y tocarlo.

La prueba que mide si uno sabe leer consiste en leer.

La prueba que mide si uno sabe hablar japonés consiste en hablar japonés.

La prueba que determina si uno es inteligente consiste en hacer cosas inteligentes.

La prueba que determina si uno es un genio consiste en hacer cosas geniales.

Y nada más.

La verdad es que la mayoría de las personas muy inteligentes obtienen, en efecto, puntuaciones elevadas en la prueba de inteligencia.

Pero eso *no* significa que todas las personas que obtienen puntuaciones elevadas en las pruebas de inteligencia sean muy inteligentes.

Tampoco significa que las personas que no obtienen puntuaciones elevadas en las pruebas de inteligencia *no* sean muy inteligentes.

Lo que significa es que las pruebas de inteligencia no miden la inteligencia.

Lo que mide la inteligencia, y la genialidad, es lo que hace uno en la vida.

¿Qué preferiría usted tener: un hijo que obtiene puntuaciones de 150 en las pruebas de C.I. y que en realidad no hace nada, o un hijo que sabe hacer de todo y que lo hace a los cuatro años en vez de hacerlo a los ocho o de quizás no hacerlo nunca?

La única prueba fiable que mide lo que son los niños es lo que *saben* hacer y lo que *hacen* de verdad.

Eso es lo que significa *realmente* el C.I.

La motivación y los exámenes

*Una cosa que han descubierto los científicos es que
los niños que reciben alabanzas con frecuencia
se vuelven más inteligentes que los que reciben
reproches con frecuencia. Las alabanzas
contienen un elemento de creatividad.*

THOMAS DREIER

————— • —————

UNA DE LAS PREGUNTAS que nos suelen formular con mayor frecuencia es ésta: «¿Cómo puedo motivar a mi hijo?»

Son dos de mis preguntas favoritas. No, no me he equivocado. Quiero decir que son dos preguntas. Para dar una buena
respuesta a esta pregunta debemos estudiar esa cosa tan maravillosa que se llama «motivación», así como el concepto diame-
tralmente opuesto a la motivación, que se llama «exámenes» o
«desmotivación».

Volvamos a Matsumoto y al profesor Suzuki para ver un
bonito ejemplo de todo esto.

Lo primero que nos preguntamos es cómo han conseguido
el profesor Suzuki y su equipo seleccionar a 100.000 violinistas
espléndidos a los dos años de edad.

La respuesta es sencilla.

No los han seleccionado.

Todos estos niños han sido elegidos por sus madres, cada
una de las cuales ha dicho, simplemente: «Quiero que mi hijo
tenga la oportunidad de tocar el violín.»

La segunda pregunta, que se formula, al parecer, interminablemente, es ésta: «¿Cómo se obliga a un niño de dos años a
que toque el violín?»

La respuesta a esta pregunta también es bastante sencilla. *Nadie puede obligar a un niño de dos años a hacer nada.* Nosotros, los adultos, hasta los que queremos tiernamente a los niños, lo olvidamos constantemente, si es que llegamos a saberlo.

De vez en cuando veo que incluso nuestras espléndidas madres cometen el error de intentar obligar a sus hijos a que hagan algo que ellos no están dispuestos a hacer.

La madre y el hijo se marchan de mi oficina y la madre dice:

—Bobby, despídete de Glenn Doman.

Como ya ha pasado tantas veces, yo lo veo venir y me pongo tenso.

Hay un largo silencio.

La madre dice:

—Bobby, despídete de Glenn Doman.

Hay otro largo silencio.

Yo estoy muy tenso, y ahora la madre también está tensa.

La madre se arrepiente de haberse metido en este apuro, pero ahora se siente obligada a llegar hasta el final. Vuelve a decir, casi apretando los dientes:

—¡Bobby! Despídete de Glenn Doman.

Y no sucede nada.

El ambiente de tensión en la oficina es tan denso que se podría cortar con un cuchillo.

La madre está al límite de su tensión, y yo también.

¿Y Bobby?

Bobby no podría estar más relajado. Sencillamente, Bobby está sintonizado con otro canal.

Todos los niños pequeños llevan en la cabeza un sistema muy parecido al de los mandos a distancia que sirven para cambiar el canal en los televisores. Este sistema que llevan todos los chicos se activa con un cierto tono quejumbroso y exigente en la voz de los adultos. El adulto habla con voz quejumbrosa y, ¡zas!, el niño sintoniza otro canal. No es que la voz adulta le entre por un oído y le salga por el otro. Es que ni siquiera le entra.

Un padre genial dijo hace sesenta años que es imposible obligar a la mente de los niños pequeños a ir más allá de lo que le causa placer.

Así pues, lo único que debe hacer usted para enseñar cualquier cosa a su niño pequeño es organizarse de tal modo que le cause placer. Y eso no significa jugar. Los niños no quieren jugar, lo que quieren es aprender.

Y ¿qué hacen en Matsumoto?

Hacen exactamente lo mismo que hacemos nosotros, lo que hemos hecho siempre.

Disponen las cosas de tal modo que el niño gane.

¿Cómo?

Cuando llegan una madre nueva con su hijo, las madres y los niños «veteranos» les dan una bienvenida calurosa.

A continuación, los otros niños tocan el violín.

Y, díganme: ¿Han visto alguna vez a un niño de dos años que vea a otros niños de dos años que tienen algo en la mano y que no diga: «Yo también quiero uno»?

Al cabo de muy pocos días el niño nuevo dice: «No sé lo que es eso, pero quiero uno para mí.»

Está preparado para recibir su primera lección.

Y ¡qué primera lección!

Si todos los padres y todos los maestros del mundo pudieran contemplar esa primera lección y comprenderla, el mundo cambiaría de la noche a la mañana.

Imagínense la escena siguiente:

Todos los padres y todos los niños están sentados en el auditorio. El niño nuevo está a punto de recibir su primera lección.

Sobre una mesita, hacia el frente del auditorio, hay un violín y un arco de violín muy pequeños.

El niño se acerca por el pasillo central hacia el violín que desea tanto. Llega hasta la mesa y toma el violín con una mano y el arco con la otra. Después, se vuelve hacia el público y hace una reverencia.

El público aplaude con entusiasmo... y así termina la primera lección.

Casi podemos oír cómo el niño se dice a sí mismo: «¿*Esto* ha sido la primera lección? ¿Cuándo estudiaré *la segunda*? Si los he dejado asombrados en Matsumoto, ya verán cuando lleguemos a Sheboygen.»

Quizá no sean éstas las palabras exactas que pasan por la mente de este niño pequeño, pero si usted no cree que éste sea el mensaje que el niño percibe, le esperan sorpresas maravillosas cuando empiece a enseñar a su hijo.

Suzuki y sus profesores maravillosos han hecho exactamente lo que nosotros hemos hecho siempre.

Han dispuesto las cosas de tal modo que el niño gane.

Es exactamente lo contrario de lo que se hace en el sistema escolar. Las escuelas disponen las cosas de tal modo que el niño pierda.

Esto se llama «exámenes».

Tendremos mucho que decir más adelante acerca de los exámenes.

El propósito de los exámenes no es, como han afirmado siempre las escuelas, determinar qué es lo que sabe el niño, sino que es, más bien, determinar qué es lo que *no* sabe el niño.

A todos los niños les encanta aprender, y todos los niños odian los exámenes. En este sentido son exactamente iguales a los adultos.

A todo el mundo le gusta aprender, y a todo el mundo le molesta que lo examinen. Nos gusta examinarnos a nosotros mismos, pero en privado.

Lo mismo les sucede a los niños pequeños.

Nos hacen un examen de ortografía con cien preguntas y nos equivocamos en una. Nos ponen una enorme X roja que está diciendo a gritos: «¡No, estúpido! ¡Eso no se escribe así!»

El sistema escolar dispone las cosas de tal modo que el niño pierda; y, por desgracia, suele perder con frecuencia.

Me parece que estoy oyendo la voz del Jefe de Estudios que grita: «¡Pero el propósito de los exámenes es que podamos determinar qué es lo que no sabe el niño para encargarnos de que lo aprenda! En realidad, nos estamos examinando a nosotros mismos.»

¿Y si dejaran al niño demostrar lo que sabe?

La triste realidad es que resulta mucho más fácil descubrir qué es lo que no sabe el niño y asignarle una nota que dedicar el tiempo y la energía necesarios para permitir al niño que muestre a sus profesores lo que sabe.

Y, naturalmente, cuando se le descubre alguna falta, no es el profesor el que queda en ridículo ante sus compañeros: es el niño el que tiene que dar la cara.

Nuestro trabajo, nos demos cuenta de ello o no, consiste en dar a los niños un amor al aprendizaje que les dure toda la vida. ¡Dado que todos los niños nacen con el deseo ardiente de aprender, lo menos que podemos hacer es no ahogarles ese deseo!

¿Nos oponemos a examinar a los niños pequeños en la escuela?

Somos muy partidarios de los exámenes en la escuela, *a condición de que*, si el niño obtiene malos resultados, sea el niño el que critique al maestro, en vez de que el maestro critique al niño.

Estaríamos muy a favor de examinar a los niños en la escuela *a condición de que*, si varios niños obtienen malos resultados en un examen, se despida al maestro.

En tal caso, el castigo sería proporcionado a la falta.

Veamos lo que dijo sir Winston Churchill de los exámenes y de lo contrario, la motivación.

> *... apenas había cumplido doce años cuando me adentré por las regiones inhóspitas del mundo de los exámenes, por las que estaba destinado a viajar durante los siete años siguientes. Aquellos exámenes eran una dura prueba para mí. Los temas más apreciados por parte de los examinadores eran, casi invariablemente, los que menos me interesaban a mí. A mí me habría gustado que me examinaran de historia, de poesía y del arte de escribir redacciones. Los examinadores, por su parte, eran partidarios del latín y de las matemáticas. Y su voluntad se imponía. Además, las preguntas que hacían sobre estas dos materias eran casi siempre aquellas para las que yo era incapaz de proponer una respuesta satisfactoria. Me habría gustado que me pidiesen que dijera lo que sabía. Pero siempre intentaban preguntarme lo que no sabía. Cuando yo estaba dispuesto a exhibir mis conocimientos, ellos intentaban poner de manifiesto mi ignorancia. Este tratamiento tuvo una única consecuencia: no obtuve buenos resultados en los exámenes.* (Winston S. Churchill, *Mis primeros años*.)

Los exámenes no ayudan al niño a aprender. Por el contrario, un régimen constante de exámenes corroe lentamente el amor natural que tiene el niño al aprendizaje.

La tarea del maestro no es examinar, sino enseñar.

La tarea del niño es aprender.

Antes de dejar Matsumoto y al doctor Suzuki, vamos a hacer un breve resumen y a añadir una cuestión.

Lo que hacen el doctor Suzuki y lo que hacemos nosotros es disponer las cosas de tal modo que el niño gane. Que gane limpiamente, por supuesto, pero que gane.

¿Por qué es esto tan importante?

Se cree, en general, que el éxito es consecuencia de la alta motivación y que el fracaso es consecuencia de la falta de motivación.

Nosotros hemos descubierto que la realidad es exactamente lo contrario.

Nosotros proponemos que la motivación elevada es fruto del éxito, y que la motivación baja es fruto del fracaso.

Yo soy una persona infantil en muchos sentidos. Por ejemplo, hay muchas cosas en la vida que hago muy mal, así como hay algunas cosas que hago bastante bien.

Por ejemplo, no soy capaz de cantar una melodía, cosa que me encantaría hacer, y tampoco soy capaz de jugar al tenis, cosa que no me importa en absoluto.

Sé que debería esforzarme por hacer estas dos cosas si quiero mejorarme a mí mismo. Sé que debería hacerlo. Pero no lo hago. No me gusta tener que reconocerlo, pero la verdad del caso es todavía peor. Tiendo a evitar estas cosas con franca asiduidad.

Es una confesión terrible, pero ahora que ya la he hecho me siento mejor. Evito como una plaga las cosas que hago mal.

Por otra parte, existen algunas cosas que hago francamente bien. He descubierto que cuando hago una de esas cosas que hago bien, mis amigos me felicitan.

—Felicidades, Glenn, lo has hecho de maravilla.

—Sí, no he estado mal, ¿verdad? ¿Queréis que lo haga otra vez?

Aquí lo tienen. Evito hacer las cosas que hago mal. Tiendo a hacer una y otra vez las cosas que hago bien.

Los niños pequeños son iguales que yo.

La lección es sencilla.

Si usted quiere que a su hijo le desagrade una cosa, procure indicarle todos los modos en que el modo en que la hizo no fue perfecto.

Si usted quiere llegar a ver que a él le encanta hacer una cosa (y si quiere que lo haga una y otra vez para mostrarle a usted lo bien que lo hace), dígale todo lo que tuvo de espléndido el modo en que la hizo.

Si usted quiere destruir del todo la motivación de su hijo, limítese a examinarlo constantemente y a señalarle lo lejos que está de la perfección.

Si quiere aumentar su motivación, descubra todo lo que está haciendo bien y háblele de ello con entusiasmo.

Aunque Winston Churchill no obtuvo buenos resultados en los exámenes en la escuela, obtuvo unos resultados excelentes en el examen de la vida real.

Sin duda, fue uno de los mayores genios del arte de la motivación en nuestro siglo.

Jamás mintió al pueblo británico. Siempre le dijo toda la verdad (del mismo modo que nosotros no mentimos nunca a los niños).

En aquellos días tenebrosos de la Segunda Guerra Mundial dijo a los británicos:

«Sólo puedo ofreceros sangre, sudor y lágrimas.

»Vamos a comportarnos de tal modo que si el Imperio Británico dura mil años, los hombres dirán: "Aquella fue su hora más admirable".»

No habló a los británicos de lo pobres que estaban, sino de lo grandes que eran y de cómo llegarían a ser más grandes.

El periodista estadounidense Edward R. Murrow dijo, hablando de Churchill:

«Tomó la lengua inglesa, la movilizó y la hizo entrar en combate.»

Eso hizo, en efecto: apenas contaba con más armas.

Resultó suficiente con decir al pueblo británico lo grande que era.

Diga usted a su hijo lo grande que es y cuánto lo quiere usted.

Dígaselo con frecuencia.

Aunque sea lo único que tenga para darle, será suficiente.

El cerebro: úselo o lo perderá

———— • ————

SE DICE QUE LA FAMILIARIDAD engendra el desprecio. Este dicho sólo es una verdad a medias. Es verdad cuando la persona, la cosa o el conocimiento que nos resultan familiares son despreciables.

Desde luego, no es cierto si se aplica al cerebro humano, al menos en el largo romance que hemos vivido con el cerebro humano.

Los miembros del personal de los Institutos mantenemos una actitud de admiración ante el cerebro humano, y es un romance que esperamos compartir con usted.

Si quiere empezar a compartir nuestra admiración, pruebe lo siguiente. Si usted está embarazada ahora mismo, mire su reloj y cuente sesenta segundos a partir de este instante.

En este minuto, su niño no nacido ha adquirido aproximadamente un cuarto de millón de células cerebrales nuevas. ¿Qué le parece?

Es fundamental recordar que cuando hablamos del cerebro humano estamos hablando de ese órgano físico que ocupa el cráneo humano y la espina dorsal y que pesa de 1.600 a 1.900 gramos.

No estamos hablando de esa cosa nebulosa llamada «mente», de la que se habla *ad infinitum*, y muchas veces *ad nauseam*, y que es competencia del psiquiatra y del psicólogo.

Aunque se habla interminablemente de ella, no se sabe gran cosa al respecto, y una buena parte de lo que se cree saber son habladurías y pertenecen a lo que se ha dado en llamar recientemente «psicocharla».

La causa del problema ha sido la confusión entre la «mente», de la que se habla mucho y de la que se sabe poco, y el órgano físico llamado «cerebro», del que se ha llegado a saber mucho.

Los incas, los griegos y los egipcios practicaban operaciones de cerebro con éxito. El propio Hipócrates realizó operaciones de cerebro con éxito hace 2.400 años.

Nosotros nos ocupamos del cerebro.

Según la sabiduría convencional, sabemos muy poco de este órgano misterioso llamado cerebro humano, aparte de que pesa de 1.600 a 1.900 gramos y de que de alguna manera es responsable del acto de caminar, del habla y, hasta cierto punto, del pensamiento. Estas mismas ideas convencionales afirman que lo único que sabemos bien es que no es posible cambiarlo.

Y, como suele suceder, la verdad es mucho mejor que la ficción.

El cerebro humano es un órgano que supera en mucho lo que pueda imaginar nadie.

Se ha sabido mucho de él durante muchos miles de años. De todos los órganos del cuerpo humano, es el más capacitado para cambiar en ambos sentidos.

En efecto, está cambiando constantemente en un sentido físico, así como en un sentido funcional, ya sea para mejor o para peor.

En un número muy reducido de personas, las mejoras se realizan de manera intencionada y efectiva. En la gran mayoría de nosotros, el cerebro se está desgastando accidentalmente.

Si lo que quiere dar a entender la ficción es que nos queda mucho por saber acerca del cerebro humano, es probable que tenga razón.

Lo que dice verdaderamente la ficción es que sabemos poco del cerebro. En sentido anatómico, fisiológico y funcional, esta opinión es absurda.

Podemos verlo, oírlo y tocarlo en el quirófano. Lo más importante es que podemos influir sobre él (favorable o desfavorablemente). Podemos detener su desarrollo, podemos hacer que se desarrolle más despacio y podemos acelerar su desarrollo.

El cerebro humano contiene más de un billón (1.000.000.000.000) de células.

El cerebro humano contiene más de diez mil millones (10.000.000.000) de neuronas en funcionamiento, calculando muy por lo bajo.

Actualmente utilizamos un porcentaje muy reducido de estos diez mil millones de neuronas.

En este libro presentamos muchas afirmaciones sueltas que, si el lector las comprende plenamente junto con su aplicación para con el niño, le compensan, multiplicados por cien, el coste del libro y el tiempo necesario para leerlo. Una de estas afirmaciones es la siguiente: *La función determina la estructura.*

El hecho de que la función determina la estructura es una ley bien conocida en arquitectura, en ingeniería y en el desarrollo humano, aunque se le ha prestado poca atención en su aplicación al desarrollo humano.

El hecho de que la función determina la estructura se ve muy claramente en la arquitectura.

Si alguien dijera a un arquitecto: «Quiero que me construya un edificio con 150 metros cuadrados de planta», lo primero que le preguntaría el arquitecto sería: «¿Qué va a ser el edificio? ¿Va a ser una vivienda, una oficina, un supermercado, un garaje, o qué otra cosa?»

Si va a construir un edificio lógico, deberá saber para qué es, pues su función determinará su estructura.

Lo mismo sucede con el cuerpo humano. Esto se aprecia claramente en el caso del ser humano que es levantador de pesos. Sus músculos y su cuerpo se desarrollan manteniendo una relación precisa con su actividad de levantar pesos, y de este modo su función, levantar pesos, ha determinado su estructura (extraordinariamente musculosa).

La persona que realiza una actividad física media tiene un desarrollo muscular medio. La persona que hace muy poco ejercicio físico tiene muy poco desarrollo muscular.

También es cierto que la falta de función (es decir, de funcionamiento) produce una mala estructura.

Si bien ya sabemos que la estructura general del cuerpo (alto, bajo, ancho, estrecho) es, en esencia, una herencia genética de la familia, incluso esta estructura puede alterarse mucho por falta de funcionamiento.

Esto sucede con demasiada frecuencia en los casos en que unos padres alienados encadenan a un bebé a una cama en un desván o lo encierran en un armario. Esta tragedia ha sucedido y sucede repetidas veces a lo largo de los siglos y en casi todos los países. El resultado es, naturalmente, trágico, y es el colmo de los malos tratos a los niños: sólo se puede comparar con el infanticidio.

Hace poco tiempo salió a la luz un caso en los Estados Unidos en que se descubrió que una niña de nueve años había estado encerrada en un armario.

Su cuerpo tenía el tamaño del de un niño de dos años y medio, y su desarrollo cerebral era prácticamente nulo. Naturalmente, era muda y retrasada mental. No podía haber sido otra cosa. También lo serían Leonardo da Vinci, Shakespeare, Edison o Pauling, si se hubieran criado en esas mismas circunstancias.

Las lesiones cerebrales, que por su naturaleza impiden el funcionamiento en un grado ligero o en un grado casi total, en virtud de su gravedad y de su situación, producen cuerpos más pequeños.

En este caso, es la lesión cerebral más que el entorno (el armario) lo que impide el funcionamiento.

La gran mayoría de los niños que padecen graves lesiones cerebrales son muy pequeños cuando se presentan en los Institutos. Quiero decir que están muy por debajo de la media en altura, en tamaño de la cabeza, en peso corporal, en un 78 por 100 de los casos, y en un 51 por 100 de los casos pertenecen al grupo 10 por 100 más reducido de la población total; a veces ocupan un lugar muy bajo incluso dentro de este grupo.

Pero en el nacimiento (salvo en los nacimientos prematuros) tienden a tener un tamaño normal o casi normal. Cuando se hacen mayores se vuelven cada vez más pequeños respecto de los niños de su edad, dado que la falta de funcionamiento físico produce una falta de estructura física.

Es exactamente lo contrario de lo que sucede al levantador de pesos.

Pero cuando hacemos seguir a uno de estos niños un programa de desarrollo del cerebro infantil, su tasa de crecimiento cambia, y en muchos casos cambia de una manera espectacular.

Es muy frecuente que un niño que ha estado creciendo mucho más despacio de lo normal empiece a crecer mucho más deprisa de lo normal para su edad. Incluso si cuando emprendió el programa tenía una altura, una circunferencia de la cabeza y del pecho y un peso corporal inferior al 90 por 100 de los niños de su grupo de edad, es corriente descubrir que de pronto está creciendo a un 250 por 100 de lo normal para su edad.

Si bien este fenómeno parece ser casi desconocido para los que tratan con niños que sufren lesiones cerebrales, es bien conocido por los antropólogos, e incluso tiene nombre. Se llama «fenómeno de la recuperación».

Esta regla dice que si un niño está gravemente enfermo por algún motivo, su desarrollo físico disminuye o se detiene prácticamente, en virtud de la enfermedad y de su gravedad. La regla afirma, asimismo, que si el niño sana por algún motivo, se desarrollará más deprisa que sus compañeros para alcanzarlos. Naturalmente, de aquí le viene el nombre de «fenómeno de la recuperación».

Nosotros lo vemos todos los días de nuestras vidas en los Institutos.

También vemos, y no tiene nada de sorprendente, que parece existir una correlación elevada entre la tasa de éxitos y la tasa de desarrollo, así como entre el grado de desarrollo final y el grado de éxito final.

Es decir, que los niños que no progresan tampoco cambian su tasa de desarrollo; los niños que tienen un éxito marcado pero no completo tienen un desarrollo marcado pero no completo, y los niños que tienen un éxito completo se desarrollan por completo.

Esta regla no es invariable, como tampoco lo son todas las demás reglas que conozco, pero se cumple casi siempre.

Esto no es más que otra manera de decir que la falta de funcionamiento produce una estructura inmadura o anormal, y que el funcionamiento normal determina la estructura normal.

En los Institutos, todos los niños que han sufrido lesiones cerebrales (con la excepción de los que están completamente ciegos) emprenden un programa de lectura de palabras, escritas con letras muy grandes para que sus vías visuales inmaduras puedan discernir las palabras.

Cuando vienen a los Institutos niños ciegos, el primer paso es otorgarles la capacidad de ver las formas. Cuando esto se consigue, se emprende un programa de lectura.

Como consecuencia, existen muchos centenares de niños con lesiones cerebrales que, a los dos o tres años de edad, son capaces de leer con comprensión total: algunos leen unas pocas palabras; otros leen muchos, muchos libros.

Conocemos un gran número de niños de tres años con lesiones cerebrales que son capaces de leer en varios idiomas con comprensión completa.

Aunque el mundo en general cree que los niños menores de cinco años no son capaces de leer porque sus vías visuales están demasiado inmaduras y porque no tienen suficientemente desarrollado su cerebro, existen centenares de niños de dos, tres y cuatro años que están leyendo.

Lo que es más: se trata de niños con lesiones cerebrales; y, lo que asombra todavía más: sus vías visuales están actualmente más desarrolladas que las vías cerebrales de otros niños mayores que no tienen lesiones cerebrales y que no leen.

¿Cómo se puede explicar esto?

Desde luego, no se puede explicar a causa de la edad, dado que estos niños son menores, y no mayores, que los niños sanos de seis años a los que no han enseñado todavía a leer.

Ciertamente, no se puede explicar debido a alguna superioridad natural. Estos niños, lejos de ser superiores, sufren lesiones cerebrales, y en muchos casos habían sido declarados retrasados mentales.

Yo no conozco a nadie que crea que sufrir una lesión cerebral es una ventaja.

Sólo se puede explicar basándose en que estos niños han tenido sencillamente la oportunidad de leer que otros niños no han tenido. Esta oportunidad permitió el funcionamiento, y el funcionamiento produjo, a su vez, unas vías visuales más maduras, dado que la función determina la estructura.

Vemos, pues, que, dado que la función determina la estructura, el cuerpo del niño se desarrolla por el hábito, o no se desarrolla por la falta de hábito.

Pero las vías visuales están en el cerebro y forman parte del propio cerebro.

¿Qué significa esto?

Que el cerebro se desarrolla por el ejercicio.

Este principio es el más importante de todos los principios por los que se rige el desarrollo del cerebro infantil.

¿Cómo podemos saber que el cerebro se desarrolla físicamente por el ejercicio?

Ya hemos visto que el niño que es incapaz de funcionar por estar encerrado apenas se desarrolla en absoluto.

También hemos visto que el niño que tiene una lesión cerebral y cuyo funcionamiento se ha reducido marcadamente se desarrolla físicamente a una proporción muy inferior, pero que cuando se le permite funcionar se desarrolla en un grado superior a la media para recuperarse.

También hemos visto que el tamaño de su cabeza aumenta a una tasa superior a la normal para recuperarse. El cráneo se desarrolla para hacer sitio al cerebro, que se ha vuelto mayor.

Esto demuestra que el cerebro se desarrolla por el uso.

Rara vez he conocido a un ser humano que se interesase por los niños y que fuera consciente de este hecho de importancia fundamental. Para ser justo, debo decir que cuando se da a conocer el hecho a estas personas, siempre lo reciben con placer y con emoción.

Por otra parte, *nunca* he conocido a ningún neurocirujano que *no* supiera que el cerebro se desarrolla por el uso.

El problema es que los neurocirujanos rara vez se ocupan de los niños o tratan con las personas que tratan con los niños.

Los neurocirujanos se ocupan casi exclusivamente de ratas, gatitos, cachorros de perro, monos y otros animales.

Vamos a hablar de los experimentos con animales.

Tenemos, en primer lugar, la obra del genial neurocirujano y neurofisiólogo Boris N. Klosovskii, que fue jefe de Neurocirugía en la Academia de Ciencias Médicas de la antigua U.R.S.S.

El doctor Klosovskii tomó camadas de gatitos y de perritos y las dividió en dos grupos iguales, uno como grupo de experimentación y otro como grupo de control.

En el grupo de experimentación puso una gatita y en el grupo de control puso a una hermana de la gatita de la misma camada. Hizo lo mismo con cada uno de los gatitos y repartió igualmente a los cachorros de perro hasta que tuvo dos grupos perfectamente equilibrados, cada uno de ellos con gatitos y perritos de unas mismas camadas.

A continuación, permitió que los gatitos y los perritos del grupo de control se criaran de la manera normal en que suelen criarse estos animales.

Pero los animales del grupo de experimentación fueron colocados simplemente sobre una mesa que giraba lentamente, y vivieron allí durante todo el experimento.

La mesa giratoria se parecía a los restaurantes giratorios que hay en lo alto de los rascacielos en las grandes ciudades. Naturalmente, giran muy despacio, para que a los comensales no se les caigan las galletas.

La única diferencia en lo que sucedía a cada uno de los grupos era, por lo tanto, que el grupo de experimentación veía un mundo en movimiento, mientras que el grupo de control sólo veía lo que suelen ver normalmente los gatitos y los perritos recién nacidos.

Cuando los animales tenían diez días, Klosovskii empezó a sacrificar parejas de gatitos y perritos y a estudiarles el cerebro. Terminó de sacrificar a los últimos en su decimonoveno día de vida.

Lo que descubrió Klosovskii en los cerebros de sus animales del grupo de experimentación fue algo que deberían aprenderse de memoria todos los padres que tienen niños pequeños.

Los animales del grupo de experimentación tenían entre un 22,8 y un 35,0 por 100 más de desarrollo en las zonas vestibulares del cerebro que los animales del grupo de control.

Por decirlo con palabras sencillas, después de un periodo de diez a diecinueve días de ver un mundo en movimiento, los gatitos y los perritos del grupo de experimentación tenían casi un tercio más de desarrollo en las zonas del cerebro que rigen el equilibrio que sus hermanos y hermanas que no habían visto un mundo en movimiento.

Esto resulta más asombroso todavía si se considera que un perrito o un gatito de diez días (o aunque sea un perrito o un gatito de diecinueve días) todavía no es gran cosa como perrito o como gatito. Con todo, los animales que habían visto un mundo en movimiento tenían casi un tercio más de desarrollo cerebral (y algunos tenían más de un tercio más).

¿Qué quiere decir que tenían más desarrollo? ¿Vio Klosovskii con su microscopio una tercera parte más de células cerebrales? No, en absoluto: vio el mismo número de células cerebrales, pero eran una tercera parte mayores y más maduras.

Cuando pienso en los animales del grupo de control, pienso en los niños corrientes de tres y cuatro años, y cuando pienso en los gatitos y en los perritos del grupo de experimentación, que tenían un tercio más de desarrollo cerebral, pienso en nuestros niños lesionados que saben leer. Y no puedo menos de preguntarme qué habría sucedido si Klosovskii hubiera tomado un tercer grupo de gatitos y de perritos y los hubiera dejado en una oscuridad casi total. ¿Habrían tenido un desarrollo cerebral inferior en un tercio? Eso es, prácticamente, lo que sucede a los niños recién nacidos de la tribu xingu, del Mato Grosso brasileño, que pasan prácticamente el primer año de sus vidas dentro de chozas oscuras.

Pero Klosovskii no dispuso un tercer grupo de animales, y por lo tanto no sabemos lo que pasaría.

Pero quizá podamos deducir lo que podría haber pasado si Klosovskii hubiera dispuesto un tercer grupo viajando al otro lado del mundo para conocer al genial David Krech, cuyo grupo de investigadores y su brillante labor en la Universidad de Berkeley nos aporta nuestro segundo ejemplo.

El doctor Krech no sólo era un científico con grandes conocimientos y cuyas conclusiones impecables son indiscutibles. Tenía, además, una gran sabiduría.

Se trata de una combinación maravillosa, pues la ciencia no siempre es sabia, y la sabiduría tampoco es siempre científica. ¡Cómo deseo que todos los padres pudieran oír las palabras de David Krech, tan amable y tan ingenioso, en vez de quedar reducidas al círculo de los que leen las publicaciones científicas!

El doctor Krech había dedicado una parte importante de su vida a repetir un mismo experimento con leves modificaciones en cada ocasión. Empezaba criando dos grupos de ratas recién nacidas. Las ratas del primer grupo vivían en un entorno de aislamiento sensorial; es decir, vivían en un entorno en el que había poco que ver, que oír o que tocar. Las otras ratas se criaban en un entorno de enriquecimiento sensorial, es decir, en un entorno en el que había mucho que ver, que oír y que tocar.

A continuación, ponía a prueba la inteligencia de las ratas sometiéndolas a varias pruebas, tales como el de ponerlas en un laberinto con comida al final. Las ratas que habían estado aisladas no eran capaces de encontrar la comida o tenían muchas dificultades para encontrarla. Las ratas que se habían criado en el entorno enriquecido encontraban la comida con facilidad y con rapidez.

A continuación, sacrificaba las ratas y estudiaba sus cerebros. «Las ratas que se han criado con aislamiento sensorial —señaló— tiene cerebros pequeños, torpes y poco desarrollados, mientras que las ratas que se han criado con enriquecimiento sensorial tienen cerebros grandes, inteligentes y muy desarrollados.»

Y anunció su conclusión científica, que, como corresponde a un neurofisiólogo de fama mundial, era intachable desde el punto de vista científico.

«Sería injustificable científicamente —dijo el doctor Krech— llegar a la conclusión de que si esto se cumple en las ratas también se cumplirá en las personas.»

Después añadió con gran sabiduría:

«Y sería un delito social llegar a la conclusión de que no se cumple en las personas.»

La última vez que tuve ocasión de ver al doctor Krech le pregunté si tenía intención de hacer algo relacionado con las personas.

Le brillaron los ojos y me respondió:

—No he dedicado mi vida a este trabajo con el propósito de criar ratas más inteligentes.

¿Qué ventajas tiene hacer que el cerebro se desarrolle con el uso y tener así células mayores y más maduras? Se trata precisamente de la misma ventaja, en sentido intelectual, que tenía la gimnasta olímpica Nadia Comaneci en sentido físico cuando realizaba aquellas magníficas pruebas gimnásticas con tanta elegancia y belleza.

Aún más importante: cuanto más las realizaba, más se desarrollaban sus músculos y su coordinación, y cuanto mayor era este desarrollo, más elegantes y bellos se volvían sus movimientos.

Dado que los movimientos físicos como los de Nadia están controlados enteramente por el cerebro, cuanto más hacía aquellas cosas con hermosura y con éxito más se desarrollaba su cerebro y más podía crecer su inteligencia de movilidad. Ella era, evidentemente, un genio de la movilidad.

Del mismo modo, la inteligencia visual y auditiva de un niño aumenta marcadamente cuando el niño tiene la oportunidad de aprender un volumen enorme de datos a una edad muy temprana. Ya se trate de datos de tipo enciclopédico, de datos en forma de palabras o de datos en forma de números, su inteligencia aumentará en proporción al número de datos que se le entreguen.

Y todavía más: su cerebro se desarrollará físicamente como consecuencia.

Quizá lo más importante de todo sea que dado que el niño de uno, dos o tres años prefiere aprender a hacer cualquier otra cosa en el mundo, el proceso hará que tanto él como su madre pasen ratos deliciosos.

Por naturaleza, el proceso por el cual una madre enseña a su bebé de una manera sincera y concreta es un proceso de amor y respeto mutuos, y hace que se desarrolle el cerebro.

Todo desarrollo significativo del cerebro ha terminado a los seis años de edad.

La naturaleza ha planificado de una manera excelente su invento más asombroso, el cerebro humano, de tal forma que en estos fundamentales seis primeros años de vida puede absorber datos con la velocidad del relámpago. El niño tendrá este amplio almacén de información (pronto veremos hasta donde llega la amplitud de este almacén) que le durará toda una vida. Estos datos serán la base sobre la que se desarrollarán y prosperarán los conocimientos y la sabiduría.

Lo que no usamos, lo perdemos.

El hecho de que lo que no usamos lo perdemos es tan bien conocido que es casi axiomático en campos tan diversos como la musculación y el estudio del álgebra; por lo tanto, no es preciso que insistamos en él aquí.

El conocimiento de que el cerebro se desarrolla con el uso durante los seis primeros años de vida y de que podemos hacer que el cerebro del niño se desarrolle casi a voluntad no es simplemente valioso: *no tiene precio.*

Toda la mitad posterior del cerebro y de la médula espinal (la médula espinal es el antiguo cerebro, y es la madre del puente de Varolio, del mesencéfalo y de la corteza cerebral) está compuesta por entero de cinco vías de entrada sensoriales.

Podemos hacer que se desarrolle, literalmente, entregando al niño información visual, auditiva, táctil, olfativa y gustativa con mayor frecuencia, intensidad y duración. Si las usa todas, se desarrollarán y se volverán más maduras y más competentes. Si no las usa durante esos seis años, no se desarrollarán.

La mitad anterior del cerebro y de la médula espinal está compuesta de las vías motrices de salida por las que reaccionamos ante aquella información sensorial de entrada.

En los seres humanos, estas vías producen la habilidad motriz, la habilidad para el lenguaje y la habilidad manual. Estas vías también se desarrollan con el uso. Estos dos conjuntos de vías *son* el cerebro. Crecen físicamente y adquieren habilidad con el uso.

No es cierto que sólo utilicemos una décima parte de nuestro cerebro. No vivimos lo suficiente para utilizar una milésima parte de la capacidad de nuestro cerebro.

Es posible que Leonardo da Vinci llegase a usar casi una milésima parte de la capacidad de su cerebro: por eso fue Leonardo da Vinci.

El cerebro humano tiene una capacidad de ciento veinticinco billones quinientos mil millones (125.500.000.000.000) de unidades de información.

Si bien los miembros del personal de los Institutos ya éramos conscientes desde hace mucho tiempo de que la capacidad del cerebro humano tenía una amplitud casi increíble, sólo pudimos darnos cuenta de la plena medida de esta capacidad cuando los científicos de los Laboratorios de Tecnología Avanzada de la compañía RCA publicaron la tabla siguiente.

COMPARACIÓN DE CAPACIDADES DE MEMORIA

Dispositivo de memoria	Capacidad de almacenamiento (en millones de caracteres)
Cerebro humano	125.500.000
Archivos Nacionales de los Estados Unidos	12.500.000
Cartucho magnético IBM 3850	250.000
Enciclopedia Británica	12.500
Disco óptico	12.500
Disco magnético (duro)	313
Disquete	2,5
Libro	1,3

Fuente: Laboratorios de Tecnología Avanzada de RCA.

Diez veces la capacidad de los archivos nacionales de los Estados Unidos:
El cerebro, que pesa 1.900 gramos.
¿No empieza usted a compartir nuestra admiración hacia el cerebro humano?

Si su bebé sólo tuviera *una décima parte* de su capacidad cerebral, se vería reducido a la capacidad de los archivos nacionales.
¿Todavía le preocupa la idea de llegar a agotarla?
¿O le preocupa la idea de desaprovecharla?

El cerebro humano es el único recipiente que tiene la característica de que cuanto más se le mete, más capacidad tiene. Está claro que ningún ser humano de la historia se ha acercado siquiera a agotarlo. También está claro que se desarrolla con el uso y que, por lo tanto, cuanta más información se le introduce, mejores rendimientos puede dar y más referencias cruzadas puede establecer con esa información.

Cuando se mejora una de las funciones del cerebro, se mejoran hasta cierto punto todas las demás funciones del cerebro.

El cerebro humano tiene seis funciones que diferencian a los seres humanos de todas las demás criaturas. Son exclusivas de los seres humanos porque son funciones de la singular corteza cerebral humana. Sólo los seres humanos tienen estas seis funciones. Tres son funciones motrices y las otras tres son funciones sensoriales.

1. Sólo los seres humanos caminamos completamente erguidos utilizando los brazos y los piernas en una pauta cruzada de movimiento.
2. Sólo los seres humanos hablamos con un lenguaje inventado, abstracto, simbólico y convencional.
3. Sólo los seres humanos oponemos el pulgar a los demás dedos, lo que nos permite escribir con un lápiz o con otros medios ese lenguaje que hemos inventado.

Estas tres funciones exclusivamente humanas se basan en tres habilidades sensoriales exclusivamente humanas.

1. Sólo los seres humanos vemos de tal modo que somos capaces de leer ese lenguaje escrito que hemos inventado.

2. Sólo los seres humanos oímos de tal manera que comprendemos por medio de nuestros oídos ese lenguaje hablado.

3. Sólo los seres humanos sentimos de tal manera que somos capaces de identificar un objeto sólo por el tacto.

Estas seis cosas son la prueba de la Humanidad.

La competencia en estas seis cosas es la prueba neurológica de la normalidad.

Estas seis cosas son la prueba escolar de la normalidad.

Estas seis cosas son la prueba social de la normalidad:

La Inteligencia Motriz
La Inteligencia del Lenguaje
La Inteligencia Manual
La Inteligencia Visual
La Inteligencia Auditiva
La Inteligencia Táctil

Un individuo, niño o adulto, que realice estas seis cosas por debajo de sus iguales en edad es inferior a la media.

Un individuo que realice estas seis cosas en paridad absoluta con sus iguales en edad se considera igual a la media.

Un individuo que realice estas seis cosas por encima de sus iguales en edad está por encima de la media en la medida en que realice estas seis cosas por encima de sus iguales en edad.

La inteligencia es consecuencia del pensamiento.

El mundo ha albergo durante demasiado tiempo el concepto de que el pensamiento es consecuencia de la inteligencia. ¿Qué fue primero, el huevo o la gallina?

¿Tiene importancia qué fue primero?

Tiene una importancia gigantesca.

Si a los seres humanos como grupo, o a un ser humano como individuo, se le asignase simplemente una inteligencia concreta y predestinada, entonces no tendría mucha importancia. Pero no es así.

Si a Einstein, o a usted, lo hubieran metido en un armario desde su nacimiento y lo hubieran tenido allí encerrado durante trece años, entonces serían retrasados mentales y usted no estaría leyendo este libro.

A los seres humanos se nos asigna al nacer la inteligencia en potencia del *Homo sapiens,* que es vasta en un grado imposible de medir. Está claro que el ser humano utiliza una proporción de esas posibilidades prácticamente ilimitadas que viene determinada por las circunstancias accidentales, sean buenas o malas.

Si al ser humano no se le permite pensar, no proporcionándole datos o información en la que pueda pensar, no desarrollará inteligencia alguna.

Podemos llegar, por lo tanto, a la conclusión de que la inteligencia es consecuencia del pensamiento.

Los seres humanos somos inteligentes porque usamos nuestros cerebros.

Los cerebros de nuestros hijos se desarrollan en la medida en que nosotros les brindamos la oportunidad de que se desarrollen.

Nosotros les brindamos esta oportunidad presentándoles un volumen enorme de datos claros. Lo hacemos hasta los seis años de edad, plazo en el que son capaces de aprender a una velocidad sorprendente. Además, lo hacemos en la época en que el cerebro está desarrollándose más deprisa que se desarrollará nunca.

Estos datos se presentan en forma de palabras, de números y de información enciclopédica, que pronto adopta la forma de frases, de cálculos matemáticos y de leyes de la naturaleza y de la humanidad.

Nuestros hijos son inteligentes en la medida en que les brindamos la oportunidad de serlo.

Esto resulta muy especialmente cierto en los seis primeros años de vida.

La inteligencia es, por completo, un producto del cerebro humano.

La inteligencia humana es, muy concretamente, un producto de la corteza cerebral humana. Sólo los seres humanos tenemos corteza cerebral, y sólo los seres humanos la necesitamos.

No hay mejores padres que las madres... y que los padres

Dios no podía estar en todas partes; por eso creó a las madres.

PROVERBIO JUDÍO

———•———

EL OFICIO MÁS ANTIGUO del mundo es el de madre, y no el otro que dicen.

Tiene que serlo, ¿no es verdad?

Y es un oficio muy honroso y muy venerable.

Quizá sea por esto por lo que las madres, junto con los hijos y los genios, tienen tan mala prensa. Quizá se trate de que nos intimidan un poco.

Los mitos relacionados con las madres son más numerosos que los relacionados con los genios o con los niños.

Estos mitos son tan ridículos que resultarían muy graciosos si no fuera por lo terribles que son sus consecuencias.

El mito más importante relacionado con las madres es el que dice que no se puede uno fiar de que las madres conozcan o comprendan a sus propios hijos porque mantienen unos lazos emocionales demasiado estrechos con ellos.

Según este mito, sólo los «profesionales» son capaces de conocer o de comprender a los niños.

Si esto es así, entonces no cabe duda de que las vidas de nuestros hijos son demasiado importantes como para dejarlas en manos de sus madres.

Bueno, eso es lo que dice el mito.

La realidad es que las madres saben más de niños que nadie en el mundo, y que hasta hace unos doscientos años eran las *únicas* personas que sabían algo de niños.

Las madres, sin ayuda de ningún maestro, psicólogo infantil, psiquiatra infantil, obstetra, pediatra o experto en lectura, han conseguido sacarnos de las cuevas del pleistoceno del hombre prehistórico hasta llevarnos a la que se ha llamado con mucha justicia «Era de la Razón».

Nosotros, los profesionales, que emprendimos nuestra actividad en la «Era de la Razón» y que empezamos a ocuparnos de los niños hacia esa época, hemos conseguido llevarnos (prácticamente de la noche a la mañana, según la medida geológica del tiempo) desde la «Era de la Razón» hasta la «Era Atómica».

Todos deberíamos reflexionar sobre este último progreso tan discutible.

El problema es que la mayor parte de los profesionales no confían en que los padres puedan ocuparse de los niños.

Entre los profesionales que se ocupan de las madres y de los hijos existe una ley tácita y no manifiesta que dice: «Todas las madres son idiotas y no poseen la verdad.»

Nadie llega a manifestarla *en voz alta,* pero no por ello deja de existir la ley.

Lo más que se llega a manifestar en voz alta es aquella afirmación tan repetida: «La crianza de los niños es demasiado importante como para dejarla en manos de las madres.»

La verdad es que la crianza de los niños es demasiado importante como para dejarla en manos de unas personas *que no sean* las madres y los padres.

En realidad, son las propias madres las que me han enseñado la verdad absoluta, que es que las madres saben más acerca de sus propios hijos que nadie más en el mundo.

He tenido que convivir con miles de madres para aprender esta verdad.

Los mitos son muy poderosos.

Entre estos millares de madres excelentes hemos conocido a algunas madres perezosas, locas y egoístas. Sólo que la proporción de madres perezosas, locas y egoístas que hemos conocido es muy inferior a la proporción de personas perezosas, locas y egoístas en cualquier otro grupo que hayamos conocido.

Parece justo añadir que hemos tenido el privilegio de conocer a grupos de personas magníficas.

El problema es que los profesionales llevan tanto tiempo intimidando a las madres que éstas corren el peligro de perder, intimidadas, su magnífica conducta instintiva e intuitiva con sus propios hijos.

La madre lee un artículo publicado en una revista femenina y firmado por un doctor (que suele ser un doctor *varón*) y que viene a decir, en la práctica, «la vara y la corrección dan sabiduría». Dice también que conviene que una mano firme lleve el timón y que nada como administrar con regularidad una buena azotaina clásica para mantener firmes a los chicos.

La madre se dice: «No me parece bien, pero yo no soy más que una madre, y este señor es doctor.»

No soy más que una madre. ¿Nada más que una madre?

La madre no se acostumbra a dar azotainas a su hijo con regularidad, pero la cuestión la preocupa.

Poco más tarde lee en otra revista femenina otro artículo firmado por otro doctor (éste, soltero). El problema es que éste dice: «No pongan jamás un dedo sobre su hijo o echarán a perder su pequeña psique y cuando sea mayor él los odiará a ustedes.»

Y ¿qué diablos va ha hacer ahora la madre?

Ha recibido instrucciones contradictorias de dos personas diferentes, y ambos son doctores.

Además, ambos pertenecen a universidades prestigiosas, o al menos son pedagogos reconocidos.

La madre se dice: «Tampoco me parece bien, pero ¿qué voy a hacer? No soy más que una madre.»

¿Nada más que una madre?

Un viejo refrán español dice: «Vale más una onza de madre que una libra de fraile.»

O que la charlatanería de los profesores.

Entonces, ¿qué ha de hacer la madre?

Buena pregunta. La verdad es que no lo sé. Pero tengo la gran sospecha de que si todas las madres pudieran olvidar los consejos de todos los profesionales (entre ellos los que hemos escrito este libro) siempre que surgiera esta pregunta e hicieran lo siguiente, casi siempre saldrían bien las cosas.

Si siempre que la madre tuviera la poderosa sensación de que debería dar un azote a su hijo lo hiciera así sin que le importase lo que dijera nadie, y si siempre que tuviera la poderosa sensación de que debía tomarlo en brazos y darle amor lo hiciera así sin que le importase lo que dijera nadie, estoy seguro de que acertaría en un 99 por 100 de los casos, y no conozco a ningún profesional, ni siquiera el que les habla, que acierte en un 99 por 100 de los casos en ninguna cuestión.

Las madres no son el problema de los niños: las madres son su solución.

Son los profesionales los que creen que las madres son el problema; y los profesionales se equivocan, al menos en esto.

Consideremos el más básico de los mitos, el que dice que el problema de las madres es que mantienen unos lazos emocionales con sus hijos.

Sin duda, con esto se da a entender que los niños saldrían mejor parados, en algún sentido, si sus madres *no* mantuvieran lazos emocionales con ellos.

Detengámonos un momento e imaginémonos un mundo en que las madres no mantuviesen lazos emocionales con sus hijos.

¿Qué clase de mundo sería?

Hasta el propio Napoleón tuvo tiempo de decir, entre invasión e invasión: «Que Francia tenga buenas madres, y tendrá buenos hijos.»

El propio Wellington habría estado de acuerdo.

El mito de los lazos emocionales dice, acto seguido, que dado que las madres mantienen lazos emocionales con sus hijos, no pueden tratarlos con objetividad.

Esto tiene cada vez más gracia, y cada vez es más triste.

El ejemplo más claro y más común que se suele aducir de esta falta de objetividad es la afirmación de que toda madre cree en secreto que su hijo pequeño es un genio. ¿Qué mejor prueba de que las madres no pueden tratar a sus hijos con objetividad?

Buckminster Fuller dijo: «Todo niño que ha nacido sano es, en un principio, un genio; pero pronto le quitan el genio los seres humanos, sin saberlo, y/o los factores ambientales desfavorables.»

Se dice que los que mejor se reconocen entre sí son los que se parecen, y esto puede aplicarse a los genios, al menos en este caso.

Toda joven madre mira a su bebé y ve exactamente en él lo que vio aquel genio que se llamaba Buckminster Fuller. Dado que a ella nadie le ha dicho que todos los bebés nacen siendo genios, ella sólo puede llegar a la conclusión de que sólo su bebé es un genio.

Tiene razón, por supuesto: su bebé es un genio.

El único error que comete ella es decirlo. Cuando hace la observación de que su bebe es extremadamente listo, demuestra que es incapaz de tratarlo con objetividad.

Resulta más que medianamente interesante saber que muchos, muchos genios han observado que los bebés son unos genios. Podríamos haber llenado fácilmente todo este capítulo con citas de este tipo.

Los genios miran a los bebés y se reconocen en ellos.

Las madres ven en los bebés las mismas cosas que ven los genios. Lo único que sucede es que a las madres no se les permite decirlo. A los genios sí.

Aunque los mitos sobre las madres dicen muchas más cosas, nosotros nos limitaremos a estudiar sólo uno más: el que dice que las madres son muy competitivas y que desean que sus hijos sean mejores que los otros niños.

A pesar de las acusaciones constantes según las cuales las madres son altamente competitivas en las cosas relacionadas con sus hijos y desean devotamente que sus hijos dejen atrás a todos los chicos del barrio en lo físico, en lo intelectual y en todos los sentidos, nosotros no lo hemos visto así en la mayoría de las madres con las que hemos tenido el privilegio de trabajar.

Lo que hemos visto nosotros que desean las madres no es que sus hijos sean mejores que todos los demás, sino simplemente que sean tan eficaces como puedan serlo. Las madres de todo el mundo están prácticamente de acuerdo en que la cosa no es así.

Como de costumbre, tienen razón.

El proceso del aprendizaje es gozoso tanto para la madre como para el hijo.

Las madres constituyen, junto con los hijos, la más dinámica y la más emocionante de las combinaciones dinámicas posibles, y la han constituido siempre, desde que las madres iniciaron este proceso hace mucho tiempo.

No sólo esto, sino que es una cosa maravillosa para las propias madres. Nosotros lo hemos descubierto hace mucho tiempo.

Esto me hace recordar la distancia tan asombrosa que hemos cubierto desde el mes de mayo de 1963, cuando comenzó la Revolución Pacífica de una manera muy callada, con la publicación de nuestro artículo «Enseñe a leer a su bebé» en la revista *Ladies' Home Journal.*

Este artículo se publicó hacia la misma época en que empezaba a surgir el fenómeno que se llamaría más tarde «movimiento de liberación femenina».

Han tenido lugar muchos cambios en nuestra sociedad como consecuencia de ambos hechos.

Una de las consecuencias más importantes y menos observadas de estos dos hechos ha sido que cada uno de ellos ha desempeñado un efecto fascinante y atractivo sobre el otro.

Cuando las mujeres empezaron a buscar, a exigir y a encontrar su propio lugar en las actividades públicas del mundo, aparecieron mujeres diputadas, mujeres gobernadoras, mujeres astronautas y mujeres que desempeñaban puestos de líderes en todo tipo de actividades del gobierno, de la religión, de la ciencia, de la industria, de la ley y de todas las demás esferas de la vida. Al mismo tiempo empezaba a aparecer, muy calladamente, otro tipo de liderazgo femenino. Fue el más generalizado, el más penetrante, el más poderoso y el menos anunciado de todos estos cambios.

Millones de mujeres jóvenes veían que otras mujeres ocupaban puestos de trabajo y ejercían profesiones que antes eran exclusivas de los hombres.

Pero descubrían que ellas deseaban ejercer una profesión diferente y que querían vivir unas vidas muy diferentes. Descubrían que querían ser lo que nosotros hemos optado por llamar «madres profesionales».

No es que no desearan entrar en el mundo de los varones. Lo que sucedía era que deseaban mucho más ser madres.

No aceptaban el mito moderno de la maternidad como una especie de esclavitud en la que las mujeres se sacrificaban, supuestamente, a una vida monótona de pañales sucios y de limpieza doméstica.

Aquellas mujeres veían en la maternidad la profesión más emocionante y más remuneradora que podían imaginarse.

Se preocupaban tanto como las demás mujeres por el estado del mundo y por la necesidad de cambiarlo para mejorarlo.

Creían que tenían un papel vital que desempeñar para mejorar el mundo y para hacer de él un lugar mejor.

Habían llegado a la conclusión de que la mejor manera de cambiar el mundo para mejorarlo no era mejorando las instituciones del mundo sino mejorando a la población del mundo. Ellas controlaban el recurso y la materia prima más importante del mundo: los bebés.

A las madres les preocupaba mucho el fracaso del sistema escolar que resultaba tan evidente por todas partes.

Las madres, en silencio y en números siempre crecientes, decidieron simplemente ocuparse personalmente de las cosas. Sus maridos, en números siempre crecientes, estuvieron de acuerdo en silencio. Ni los sistemas escolares, ni las asociaciones de padres y maestros, ni los consejos escolares ni comités de acción parecían ser capaces de hacer algo más que intentar contener la tendencia hacia un sistema escolar cada vez más costoso y cada vez menos productivo.

Ellas decidieron que serían madres profesionales.

Y fue hacia esta época cuando su revolución pacífica descubrió a la otra Revolución Pacífica.

Los resultados han sido verdaderamente increíbles.

Cuando las madres de este nuevo tipo descubrían que no sólo podían enseñar a sus bebés a leer, sino que podían enseñarles mejor y más fácilmente a los dos años de edad que lo que podía enseñarles el sistema escolar a los siete, entonces tomaban las riendas con firmeza... y se les abría un mundo nuevo y delicioso.

Un mundo de madres, de padres y de hijos.

Tiene dentro de sí la posibilidad de cambiar el mundo en muy poco tiempo para mejorarlo casi infinitamente.

Las madres jóvenes, listas y apasionadas enseñaban a sus bebés a leer en su lengua materna, y a veces en dos o tres idiomas más.

Enseñaban a sus hijos matemáticas a una velocidad que las dejaba encantadas y asombradas.

Enseñaban a sus hijos de uno, dos y tres años de edad a absorber conocimientos enciclopédicos sobre aves, insectos, árboles, presidentes, banderas, naciones, geografía y muchas otras cosas.

Les enseñaban a hacer ejercicios de gimnasia sobre la barra de equilibrios, a nadar y a tocar el violín.

En resumen, descubrían que podían enseñar a sus niños pequeños absolutamente todo lo que pudieran presentarles de una manera sincera y concreta.

Lo que es más interesante de todo es que descubrían que, al hacerlo, habían multiplicado la inteligencia de sus bebés.

Lo más importante de todo es que descubrían que hacer esto era, para ellos y para sus bebés, la experiencia más deliciosa que habían disfrutado juntos.

Su amor mutuo y, lo que quizás sea más importante todavía, su respeto mutuo, se multiplicaban.

¿En qué sentido eran diferentes estas madres de las madres que habían existido siempre?

No sólo es cierto que el oficio más antiguo del mundo es el de madre, sino que también es cierto que las madres fueron los primeros maestros y que siguen siendo *los mejores maestros* que han existido nunca.

Al fin y al cabo, fueron las madres las que nos sacaron de las cuevas del *Australopithecus* y nos llevaron a la Era de la Razón.

Nos preguntamos si nosotros, los profesionales, que hemos llevado el mundo desde la Era de la Razón hasta la Era Atómica, vamos a llevarlo tan lejos en los cien mil años siguientes como nos han traído los madres en los cien mil últimos.

¿En qué sentido eran diferentes nuestras nuevas madres profesiones de las madres que habían existido siempre?

Eran diferentes en dos sentidos. A mí me parece que mi propia madre era característica. Crió a sus hijos, de los cuales yo soy el mayor, con amor profundo y con un equilibrio intuitivo que le permitía combinar correctamente los mimos paternos con la disciplina paterna. Pero lo hacía a costa de grandes sacrificios personales, y su única recompensa era el placer reflejado que le producía contemplar nuestro progreso personal.

A aquellas virtudes e intuiciones antiguas nuestras madres les habían añadido dos nuevas dimensiones. Estas dimensiones eran el conocimiento profesional que se sumaba a la antigua intuición y el hecho de disfrutar en el momento, en el acto, que se añadía a los placeres reflejados que habrían de llegar más tarde.

Estas jóvenes madres no tenían que cargar con trabajos pesados. Sin duda, tenían que ocuparse de los pañales sucios y de las tareas domésticas, como mi propia madre. Pero ya no se enfrentan a una vida entera que no puede ofrecerles más que estas tareas.

No, ni mucho menos.

Estas madres reciben una segunda educación que está resultando mucho más fructífera y remuneradora para su propio crecimiento y desarrollo que lo que habían podido imaginar. Están empezando a vivir, en un sentido muy real, en una época de sus vidas en que mi madre ya empezaba a decaer. En realidad, en los Institutos no se enseña nada a los niños. En realidad, se enseña a las madres a que enseñen a sus hijos. He aquí, pues, a nuestras jóvenes madres, en lo mejor de sus vidas: no al principio del fin, sino más bien al fin del principio.

Ellas mismas, a los 25 o a los 32 años de edad, están aprendiendo a hablar el japonés, a leer el español, a tocar el violín, a hacer ejercicios de gimnasia; y asisten a conciertos, visitan museos y hacen otras muchas cosas espléndidas que la mayoría de nosotros soñamos hacer en una época nebulosa del futuro lejano (que no suele llegar nunca para la mayoría de nosotros). El hecho de estar realizando estas actividades con sus propios niños pequeños multiplica la alegría que les produce el hacerlas.

Conocen la sensación de tener un propósito elevado y se enorgullecen de sus hijos y de lo que aportarán al mundo estos hijos.

También han dilatado y han aumentado sus propios conocimientos, y descubren que tienen mayor confianza y que están más capacitadas que antes de empezar a enseñar a sus hijos.

Esperaban que sus hijos cambiarían, pero descubren con asombro que también ellas tienen mayores expectativas y metas más elevadas para sus vidas como consecuencia de ser madres profesionales.

¿Verdad que es un bonito efecto secundario?

Éstas son las madres profesionales.

¿Quiere esto decir que es imposible que una madre multiplique la inteligencia de su bebé a no ser que esté dispuesta a ser una madre profesional a jornada completa?

Por supuesto que no.

Los millares de madres (y de padres) que conocemos se pueden dividir, generalmente, en tres grupos.

El primer grupo es el de las madres a jornada completa a las que acabamos de describir. Éstas abordan su carrera profesional de madres con la misma dedicación y con la misma profesionalidad que cualquier otro profesional serio. Están absolutamente dedicadas a sus bebés.

El segundo grupo es el de las madres que pasan mucho tiempo con sus bebés, pero no les dedican la jornada completa. También están completamente dedicadas a sus bebés. Si no les dedican la jornada completa es por diversas causas, desde las necesidades económicas hasta el gran deseo de hacer más cosas.

El tercer grupo de madres que conocemos es el de las que sólo pueden pasar periodos de tiempo cortos con sus bebés. También están absolutamente dedicadas a sus bebés. La mayoría de las madres de este grupo se ven obligadas por las necesidades económicas acuciantes a pasar una buena proporción de su tiempo fuera del hogar.

Esto es una tragedia para estas madres y para sus hijos.

Una sociedad razonable proporcionaría los medios necesarios para que toda madre que *quisiera* estar en su casa con su hijo estuviera en su casa con él.

Las madres de todos estos grupos comparten la característica común de que están completamente dedicadas a sus bebés y, como consecuencia, están decididas a que sus hijos gocen de las oportunidades de ser todo lo bueno que pueden ser en esta vida.

Evidentemente, existe otro grupo de madres a las que no vemos nunca. En este grupo figuran desde las madres que se aburren con sus hijos hasta aquellas a las que verdaderamente les desagradan sus hijos.

Como consecuencia, en este grupo hay desde las madres que no hacen caso de sus hijos (aparte de darles de comer y vestirlos) hasta las que los maltratan, incluso hasta el punto de matarlos. No tiene nada de extrañar que nosotros no lleguemos a ver ni a conocer nunca a las madres de este último grupo.

No hace mucho tiempo, en un programa de debate en televisión en el que participé, otro de los participantes, que era periodista, me preguntó: «En vista de sus opiniones sobre los niños, ¿cree usted que a las parejas debería exigírseles una licencia antes de que pudieran tener hijos?»

Yo le dije que no lo había pensado nunca, pero que lo pensaría.

He pensado en ello desde entonces.

Si creyera que los gobiernos o las entidades estatales tuvieran la cordura necesaria para aplicar la sabiduría de Salomón, y que, por lo tanto, podrían determinar *a priori* con un 100 por 100 de aciertos quiénes eran las personas que descuidarían, que maltratarían o que asesinarían a sus hijos, entonces no sería mala idea. Pero no tengo la confianza suficiente en los gobiernos para creer que pueda existir tal sabiduría.

Además, tengo la poderosa sospecha de que bastantes mujeres a las que aburren o desagradan los niños antes de ser madres se convierten en madres de primera y en seres humanos de primera *después* de nacer el bebé.

La llegada de un niño recién nacido ejerce sobre nosotros, los adultos, un efecto maravilloso.

Felizmente, ese cuarto grupo de padres, el de los que nosotros no llegamos a ver, es muy pequeño.

Las madres del primer grupo, las que están dispuestas a pasar toda la jornada con sus hijos y tienen la suerte de poder hacerlo, pueden multiplicar las inteligencias de sus bebés, y de hecho las multiplican, cuando conocen el modo de conseguirlo

Las madres del segundo grupo pueden multiplicar la inteligencia de sus bebés, y de hecho la multiplican, cuando conocen el modo de conseguirlo. Es posible que puedan pasar con sus bebés tres o cuatro horas cada día. Así disponen del tiempo necesario para enseñar a sus bebés a leer, a adquirir conocimientos enciclopédicos y matemáticas. Esto les permite multiplicar la inteligencia de sus bebés en vez de limitarse a aumentarla, y, por lo tanto, hacer que se desarrollen el cerebro de sus bebés.

Las madres de este grupo tienen menos probabilidades de disponer del tiempo necesario para enseñar a sus bebés a tocar el violín, a hablar varios idiomas (a no ser que los padres sean bilingües) o a enseñar a sus hijos a hacer ejercicios de gimnasia.

A mí me suele dejar perplejo todo lo que se dice hoy día de que, dado que un número elevado de madres de la sociedad actual deben salir a trabajar fuera del hogar, no pueden dedicar todo el día a enseñar a sus hijos.

Esta afirmación da a entender que dado que mi madre, chapada a la antigua, no salía a trabajar fuera del hogar, no tenía otra cosa que hacer que dedicar todo el día a enseñar a sus hijos.

La idea de que durante el cuarto de siglo que dedicó mi madre a criar a sus hijos ésta no tenía ninguna otra cosa que hacer haría mucha gracia a mi madre y a todas sus contemporáneas.

A lo largo de la mayor parte de estos veinticinco años, mi madre no tuvo lavadora eléctrica, ni estufa de gas ni eléctrica, ni máquina de coser eléctrica, ni caldera de calefacción automática, ni mucho menos tostadora, lavaplatos, trituradora de basuras, batidora, abrelatas eléctrico ni aire acondicionado.

Por lo tanto, además de criar tres hijos, mi madre tenía que hacer unas cuantas cosas más al mismo tiempo, tales como coser a mano, zurcir calcetines, alimentar una caldera de carbón, cocinar en una cocina de carbón, lavar ropa a mano, etcétera, etcétera, etcétera, hasta altas horas de la noche. También es verdad que mi madre no salió a trabajar fuera de casa en los años en que nos crió.

Pero no es verdad que no trabajase.

Lo mismo pasaba con todas las demás madres y con todos los demás chicos que yo conocí hasta que tuve dieciocho años.

Tampoco quiero dar a entender que nosotros fuésemos gente pobre ni con poca cultura. Mi madre había conseguido asistir a la escuela estatal de formación de maestros, lo que se llamaba entonces «escuela normal». Mi padre ganaba un sueldo que se consideraba bueno en aquellos años de la Gran Depresión, y se gastaba hasta el último centavo que le sobraba en libros, que le encantaban y de los que llenaba nuestra casita.

Yo supongo que mi madre y las demás madres de su época disponían de bastante menos de cuatro horas al día para dedicarlas a cada uno de sus hijos.

Las madres han tenido siempre bastantes más cosas que hacer que enseñar a sus bebés. El milagro es que hayan conseguido realizar una labor tan extraordinaria con el poco tiempo que han dispuesto para ella.

¿Y qué pasa, entonces, con las madres de ese tercer grupo que sólo pueden dedicar a sus bebés espacios de tiempo muy reducidos? ¿Es posible para ellas multiplicar la inteligencia de sus bebés, tal como se propone en este libro?

Estas madres, cuando quieran conseguirlo, son las que más necesitan de este libro y de lo que se enseña en él.

Casi se ha convertido en un tópico decir que lo que más importa no es tanto la cantidad de tiempo que pasamos con nuestros bebés sino más bien la calidad del tiempo que pasamos con ellos.

Naturalmente, la calidad del tiempo que pasamos con nuestros bebés tiene importancia. Pero también tiene importancia la cantidad de tiempo.

Vivimos en una sociedad que quiere creer que es posible que sus mujeres lo sean todo para todos.

Esto no es posible.

La idea de que es posible ser una especie de supermamá que ejerce una profesión a jornada completa fuera del hogar y que es capaz de proporcionar a sus hijos los mismos cuidados maternales que ella recibió de niña de manos de su propia madre, que era madre a tiempo completo, es, por supuesto, absurda.

No se puede conseguir.

En realidad, es muy injusto esperar que una mujer lo consiga. Nadie quiere decirlo, pues significaría que nosotros, como individuos y como sociedad, debemos elegir entre el futuro de nuestros hijos y lo que podemos considerar como nuestro propio futuro profesional.

En una sociedad más razonable, cuando una mujer decidiera tener un bebé podría tomarse seis años (no seis meses) para estar con su hijo. Después, podría volver a hacer lo que hiciera antes de tener el bebé.

Muchísimas mujeres profesionales han hecho esto mismo. Dicen que la experiencia de ser madres a jornada completa ha sido el trabajo más importante que han realizado nunca. Dicen, además, que ahora son mucho mejores médicas, abogadas o lo que sean que antes de interrumpir su actividad para convertirse en madres profesionales.

Seis años es muy poco tiempo en la vida de un adulto, pero para el niño esos seis años no volverán nunca.

Es una tragedia para nuestra sociedad que con tanta frecuencia el padre y la madre trabajen muchas horas para proporcionar a sus hijos una buena vida material. Pero la consecuencia es que el niño pequeño ve muy poco a sus padres cuando más los necesita.

Después, cuando hemos establecido la seguridad material que nos ha ocupado tanto, queremos pasar tiempo con nuestros hijos, que ya son adultos jóvenes. Entonces son ellos los que no tienen tiempo para dedicárnoslo a nosotros. Nos damos cuenta demasiado tarde de que hemos perdido el barco. Es posible que aquel segundo coche o que aquellas vacaciones no fueran tan importantes como creíamos.

Decididamente, cada uno de nosotros y la sociedad en su conjunto debe replantearse ciertas cosas importantes sobre las vidas de nuestros bebés entre el nacimiento y los seis años de edad.

Todo el mundo debe saber, en lo más íntimo de su corazón, que el hecho de apartar a los niños pequeños de sus madres y de juntarlos con otras decenas de niños pequeños que también han sido separados de sus madres es una mala idea.

Todo el mundo debe saberlo, pero nadie quiere decirlo.

El mundo del trabajo de hoy se basa en el supuesto de que los niños pequeños no necesitan estar con sus madres y de que se pueden agrupar como rebaños de ovejas, y todo saldrá bien.

Esto es una mentira.

La idea del tiempo de calidad es buena, pero no existe nada mejor que una madre y un padre para cada hijo.

Nunca ha existido y nunca existirá.

Cuanto más pequeño es un niño, más importantes son tanto la cantidad como la calidad del tiempo que se le dedican.

Las madres son los mejores maestros, y también lo son los padres.

Charles Simmons dijo una vez: «Si queréis reformar los errores y los vicios del mundo, empezad por poner de vuestra parte a las madres.»

Nosotros empezamos por poner de nuestro lado a las madres hace más de tres décadas, y nunca nos hemos arrepentido de ello.

Al mundo, como sabe cualquier persona que lea un periódico en cualquier lugar del mundo, no le vendría nada mal reformarse a fondo para abandonar sus errores y sus vicios.

No sería difícil defender la tesis de que el mundo está loco de remate.

Hay personas que discuten si tiene algún sentido criar niños muy competentes y francamente cuerdos para que vivan de mayores en un mundo que está francamente loco.

Si se piensa un poco en ello, resulta claro que criar niños muy competentes y completamente cuerdos es la *única* esperanza posible para conseguir que un mundo loco se vuelva cuerdo.

El mundo en sí mismo, en su estado natural normal, no sólo es completamente cuerdo sino que está maravillosamente dispuesto.

Sólo los seres humanos hacemos que el mundo esté cuerdo o loco. ¿De qué otra manera podríamos crear un mundo cuerdo para el día de mañana si no es criando a niños completamente cuerdos?

Pues el día de mañana se construirá con la materia prima de los niños del mundo, y el día de mañana llegará... mañana mismo.

Nosotros, los seres humanos, somos la materia prima con la que se construyen los sueños.

Los genios: no hay demasiados, sino demasiado pocos

*Cuando aparece un verdadero genio en el mundo, lo
conoceréis por esta señal: veréis que todos los
necios están conjurados contra él.*

JONATHAN SWIFT

———— • ————

L OS MITOS QUE SE REFIEREN a los genios, como los que se refieren a las madres, son legión, y tendrían una gracia loca si
no fueran tan calumniosos.

Yo sospecho que ninguno de los mitos que se refieren a los
genios fueron inventados por los genios: fueron inventados por
personas que eran menos que geniales, y en los propios mitos
deberemos encontrar unas primeras indicaciones de las causas
por las que fueron inventados.

Sin duda, uno de los mitos más generalizados acerca de los
genios es el que dice que «los genios, por el hecho de serlo, tienen grandes problemas».

Nos gustaría empezar a estudiar este mito pidiendo al lector que prescinda de él el tiempo necesario para responder a la
pregunta siguiente, a la luz de su propia experiencia: «¿Quiénes
tienen problemas: los genios o los tontos?»

Dado que todos tenemos amigos que pertenecen a cada uno
de estos grupos, vamos a estudiarlo a la luz de nuestra propia
experiencia.

En los Institutos tenemos la suerte de contar con muchos
amigos geniales, y nos llena de emoción y de felicidad poder

tratarnos con ellos. Cuando les oigo hablar, cada una de mis células se pone firme y me emociono. Disfruto, incluso, cuando les propongo ideas y opiniones, y se las puedo proponer con toda tranquilidad, pues me parece que los genios saben escuchar bien y con atención. Tienen una enorme curiosidad por todos los temas.

También tengo muchos amigos tontos. Son, en general, personas con las que me he criado en los diversos barrios en los que he vivido, y compañeros del ejército en tiempos de la guerra. Entre las personas con las que me he criado hay algunas personas tontas y, con menor frecuencia, he descubierto a algún genio.

A mí me gusta estar con mis amigos tontos, aunque por motivos muy diferentes. Si me gusta estar con ellos, es por lo relajante que me resulta. Me relajo, apoyo los pies sobre la mesa y les pregunto:

—¿Creéis que va a llover?

Ellos se pasan un rato pensándolo, y al fin uno de ellos aventura una opinión.

—Sí, creo que lloverá.

Se oye un murmullo entre los otros miembros del grupo.

Después de otro rato de reflexión cuidadosa, otro amigo aventura otra opinión.

—No, yo creo que no va a llover.

Todos se animan notablemente.

Y ahí queda eso.

Sólo existen dos posibilidades: lloverá, o no lloverá. Ya hemos cubierto todas las posibilidades, y a continuación podemos relajarnos y considerar seriamente la cuestión en toda su profundidad.

El lector podría llegar a la conclusión de que estos amigos míos son granjeros. No lo son. Mis amigos son gente de ciudad, y he descubierto que la lluvia los molesta casi siempre, ¡en cualquier caso!

Así pues, por motivos muy diferentes, me gusta estar con mis amigos geniales y me gusta estar con mis amigos tontos.

También es verdad que estoy menos dispuesto a manifestar mis ideas y mis opiniones ante mis amigos tontos. Resultan ser mucho menos tolerantes ante las ideas o ante las opiniones que mis amigos geniales.

Por otra parte, tienen muchos más problemas que mis amigos geniales.

Los que tienen problemas son los tontos, y no los genios. Volveremos a hablar de ellos, y de su mayor frustración, la lluvia, dentro de poco.

Otra inquietud que tiene la gente acerca de los genios es que están muy frustrados; y, como todo el mundo sabe, estar frustrado es muy malo.

En las últimas décadas todos hemos oído mucha más psicocharla de la que querríamos oír en toda una vida muy larga.

Uno de los mayores perjuicios que nos ha causado esta charlatanería es la destrucción casi total del significado de algunas palabras excelentes y la búsqueda de un mundo que, si conseguimos encontrarlo, resultará ser un desastre absoluto.

Entre las buenas palabras cuyo significado se ha alterado para mal se cuentan las palabras «estrés», «frustración» y «agresión».

Todos estamos buscando constantemente una pastilla que nos quite todo el estrés, y los laboratorios farmacéuticos que la descubran se harán ricos; aunque creo que no por mucho tiempo.

¿Se imaginan lo que sería tomar una pastilla así antes de intentar cruzar la plaza Times de Nueva York la noche de un sábado, con zapatos de tacón, bajo una fuerte lluvia con rayos y truenos, o cuando hay que salir corriendo de una casa en llamas?

¿Y qué podemos decir de esas palabras malas, frustración y agresión?

Los genios, en general, son las personas más frustradas, más agresivas y más realizadas del mundo.

Lo que es erróneo es el supuesto de que el sentimiento de frustración y el acto de la agresión son necesariamente malos. No lo son.

Todas las personas del mundo están frustradas y son agresivas en la medida en que perciben la diferencia entre cómo *son* las cosas en este mundo y cómo *deben ser*.

Cuanto menos lista y cuanto más despreocupada es la persona, menos percibe esta diferencia.

Cuanto más lista y cuanto menos despreocupada es la persona, más percibe la diferencia entre cómo son las cosas y cómo deben ser.

Dado que prácticamente todas las personas se sienten frustradas por esta diferencia, podemos medir nuestra propia talla en virtud de dos criterios.

Podemos medir el grado en que nos preocupamos por la humanidad en virtud de la naturaleza y de la envergadura de los problemas que nos hacen sentirnos frustrados.

Podemos medir nuestra capacidad y nuestra valía en virtud de lo que hacemos respecto de dichos problemas.

Yo puedo medir la talla de mis amigos tontos en virtud de lo que les hace sentirse frustrados. Lo que les hace sentirse frustrados es la lluvia.

Como todo el mundo sabe, la frustración conduce a la agresividad.

Podemos medir nuestra capacidad y de nuestra valía en virtud de lo que hacemos al respecto.

Podemos medir la talla de los genios en virtud del tamaño de los problemas que los hacen sentirse frustrados.

Si me pidieran que escribiera los nombres de los diez mayores médicos de la historia, empezaría con Cristo o con Mahoma, y tendría que incluir en la lista a Jonas Salk.

Jonas Salk ha hecho desaparecer prácticamente la terrible enfermedad llamada parálisis infantil. Evidentemente, no soportaba la idea de que unos niños pequeños que no habían hecho daño a nadie tuvieran que morir o que quedar lisiados por la polio. Ese hecho le provocaba una gran frustración.

En 1940, cuando esta enfermedad hacía estragos, yo era fisioterapeuta.

En aquellos tiempos, los fisioterapeutas nos ocupábamos principalmente en viajar en avión de una región a otra del país para visitar las zonas donde habían aparecido brotes de polio y tratarla. Yo también odiaba aquella enfermedad terrible y me sentía frustrado por ella. Mis frustraciones me hacían ser muy agresivo. Yo intentaba resolver el problema tratándolo, pero el tratamiento apenas tenía efecto alguno.

La frustración que sentía Jonas Salk lo volvió agresivo, y su agresividad lo condujo a intentar evitar la polio. Gracias a su genio, lo consiguió. La polio ya es tan rara que los niños pequeños y muchos adultos jóvenes no han oído hablar de ella siquiera.

¿No es maravilloso?

El fruto de su frustración, que provocó su agresividad, fue el éxito. Jonas Salk debe de ser uno de los seres humanos más realizados del mundo. ¿Es posible imaginar un sentimiento de realización mayor que el de haber eliminado del mundo uno de los mayores azotes que castigaban a los niños?

¿Me permiten que vuelva a hablar de las frustraciones y de las agresividades de mis amigos tontos? Los frustra la lluvia (y otras supuestas calamidades de este tipo). Éstas los vuelven agresivos. ¿Dónde los conduce su agresividad? ¿Qué hacen?

Se quejan.

Por la envergadura de los problemas que nos hacen sentirnos frustrados, y por lo que hacemos nosotros al respecto, nos conoceréis.

Es verdad que los genios se sienten frustrados... como todo el mundo.

Y podemos agradecérselo a Dios, y a ellos.

Y ¿qué decir de otro mito relacionado con los genios? El que dice que los genios suelen ser personas muy inútiles y muy poco prácticas.

Tenemos el ejemplo bien conocido del gran genio que, a pesar de su genialidad, es un torpe inútil que nunca consigue nada en su vida.

Sí: es un ejemplo bien conocido, pero inexistente. Es bien conocido, pero no se ve nunca. Ese genio patoso no puede existir, pues su definición es una contradicción evidente. No es posible ser un genio y ser un inútil al mismo tiempo.

Muchas veces hemos visto a esas personas de las que se dice que son brillantes pero tontas. Su caso es fácil de explicar. No es que sean unos genios torpes. Es que son personas torpes a las que se ha atribuido equivocadamente la etiqueta de genios. Son errores de diagnóstico.

Son la prueba viviente, andante, tangible, de que las pruebas de inteligencia tradicionales y que se emplean actualmente no sirven para medir la inteligencia.

No podemos ser inteligentes (con una buena capacidad mental, con un entendimiento rápido, con capacidad para discernir, sagaces, comprensivos, razonables, entendidos, astutos, prudentes, penetrantes, agudos, listos, despabilados, atentos, despejados, brillantes, sensatos, discretos, juiciosos, atinados, reflexivos, avisados, despiertos, vivos, perceptivos, ingeniosos, etcétera) y ser torpes al mismo tiempo. ¿O sí?

Ese personaje no es apócrifo. Existe de verdad. Sencillamente, no es un genio. Suele ser una persona con muchos estudios y conocimientos, que sabe cumplimentar las pruebas que ponen al descubierto sus conocimientos pero no su inteligencia. Es la manifestación de que las viejas pruebas del C.I. no funcionan.

Ese genio es el que se comporta como un genio.

Leonardo da Vinci es recordado como un genio por todas las cosas maravillosas que hizo. Es evidente que no se sometió nunca a una prueba de C.I.

Del mismo modo, todos los grandes genios de la historia son recordados por lo que hicieron, y no por las puntuaciones que obtuvieron en las pruebas de C.I. Muy pocos entre ellos realizaron nunca una prueba de C.I.

Supongamos que la hubieran realizado. Si hubieran obtenido puntuaciones de C.I. medianas, ¿dejaríamos de leer las obras de Shakespeare o de escuchar la música de Beethoven? ¿Caerían las cosas hacia arriba si el C.I. de Newton hubiera sido inferior al propio de un genio? ¿Se apagarían las luces si Edison hubiera sido estúpido, como se le llegó a considerar en su infancia?

Edison es un buen ejemplo. Edison aprendió a leer a una edad temprana, pues le enseñó su madre. Tuvo malos resultados en la escuela. Lo mismo le sucede a la mayoría de los genios. No es que tuviera malos resultados porque fuera estúpido. Tuvo malos resultados porque era listo, y, por lo tanto, se aburría. El director de la escuela le aseguró que nunca haría nada bien.

Edison no era estúpido. Edison era un genio. Patentó más de mil inventos.

Edison no se equivocaba. Eran los maestros de Edison los que se equivocaban.

Albert Einstein tuvo tan malos resultados en el instituto de enseñanza secundaria que sus profesores le recomendaban que dejase los estudios: «Nunca llegarás a nada.»

Casi todos los genios odiaban la escuela. Se aburrían.

Algunas madres nos preguntan: «Si enseño a mi hijo a leer antes de que vaya a la escuela, ¿no se aburrirá después, cuando vaya a la escuela?»

Esta pregunta es fácil de responder. A no ser que asista a una escuela extraordinaria y fuera de lo común, usted puede apostar con toda confianza a que el niño se aburrirá en la escuela. Si es muy listo, se aburrirá en la escuela. Si es un término medio, se aburrirá en la escuela. Si es poco listo, se aburrirá en la escuela.

Todos los niños se aburren en la escuela.

Esto se debe a que las escuelas son aburridas. Son un insulto para la inteligencia de los niños.

Lo que debemos preguntarnos no es si se aburrirán. Sí se aburrirán.

Lo que debemos preguntarnos es: «¿Cómo podemos resolver el problema del aburrimiento?»

A primera vista parece extraño observar que cuanto más listas son las personas menos les gusta el aburrimiento, pero mejor lo resuelven.

Los niños resuelven genialmente el aburrimiento, y cuanto más listos son, mejor lo resuelven.

¿Hay que pensar mucho para determinar quién sobreviviría mejor si se quedara solo en una isla desierta, un genio o un tonto?

Consideremos las alternativas.

¿Habrían ido mejor las cosas si Einstein, Edison y todos los demás como ellos hubieran sido poco inteligentes y, por lo tanto, se hubieran aburrido menos en la escuela? ¿Les habrían ido mejor las cosas a ellos? ¿Y al mundo?

¿Preferiría usted que su propio hijo fuera poco inteligente para que no se aburriera en la escuela?

Yo, personalmente, pasé cuatrocientos once años en la clase de primer grado. ¿Y usted? ¿No recuerda lo largo que se le hacía el tiempo desde las 8:30 de la mañana y el recreo a las 11:30?

Una madre australiana muy lista que había enseñado a sus hijos a leer me presentaba a su bebé de un mes. Yo di al bebé un empujoncito en la tripa con el dedo y le dije: «Hola, nene, ¿cómo estás?»

La madre, con un brillo travieso en los ojos, me dijo:

—Oh, no hable al bebé. Si aprende a hablar demasiado pronto, puede que se aburra en la escuela.

Yo me pasé riendo todo el camino de vuelta hasta Sydney.

Lo que está necesitado de cambio es el sistema escolar, no los niños.

Si hace que su hijo esté muy capacitado y sea muy inteligente, le ayuda a estar «protegido contra la escuela». Todos los genios lo estuvieron.

Una cosa está clara. Si entre un grupo de niños de treinta que cursan el primer grado en la escuela hay tres que cuando van a la escuela ya leen, ya saben matemáticas y ya tienen conocimientos enciclopédicos, habrá al menos tres niños del grupo que llegarán al segundo grado leyendo, sabiendo matemáticas y dotados de conocimientos enciclopédicos.

Los que tienen problemas no son los niños que saben leer, sino los niños que no saben leer.

Los que tienen problemas no son los genios; los que tienen problemas son los tontos.

Chauncey Gay Suits señaló: «Los niños tienen en común con los genios unas cualidades mentales abiertas, inquisitivas y desinhibidas».

El mito que dice que del genio al loco solo hay un paso... es un mito.

Es razonable suponer que el hecho de ser un genio no es un seguro contra la psicosis. La cuestión es la siguiente: «¿Conduce de alguna manera a la psicosis el hecho de ser un genio»?

Todas nuestras observaciones del espectro completo del funcionamiento humano nos conducen a la opinión contraria. Hemos tenido el privilegio de conocer a muchos de los genios de nuestro tiempo y hemos descubierto que son las personas más cuerdas que hemos conocido.

¿Hay alguien que crea que una inteligencia elevada conduciría a una persona a matar al presidente de los Estados Unidos, a disparar un tiro al Papa o a matar a seis millones de personas en campos de concentración?

Ya hemos hablado de lo absurdo que es el término «genio malo». Es contradictorio en sus términos.

Si su hijo es muy listo, ¿será feliz? Eso depende en gran medida de lo que usted entienda por felicidad.

Si resulta adecuado definir la felicidad como la ausencia de la infelicidad, entonces conocemos a muchísimas personas felices, pero todas ellas se encuentran recluidas en instituciones psiquiátricas, pasan el día mirando una pared vacía y se les llama idiotas.

Es posible que la ausencia de felicidad no sea una buena definición de la felicidad.

Los verdaderos genios son las personas más felices, más amables, más cuerdas, menos despreocupadas y más eficientes que existen. Por eso sabemos que son genios.

¿Es posible que un ser humano cuerdo sea feliz mientras lee la primera página de un periódico?

Quizá pudiera definirse mejor la felicidad como el estado que se produce cuando, después de leer el periódico, hacemos cualquier cosa que contribuye a solucionar algo de lo que acabamos de leer en la primera página.

Por último, consideremos a ese grupo de genios a los que llaman «niños pequeños». Éste es el último de los mitos sobre genios de los que hablaremos, aunque no es el último en importancia, desde luego.

El mito dice que los pequeños genios son repelentes y que están llenos de odio.

Nosotros hemos pasado más de treinta años tratando con niños que han rendido a niveles superiores. Hemos vivido con ellos y con sus padres. Algunos de ellos eran niños sanos y otros habían sufrido lesiones cerebrales, pero de todos ellos puede decirse lo siguiente: casi sin excepción, cuanto más listos eran, más considerados y amables han sido.

Cuanto más listos son los niños, menos dotados están de aquellas características que a veces nos despiertan la tentación de estrangular a los niños. Cuanto más listos son, menor tendencia tienen a quejarse, a llorar, a protestar y a ser molestos en cualquier otro sentido. No lo necesitan.

Cuanto más listos son, más dotados están de las características que nos hacen querer a los niños.

Además, son más curiosos, más independientes y están más capacitados para cuidar de sí mismos. Tienen mayor confianza, mayor seguridad en sí mismos; son más conscientes de su propia valía y tienen personalidades muy desarrolladas. Son dueños de sí mismos. Son unas personas muy interesantes que respetan a los demás y que esperan ser respetadas a cambio.

Así son las cosas. No es un tema de debate: sencillamente, las cosas son así. Estos son hechos que vemos todos los días, año va y año viene.

Ser un genio es bueno, no es malo.

El mundo no tiene demasiados genios: tiene demasiados pocos.

En qué emplear treinta
segundos

———— • ————

Como no me gustaban las matemáticas en la escuela, ni siquiera oí hablar de las leyes de la combinatoria hasta que fui adulto. Entonces las conocí por casualidad y me parecieron muy interesantes.

Por si usted tampoco llegó a conocerlas, vamos a dedicar una o dos páginas al tema, pues la comprensión de estas leyes es fundamental para apreciar las cosas asombrosas que usted puede hacer con su bebé en treinta segundos.

Si yo tengo cinco lápices, cada uno de un color diferente, puedo ordenarlos formando un número sorprendente de combinaciones diferentes. Puedo poner el lápiz rojo con el lápiz azul, el rojo con el amarillo, el rojo con el verde, el verde con el amarillo, el verde con el azul, y así sucesivamente.

Los matemáticos han calculado la fórmula. Equivale a $5 \times 4 \times 3 \times 2 \times 1$, es decir, 120 maneras de combinar los cinco lápices.

Y si tomo seis lápices, el número resulta más que sorprendente, pues existen 720 maneras de combinar seis objetos.

El número de modos en que puedo combinar siete objetos (y ahora me veo obligado a recurrir a mi pequeña calculadora, de precisión implacable) es asombroso: 5.040.

Con nueve, el número es alucinante: 362.880.

Con diez, 3.628.800.

Con once, 39.916.800.

Y con doce, la cifra confunde hasta a mi pequeña calculadora, que no puede manejar cifras tan altas.

La base de toda la inteligencia son los datos.

Sin datos no puede haber inteligencia.

Vamos a comprobarlo en dos sentidos, con el caso de las computadoras y con el caso de los seres humanos.

Una computadora de tres millones de dólares que acaba de llegar de la fábrica está vacía de datos. No es capaz de responder a ninguna pregunta. Se dice que se encuentra en estado cero. Si queremos que responda a nuestras preguntas, debemos hacer tres cosas.

1. Debemos presentarle datos. Podemos introducir un dato en cada uno de sus registros de memoria. Estos datos se llaman «bits» o «unidades de información». Deben cumplir tres requisitos. Deben ser:

   a) Precisos.
   b) Discretos.
   c) No ambiguos.

2. Debemos programar la computadora de tal modo que sea capaz de manipular estos datos combinándolos los unos con los otros para deducir respuestas nuevas.

3. Debemos enseñarle un lenguaje en el que responda a nuestras preguntas.

La computadora estará limitada ahora a responder a las preguntas que pueda deducir de los datos que le hemos enseñado.

Si le introducimos un número pequeño de datos, sólo podemos recibir un número pequeño de respuestas.

Si le introducimos un número elevado de datos, podemos recibir un número mayor de respuestas.

Si le introducimos un número enorme de datos, podemos recibir un número enorme de respuestas.

El número de datos que podemos almacenar se limita al número de registros de memoria que contiene la computadora.

Si almacenamos en un registro de memoria el número «uno», no tenemos más que ese dato. Podemos pedir a la computadora que nos repita lo que le hemos dicho.

Si almacenamos otro número «uno» en otro registro de memoria, ya podemos preguntar a la computadora varias preguntas. ¿Cuánto es uno más uno? ¿Cuánto son dos menos uno?

Si almacenamos otro «uno» en otro registro de memoria, el número de preguntas que podemos hacer aumenta notablemente. ¿Cuánto es uno más uno? ¿Cuánto es uno más dos? ¿Cuánto es uno más uno más uno? ¿Cuánto es tres menos dos? ¿Cuánto es tres menos uno? Y así sucesivamente.

Al añadir cada nuevo dato, el número de respuestas que podemos recibir aumenta, no en progresión aritmética sino en progresión geométrica.

Si introducimos información confusa, recibiremos información confusa.

Los informáticos tienen al respeto un dicho estupendo:

«Si metes basura, sacas basura.»

Como esto es tan evidente, no soñaríamos en permitir que un ser humano no capacitado programase una computadora. Por eso dedicamos mucho tiempo y dinero en enviar a los seres humanos a centros de enseñanza para que aprendan a programar las computadoras.

Tratamos a las computadoras con un respeto que raya en la veneración.

Las mayores computadoras que existen tienen una inteligencia equivalente, según los cálculos de los informáticos, a la de un insecto llamado tijereta. (La tijereta no brilla por su inteligencia.)

Consideremos, a continuación, aquella computadora increíble que es el cerebro del niño, que pesa 1.600 gramos y que tiene una capacidad diez veces superior a la de los Archivos Nacionales de los Estados Unidos.

La computadora funciona basándose en los mismos principios del cerebro humano, y se diseñó, naturalmente, inspirándose en el cerebro humano. Hasta ahora, las computadoras nos sorprenden pero siguen siendo muy malas imitaciones del cerebro humano.

El cerebro humano que no contiene datos se considera propio de un idiota.

Veamos un ejemplo claro. Si tomamos una lombriz de tierra (que tiene un cerebro pequeñísimo) y le cortamos poco a poco un trozo sobre una mesa de laboratorio, la lombriz hará todo lo que esté a su alcance, que será muy poco, para evitar que la cortemos.

¿Qué sucede en las mismas circunstancias a un niño humano que se encuentra en un coma profundo?

El coma, por definición, es un estado de inconsciencia en el que el ser humano está funcionalmente sordo, funcionalmente ciego y funcionalmente insensible.

Si alguien tomase una sierra poco afilada y fuera cortando poco a poco una pierna a un ser humano que estuviera sumido en un coma profundo, éste no se quejaría de ninguna manera.

Sin duda, no hay ejemplo más claro de una falta absoluta de inteligencia que el caso en que un ser humano se deja amputar un miembro sin protestar.

¿Por qué?

¿Es que la persona es incapaz de moverse o de emitir sonidos?

Se trata de algo mucho más básico que esto. Lo que sucede no es que no pueda quejarse, sino más bien que no sabe que le están cortando la pierna.

No ve que se la están cortando.

No oye que se la están cortando.

No siente que se la están cortando.

No huele que se la están cortando.

No saborea que se la están cortando.

No tiene datos a su disposición. Sin datos no puede haber inteligencia.

Es importante advertir que si despertamos al niño de tal modo que deja de estar en coma, y suponiendo que estuviera sano antes del coma, a continuación puede dar muestras de que tiene un C.I. de 137. Así dejamos clara la diferencia entre la inteligencia funcional y la inteligencia potencial.

Los miembros del personal de los Institutos conocemos bien el coma, y no sin causa, pues llevamos años despertando a niños comatosos que de otro modo morirían o quedarían reducidos a vegetar.

A usted no le sorprenderá saber que lo hacemos suministrando al niño que está en coma estímulos visuales, auditivos y táctiles con gran intensidad, frecuencia y duración, teniendo en cuenta el modo ordenado en que se desarrolla el cerebro.

Concretamente, el difunto doctor Edward LeWinn, miembro del personal de los Institutos, revisó la definición técnica del coma en su libro *Coma Arousal: The Family As A Team* («Salir del coma: la familia como equipo») (editorial Doubleday, 1985). Modificó ligeramente la definición, pero modificó significativamente su significado.

En los diccionarios médicos, el coma se define como «un estado de inconsciencia del que no es posible despertar al paciente».

El doctor LeWinn define el coma como «un estado de inconsciencia del que *todavía no se ha despertado* al paciente».

Sin datos no puede haber inteligencia.

Dejaremos esto claro con un solo ejemplo. Supongamos que usted está leyendo este libro sentado en su cuarto de estar. Supongamos que en estos momentos se declara un incendio en el sótano de la casa.

Aunque consideramos que este libro es importante, usted no debería dedicarse a leerlo si se ha declarado un incendio en su casa. La única reacción inteligente sería apagarlo o llamar a los bomberos, o hacer las dos cosas. Si usted sigue leyendo el libro, no está actuando de una manera inteligente. Una pregunta: ¿Cómo sabe usted que en este momento no se está declarando un incendio en el sótano de la casa?

Está claro que no podemos obrar de una manera inteligente sin datos.

El cerebro humano es la más excelente de todas las computadoras, y se rige por las mismas reglas. Con un pequeño número de datos puede llegar a un número pequeño de conclusiones. Con un número mediano de datos puede llegar a un número mediano de conclusiones. Con un número enorme de datos puede llegar a un número enorme de conclusiones.

Si se trata de datos *relacionados entre sí,* el número de conclusiones es pasmoso.

Nosotros tenemos los mismos requisitos que la computadora. Si metemos basura en los cerebros de nuestros niños, sacaremos basura de ellos. Al hablar de la presentación de los datos a los niños, preferimos llamar a cada dato individual *Unidad de Inteligencia,* en vez de llamarlo unidad de información. Una *Unidad de Inteligencia* debe ser:

Precisa.
Discreta.
No ambigua.

¿En qué podemos emplear treinta segundos?

¿En qué no podemos emplear treinta segundos?

Vamos a considerar en lo que pueden emplear diversos padres treinta segundos.

Un niño se asoma a la ventana y dice: «¿Qué es eso?»

Posibilidad número uno:

Podemos decir:

—Perdona, nene. Mamá tiene que preparar la cena.

Tardaremos al menos treinta segundos en librarnos del bebé y en convencerlo.

Posibilidad número dos:

Podemos asomarnos a la ventana y decir:

—Es un guau-guau.

Tardaremos al menos treinta segundos en convencerlo de esto.

De todas las maneras que tenemos nosotros los adultos arrogantes de hacer perder a los niños su valioso tiempo y su valioso cerebro, hay pocas comparables con el hecho de enseñarles dos o tres vocabularios diferentes de palabras que van desde lo empalagoso hasta lo obsceno. Andando el tiempo, le daremos de azotes si emplean las palabras de su primer vocabulario.

Utilizamos estas palabras tontas para describir a los perros, a los gatos y a los pájaros, la orina, los excrementos, los órganos sexuales y muchas otras cosas.

Consideremos el número de palabras que le enseñamos en diversas etapas con el significado de «pene». ¿Y si empezamos desde el primer momento a llamarlo pene? La verdad es que no es una mala palabra.

Posibilidad número tres:

Podemos emplear treinta segundos en decirle:

—Eso es un perro.

Tardaremos al menos treinta segundos en convencerlo de ello. Si le decimos «eso es un perro», al menos estamos diciendo la verdad.

Pero esta respuesta está lejos de cubrir los requisitos.

La palabra «perro» no es precisa, no es discreta y es muy ambigua. Si decimos la palabra «perro» a un centenar de personas diferentes, aparecerán en sus mentes un centenar de imágenes diferentes, desde imágenes de animales pequeños y castaños hasta imágenes de animales enormes, peludos y de color blanco y negro. Puede ser la imagen de un amigo querido o la de un enemigo temible.

Posibilidad número cuatro:

Podemos decir:

—Eso es un perro llamado San Bernardo.

A continuación podemos entregarle treinta segundos de información precisa, discreta, no ambigua y verdadera.

La respuesta número cuatro es buena y cubre todos los requisitos.

Es una desgracia que introduzcamos la información en las computadoras con gran habilidad y precisión mientras que introducimos la información en los cerebros de nuestros hijos de una manera aleatoria, chapucera, torpe y muchas veces engañosa.

Recordemos también que, a diferencia de lo que sucede con la computadora, nosotros no podemos borrar nunca del todo los datos que introducimos en el cerebro de nuestro bebé. Se quedarán allí como primera respuesta disponible para el recuerdo. Se quedarán allí si son verdaderos y se quedarán allí aunque sean falsos.

¿De qué está hecha la Luna?

¿Ha respondido usted que está hecha «de queso verde»? Si ésta no ha sido su respuesta, es que seguramente usted no es de origen británico. Ésta es una mentira británica. A otros niños les cuentan mentiras españolas, francesas, italianas, japonesas, africanas o chinas.

¿Es esta la medida en que se pueden emplear treinta segundos? Aunque usted aplicase el cuarto método, el adecuado, esto no es más que el comienzo.

Las palabras son datos, los números son datos y las imágenes son datos, sobre todo cuando son precisos, discretos y no ambiguos; y, por supuesto, para ser datos deben ser ciertos.

En los capítulos siguientes que tratan de la lectura, de los conocimientos enciclopédicos y de las matemáticas les diremos exactamente lo que significan los conceptos de preciso, discreto y no ambiguo, y les enseñaremos a preparar los materiales para presentar los datos a los niños.

Baste decir de momento que la mayoría de los datos enciclopédicos se presentan sobre cartulinas de 11 × 11 pulgadas (28 × 28 cm.), y que en cada una de estas tarjetas hay una imagen clara de la cosa que se quiere presentar. La cosa puede ser una raza de perro, un ave, un insecto, un reptil, un mineral, un presidente de los Estados Unidos, una obra de arte, etcétera, dentro de las docenas de temas posibles.

Vamos a ver ahora en qué podemos emplear treinta segundos divididos en tres periodos de diez segundos a lo largo de tres días sucesivos.

En diez segundos, una madre preparada puede enseñar a su hijo, que está familiarizado con esta operación, diez imágenes diferentes. Cuanto más deprisa lo haga la madre, mejor aprenderá el niño.

— Petirrojo.
— San Bernardo.
— Serpiente de cascabel.
— Esmeralda.
— El presidente Kennedy.
— Tanzania.
— Beethoven.
— Shakespeare.
— La bandera de Brasil.
— El oboe.

Diez segundos, diez datos.

Si la madre lo hace en tres días sucesivos dedicando un segundo a cada tarjeta, el niño habrá avanzado mucho en el camino que lo llevará a tener almacenados permanentemente diez datos clarísimos.

Así pues, en treinta segundos podemos entregarle diez datos maravillosos, en vez de decirle «déjame en paz» o «guau-guau».

¿Eso es todo? No hemos hecho más que empezar.

Para que usted comprenda la visión general y para exponerla de una manera comprensible debemos hacer un supuesto que en realidad es poco probable pero que no invalida en absoluto lo que queremos dar a entender. Supongamos que su hijo es un niño de dos años completamente normal pero que no ha visto en toda su vida un perro.

A continuación, usted va a mantener con él una de las sesiones de enseñanza de diez segundos que tanto les gustan a los dos.

Usted ha preparado diez tarjetas de *Unidad de Inteligencia*, cada una de las cuales contiene una imagen clara y de calidad de un perro de una raza determinada.

Estas diez tarjetas difieren de las diez anteriores en el hecho de que todas corresponden a perros. En resumen, son diez *datos relacionados*. Son como diez lápices de colores diferentes.

Y usted inicia los diez segundos y las diez imágenes de perros de razas diferentes.

—Bobby, todas estas imágenes son de unos animales que se llaman «perros».

— Mastín.

— Pastor escocés.

— Perdiguero del Labrador.

— Schnauzer.

— Cocker.

— Pastor alemán.

— Boxer.

— Doberman.

— Samoyedo.

— Pequinés.

Diez segundos. En tres días sucesivos, treinta segundos.

Más tarde, usted sale a la calle con Bobby, que no ha visto nunca un perro, y los dos se encuentran por la acera con un perdiguero de la bahía de Chesapeake. Nadie será capaz de dudar ni por un momento de que Bobby lo señalará con emoción y dirá:

—¡Mamá, mamá, UN PERRO!

No lo duden. Lo dirá.

Naturalmente, no dirá: «Un perdiguero de la bahía de Chesapeake.»

No ha visto nunca ni ha oído hablar de esa raza de perros. Pero ha oído hablar de los perros y los ha visto. Los ha aprendido de maravilla. Pero ¿cómo es posible que reconozca a este perro, aunque sólo sea como perro?

Usted le ha enseñado diez perros. Él ya sabe todo lo que tienen en común los perros. Cuatro patas, cabeza, cola, pelo, etcétera. También sabe que los perros son de muchos colores diferentes, que tienen las orejas grandes o pequeñas, las colas cortas o largas, el pelo largo, lanudo o corto, etcétera.

Usted le ha entregado diez perros sobre los que él ha realizado combinaciones y permutaciones. Dispone exactamente de tres millones seiscientas veintiocho mil ochocientas maneras de combinarlos y de permutarlos.

¿Se queda usted atónito?

Si no se queda atónito, es que hemos presentado muy mal el tema.

¿Tiene él sitio para todo eso?

Recuerde que su capacidad es de ciento veinticinco billones.

Recuerde, asimismo, que su cerebro se desarrolla precisamente cuando lo usa de esta manera.

Usted dirá: «Pero sin duda él no va a usar nunca la totalidad de las 3.628.800 combinaciones que puede realizar con diez perros.»

Es posible que no. Si usted nos dijera cuántas y cuáles va a utilizar, es posible que nosotros encontrásemos la manera de enseñarle sólo esas. Pero ¿por qué limitarlo?

¿Se ha comprado usted alguna vez un diccionario o una enciclopedia? ¿Y cuántas palabras o cuantos datos ha consultado usted en el libro? ¿Mil? ¿Y por qué no se compró un libro que sólo contuviera los mil datos que usted iba a usar? ¿Ha sentido usted el deseo de consultar el diccionario o la enciclopedia en un momento en que usted estaba lejos de su casa y no lo tenía a mano?

¿Le gustaría llevar una enciclopedia en la cabeza, sobre todo teniendo en cuenta que el cerebro se desarrolla con el uso?

Entonces, ¿es todo una cuestión de disponer de un número enorme de datos? Por supuesto que no. Todos hemos conocido en nuestras vidas a alguna persona que tenía la cabeza llena de datos pero que no tenía el sentido común suficiente para resguardarse de la lluvia.

Pero esto no cambia el hecho de que el grado de inteligencia de que dispondremos se limitará al número de cosas que se pueden deducir del número de datos de que disponemos.

Apenas hemos empezado a hablar de cómo disponer de ellos.

Vamos a resumir en qué se pueden emplear treinta segundos. Como respuesta a la primera pregunta del niño, usted puede hacer lo siguiente:

1. Decirle «déjame en paz».
2. Decirle que es un guau-guau.
3. Decirle que es un perro.
4. Decirle que es un San Bernardo.
5. Enseñarle diez datos excelentes.
6. Enseñarle diez datos relacionados.

Si usted opta por la sexta posibilidad, le habrá comunicado 3.628.800 modos de combinar y de permutar esos diez datos, y su cerebro se habrá desarrollado con el proceso.

Por cierto, ahora posee once datos. Sabe que existe una familia de criaturas llamadas «perros», lo que viene a ser parecido al hecho de que su familia se llama Smith.

También puede comunicarle el hecho de que esa familia de perros se llama en latín *canis*. Así dispondrá de 12 datos de partida. Veamos, $12 \times 11 \times 10 \times \ldots$ bueno, mi pequeña calculadora no es capaz de realizar el cálculo.

En esto puede emplear usted treinta segundos. ¿Lo deja satisfecho?

16

Cómo enseñar a su bebé

*Nosotras, las madres, somos las alfareras, y nuestros
hijos son la arcilla.*

WINIFRED SACKVILLE STONER, *Natural Education*

———— • ————

L A MAYORÍA DE LOS FOLLETOS de instrucciones empiezan diciendo que no funcionarán si no se siguen al pie de la letra.

Por otra parte, se puede decir casi con toda seguridad que
por muy mal que exponga usted a su bebé a la lectura, a los conocimientos enciclopédicos o a las matemáticas, es casi seguro
que aprenderá más que si usted no hubiera hecho nada. De
modo que este es un juego en el que siempre se gana algo, por
mal que se juegue. Usted tendría que hacerlo increíblemente
mal para no obtener ningún resultado.

No obstante, cuanto más hábilmente juegue usted al juego
de enseñar a su niño pequeño, más deprisa y mejor aprenderá
su hijo.

Vamos a repasar los puntos principales que conviene recordar acerca del propio niño antes de estudiar el modo de enseñarle.

1. A los cinco años de edad es fácil conseguir que el niño
   absorba cantidades enormes de información. Si tiene
   menos de cinco años, será más fácil todavía. Si el niño
   tiene menos de cuatro años, será todavía más fácil y
   más eficaz; será más fácil y mucho más eficaz antes de
   los tres, y cuando más fácil y más eficaz resulta es antes
   de los dos años.

2. El niño, antes de los cinco años, puede aceptar información a una velocidad notable.
3. Cuanta más información absorbe el niño antes de los cinco años, más retiene.
4. El niño antes de los cinco años tiene una cantidad enorme de energía.
5. El niño antes de los cinco años tiene un deseo descomunal de aprender.
6. El niño antes de los cinco años es capaz de aprender cualquier cosa que usted le pueda enseñar de una manera sincera, concreta y alegre, y *quiere* aprender cualquier cosa que se le enseñe de ese modo.
7. Todos los niños pequeños son unos genios de la lingüística.
8. El niño antes de los cinco años aprende todo un idioma, y puede aprender tantos idiomas como se le presenten.

Este libro cubre tres grandes áreas del crecimiento y del desarrollo intelectual: la lectura, los conocimientos enciclopédicos y las matemáticas.

La primera área es la lectura, y es con mucho la más importante de las tres. La lectura es una de las funciones más elevadas del cerebro humano: los seres humanos somos las únicas criaturas de la Tierra que somos capaces de leer.

La lectura es una de las funciones más importantes de la vida, pues casi toda la enseñanza formal se basa en la capacidad de leer.

Usted deberá empezar por la lectura. Cuando lleve cierto tiempo siguiendo un programa de lectura bueno y consistente, deberá empezar con su programa de conocimientos enciclopédicos.

Toda la inteligencia humana se basa en datos que constituyen el conocimiento humano. Sin datos *no puede haber inteligencia*.

Deberá empezar su programa de conocimientos enciclopédicos por evolución, utilizando tarjetas de *Unidad de Inteligencia* dividas en varios grupos. Cuando esto marche bien y usted sienta la inquietud de abordar un área nueva, puede comenzar su programa de matemáticas.

Como verá, las matemáticas son, en realidad, una subdivisión natural de cualquier buen programa completo, dado que se comienza con tarjetas de *Unidad de Inteligencia* matemáticas, las tarjetas con puntos.

En este capítulo pretendemos esbozar los principios básicos de la buena enseñanza. Estos principios se pueden aplicar a la lectura, a los conocimientos enciclopédicos y a las matemáticas, así como a cualquier otra cosa que usted quiera enseñar a su hijo.

Nosotros somos en tal medida un producto de nuestra propia educación que a veces cometemos al enseñar a nuestros hijos, sin saberlo, los mismos errores que nos hicieron sufrir tanto a nosotros.

Las escuelas suelen disponer las cosas de tal manera que los niños fracasen. Todos recordamos las grandes X rojas que señalaban nuestras respuestas equivocadas. Con frecuencia, de las respuestas acertadas no se decía nada en absoluto. Solían hacernos exámenes con la intención de poner de manifiesto nuestra ignorancia, más que de descubrir nuestros conocimientos.

Para disfrutar de la emoción pura de enseñar a su niño pequeño, es mejor que empiece desde cero.

He aquí las directrices, los elementos básicos de la buena enseñanza, que le ayudarán a tener éxito.

A qué edad empezar

En realidad, usted puede emprender el proceso de enseñar a su bebé desde su mismo nacimiento. Al fin y al cabo, ya hablamos al bebé desde que nace: así se desarrolla la vía auditiva. También podemos proporcionar la misma información a la vía visual enseñando al bebé a leer por medio de tarjetas, enseñándole conocimientos enciclopédicos con tarjetas de *Unidad de Inteligencia* o enseñándole a reconocer las cantidades matemáticas utilizando tarjetas con puntos. Todas estas cosas desarrollan notablemente la vía visual.

Existen dos factores fundamentales en la enseñanza de su hijo.

1. La actitud y los planteamientos de usted.
2. El tamaño y el orden de los materiales de enseñanza.

Actitud y planteamientos de los padres

Si a usted le atrae la idea de enseñar a su hijo, entonces siga adelante y dedíquese a ello. Deje el teléfono descolgado y ponga en la puerta de su casa un letrero que diga: «Silencio. Madre profesional trabajando. No molesten.»

Si usted quiere convertirse en una madre profesional, estará ingresando en la profesión más antigua y más venerable del mundo. Si usted cree que enseñar a su hijo es un privilegio, deberá sacar partido de aquel privilegio.

Si no le gusta la idea de enseñar a su hijo; si existe, en efecto, algún motivo por el que a usted le parezca un deber, le ruego que no lo haga.

No dará resultado. A usted no le gustará. A su hijo no le gustará.

Esto no es para todos.

Aprender es la mayor aventura de la vida. Aprender es deseable, es vital, es inevitable y es, por encima de todo, el juego mayor y más estimulante de la vida. El niño lo cree así y siempre lo creerá, a no ser que nosotros le convenzamos de que no es cierto.

La regla principal consiste en que tanto el padre o la madre como el hijo deben abordar gozosamente el aprendizaje como el juego maravilloso que es.

Los pedagogos y los psicólogos que nos dicen que no debemos enseñar a los niños pequeños para no despojarlos de su preciosa infancia echando sobre sus espaldas la carga del aprendizaje no nos dicen nada acerca de la actitud del niño con respecto del aprendizaje, pero sí nos dicen mucho acerca de lo que ellos mismos sienten respecto del aprendizaje.

El padre no debe olvidar nunca que el aprendizaje es el juego más emocionante de la vida: *no* es un trabajo.

Aprender es una recompensa, no es un castigo.

Aprender es un placer, no es una tarea ingrata.

Aprender es un privilegio, no es un acto negativo.

El padre debe recordarlo siempre y nunca debe hacer nada que pueda destruir esta actitud natural en el hijo.

Existe una ley infalible que usted no debe olvidar nunca. Es la siguiente: si usted no lo está pasando de maravilla o si su hijo no lo está pasando de maravilla, ¡déjenlo! Están haciendo algo mal.

Relájese y diviértase. Este es el mejor juego que existe. El hecho de que provoque cambios importantes en su hijo no deberá darle un aspecto «serio» a ojos de usted. Usted y su hijo no tienen nada que perder y lo pueden ganar todo.

Como maestra de su hijo, deberá procurar comer y dormir lo suficiente para estar relajada y para poder divertirse. La tensión suele deberse a la fatiga, a la desorganización, a no comprender plenamente por qué hace lo que hace.

Todas estas cosas tienen fácil arreglo, y deberán arreglarse si usted no se está divirtiendo.

Por el bien de su hijo, es posible que usted tenga que ser un poco más consciente que antes del propio bienestar de usted.

Respeto y confianza

Su hijo confía en usted, completa y absolutamente en muchos casos.

Devuélvale esa confianza.

Su hijo percibirá el respeto y la confianza de usted en su actitud, en sus modales y en sus actos.

Desea aprender; lo desea más que ninguna otra cosa en el mundo.

Dé a su hijo la oportunidad de aprender como si fuera un privilegio que se ha ganado.

Las cosas que usted está enseñando a su hijo son muy valiosas.

El conocimiento no es precioso: *no tiene precio.*

Una madre nos preguntó una vez: «¿Debo dar un beso a mi hijo después de haberle enseñado algo?»

Naturalmente, una madre debe besar a su hijo siempre que quiera, cuanto más mejor. Pero era un poco como si nos hubiera preguntado: «¿Debo dar un beso a mi hijo después de haberle dado un beso?»

Enseñar a su hijo es como darle un beso de otra clase.

Ahora usted dispone de otra manera de manifestar la forma más profunda de afecto: el respeto.

Cada vez que usted enseña a su hijo, deberá hacerlo con el espíritu con que le da un beso o un abrazo.

Sus enseñanzas están completamente integradas con todo lo que usted hace con su hijo. Comienzan cuando él se despierta y no terminan hasta que está completamente dormido.

Cuando usted haya emprendido su programa, deberá alegrar su duro trabajo con la confianza absoluta de que su hijo ha absorbido lo que usted le ha transmitido.

Naturalmente, él sabe lo que usted le ha dicho y lo que le ha enseñado. Usted se ha esforzado considerablemente para procurar que todo lo que le enseñe sea limpio, claro, preciso, discreto y no ambiguo.

¿Cómo podía dejar de saberlo? Para él es muy sencillo.

En caso de duda, apueste por su hijo

Si así lo hace, usted siempre saldrá ganando, y, lo que es más importante todavía, él también saldrá ganando.

Todo el mundo apuesta en contra del niño pequeño: apuestan a que él no entiende, apuestan a que no recuerda, apuestan a que no lo «capta». ¡A su hijo no le interesa que haya una persona más apostando en su contra!

Diga siempre a su hijo la verdad

Su hijo nació creyendo que todo lo que usted dice es la verdad. No le dé nunca ningún motivo para que revise sus opiniones sobre este tema. No permita tampoco que nadie le diga nada que no sea verdad. Los motivos de esto son evidentes.

Dado que usted tiene un respeto infinito por su hijo, es justo que su hijo le devuelva ese respeto. Si usted es fiel a su palabra en todas las cosas y en todas las ocasiones, él la respetará. Si usted no lo hace así, él puede amarla pero no la respetará. ¡Qué desgracia sería despojarlo de esa alegría!

Cuando su hijo le haga una pregunta, respóndale de manera sincera, concreta y con entusiasmo

Su hijo llegará rápidamente a la conclusión de que usted posee todas las respuestas. Verá en usted una fuente de información. Y tendrá razón. Usted es su fuente de información.

Cuando le confía una de sus preguntas geniales, y que suelen ser difíciles de resolver, póngase a la altura de las circunstancias. Si usted conoce la respuesta, comuníquesela inmediatamente. No lo deje para luego si puede evitarlo de alguna manera.

Si no conoce la respuesta, dígale que no lo sabe. A continuación, dedique el tiempo necesario a enterarse de la respuesta.

No dude en manifestar sus propios puntos de vista

Usted es su madre, y si bien él espera que usted le comunique los datos, también necesitará y querrá conocer sus opiniones.

Comprenderá rápidamente cuándo usted le está comunicando datos concretos y cuándo le está expresando su punto de vista, siempre que usted distinga claramente ambas cosas.

Vale la pena recordar que usted no sólo está enseñando a su hijo todo lo que vale la pena saber en este mundo, sino que también está enseñando al padre o a la madre de sus nietos a enseñarles a ellos.

Esta idea nos hace sentirnos más humildes.

El mejor momento para enseñar

La madre no debe jugar nunca a este juego a no ser que su hijo y ella estén *los dos* contentos y en forma. Si un niño está irritable o cansado o tiene hambre, entonces no es buen momento para realizar el programa.

Los niños pequeños suelen pasar una época de dolor y de falta de sueño cuando les salen los dientes. No enseñe nunca a su hijo en esos periodos. Es un verdadero error pensar que se puede enseñar cualquier cosa a un ser humano que está enfermo, que ha descansado mal o que sufre dolores. Si su hijo está indispuesto, entérese de cuál es la causa de su malestar y procure resolverlo.

Si la madre está de mal humor o indispuesta, tampoco es buen momento para realizar el programa.

Toda madre y todo hijo tienen días en que no se llevan bien o en que parece sencillamente que las cosas no marchan con regularidad.

Los días malos es mejor no jugar en absoluto al juego del aprendizaje. Las madres prudentes dejan el programa en tales días, pues saben muy bien que existen muchos más días felices que días de mal humor, y que la alegría de aprender aumentará si se eligen los momentos mejores y más felices para practicarlo.

El mejor entorno

Proporcione un entorno que esté libre de distracciones visuales, auditivas y táctiles. La mayoría de las casas no son lugares silenciosos. No obstante, es posible reducir el nivel del caos en la casa, y es bueno para el bebé hacerlo así.

Apague la televisión, la radio y el equipo de música mientras esté enseñando. Prepare una zona que esté libre de las distracciones visuales que representan los juguetes, la ropa y los trastos de la casa. Esa zona será su zona principal de enseñanza.

La mejor duración

Procure jugar al pasatiempo durante periodos de tiempo muy cortos. Al principio sólo jugará unas pocas veces al día, y cada sesión no ocupará más de unos pocos segundos.

El padre o la madre deberán aplicar una gran prudencia para determinar el momento de poner fin a cada sesión de aprendizaje.

Déjelo siempre antes de que su hijo quiera dejarlo.

El padre o la madre debe saber lo que está pensando el niño un poco antes de que lo sepa el propio niño, y deberá dejarlo entonces.

Enseñe siempre menos material del que quisiera ver su hijo. Su hijo debe considerar siempre que usted es un poco cicatera con el programa. Nunca hay suficiente; en consecuencia, él siempre quiere más.

Todos los niños pequeños se atiborrarían si se les permitiese. Por eso le gritan «¡Más!» y «¡Otra vez!». Ésta es una clara señal del éxito. Usted conservará su éxito si no se rinde a estas exigencias (por lo menos, no inmediatamente).

Aquí puede intervenir la tiranía del niño pequeño. Cuando intervenga, recuerde que usted es la madre y, como tal, la maestra de las tarjetas de *Unidad de Inteligencia*, de leer palabras, etcétera. No permita que su hijo le marque la dinámica del programa: esto es responsabilidad de usted. Él no tomaría decisiones prudentes. Usted sí las tomará.

Él es el mejor alumno del mundo, pero *usted* es su mejor maestra.

Prométale que volverá dentro de cinco minutos. Pídale que termine algo que tenga que hacer antes; después podrán volver a jugar al pasatiempo del aprendizaje.

Si usted lo deja siempre antes de que su hijo quiera dejarlo, él le pedirá que jueguen al pasatiempo del aprendizaje, y usted estará nutriendo su deseo natural de aprender, en vez de destruirlo.

La manera de enseñar

La sesión puede consistir en leer palabras sueltas, tarjetas de *Unidad de Inteligencia* o tarjetas de matemáticas; pero, en cualquier caso, la clave es el entusiasmo. Déjese de sutilezas con su hijo pequeño.

Hable con voz agradable, clara y fuerte, cargada de todo el entusiasmo que usted siente de verdad. A su hijo le resultará fácil oírlo y sentir el entusiasmo de usted.

Si su voz es poco fuerte y carece de entusiasmo, cambie de voz.

Si usted infunde entusiasmo en su voz, su hijo lo absorberá como una esponja. A los niños les encanta aprender, y aprenden *con mucha rapidez*. Por lo tanto, usted deberá enseñar a su hijo sus materiales *con mucha rapidez*.

Nosotros, los adultos, lo hacemos casi todo demasiado despacio para los niños. El área en que esto se advierte de una manera más dolorosa es en el modo en que los adultos enseñan a los niños pequeños.

En general, esperamos que el niño se siente y que se quede mirando sus materiales didácticos, y que ponga cara de concentración. Esperamos, incluso, que parezca un poco triste para que demuestre que está aprendiendo de verdad.

Pero los niños no creen que aprender sea penoso; eso lo creen los adultos.

Cuando le enseñe sus tarjetas, hágalo con toda la rapidez que pueda. Ya irá dominándolo cada vez más con la práctica. Practique un poco enseñándoselas al padre hasta que las maneje con confianza.

Es absolutamente fundamental para su éxito que usted enseñe sus materiales con rapidez. La velocidad y la diversión están ligadas inseparablemente en el proceso de aprendizaje.

Cualquier cosa que acelere el proceso aumentará la diversión. Cualquier cosa que lo retrase reducirá la diversión.

Una sesión lenta es una sesión mortal. Es un insulto a la capacidad de aprendizaje del niño pequeño, y él la interpretará como tal.

Los materiales están diseñados cuidadosamente para que sean grandes y claros, de tal modo que usted pueda enseñarlos con mucha rapidez y que su hijo los vea con facilidad.

A veces, cuando una madre adquiere velocidad, tiende a volverse un poco mecánica y a perder el entusiasmo natural y la «música» en la voz.

Es posible mantener el entusiasmo y el tono significativo de la voz y trabajar muy deprisa *al mismo tiempo*.

Es importante hacerlo así.

El interés de su hijo y su entusiasmo por el aprendizaje estarán relacionados estrechamente con tres cosas.

1. La velocidad a la que se enseñan los materiales.
2. La cantidad de materiales nuevos.
3. La actitud alegre de la madre.

Cuanto mayor sea la velocidad, cuanto más materiales nuevos aparezcan y cuanto mayor sea la alegría, mejor.

Esta cuestión de la velocidad, por sí misma, puede establecer la diferencia entre una sesión con éxito y una sesión que sea demasiado lenta para su hijo, tan animado y tan listo.

Los niños no se quedan mirando, no *necesitan* quedarse mirando: absorben, y absorben instantáneamente, como esponjas.

Presentación de materiales nuevos

Es prudente hablar aquí de la velocidad a la que debe aprender cada niño a leer, o a la que debe absorber conocimientos enciclopédicos, o reconocer las cantidades matemáticas puras, o cualquier otra cosa, en realidad.

No tema dejarse llevar por su hijo. Quizá la asombre la magnitud de su hambre de conocimientos y la velocidad a la que aprende.

La información nueva es la sal y la pimienta de todos los programas. Es el ingrediente del éxito que se pasa por alto con mayor facilidad.

Cuando abunda la información nueva, su hijo y usted volarán. Les faltarán siempre horas en el día y días en la semana.

El mundo de su hijo se encontrará en un estado constante de expansión. A esto aspiran todos los niños, todos los días de sus vidas.

Nosotros, los adultos, nos criamos en un mundo que nos enseñaba que debíamos aprendernos de memoria a la perfección veinte datos. Repasábamos esos datos una y otra vez. Teníamos que aprender, examinarnos y tener un 100 por 100 de aciertos, o atenernos a las consecuencias.

Para la mayoría de nosotros, este repaso constante de un volumen de información muy estrecho era el principio del fin de nuestra atención y de nuestro interés por el tema, fuera el que fuese.

En vez de saber el 100 por 100 de veinte cosas, ¿no sería mejor saber el 50 por 100 de dos mil cosas?

No hace falta ser un gran matemático para darse cuenta de que mil datos son muchos más que veinte.

Pero lo verdaderamente importante en esta cuestión no es sólo que los niños pueden aprender cincuenta veces más de lo que les ofrecemos.

Lo importante es lo que sucede cuando se le enseña el dato número veintiuno o el dato número dos mil uno. He aquí el secreto de la enseñanza a los niños muy pequeños.

En el primer caso, el efecto de la presentación del dato número veintiuno (cuando el niño ha visto los primeros veinte *ad infinitum* y *ad nauseam*) será que el niño saldrá corriendo en sentido contrario con toda la prisa que pueda.

Este es el principio básico que se sigue en la educación formal. Nosotros los adultos sabemos por experiencia lo mortal que puede ser este planteamiento. Lo hemos vivido durante doce años. En el segundo caso, el dato número dos mil uno se espera con ansia. Se fomenta la alegría de descubrir y de aprender algo nuevo y se alimenta la curiosidad natural y el amor al aprendizaje que nacen con cada niño.

Por desgracia, el primer método cierra la puerta al aprendizaje, a veces para siempre.

Afortunadamente, el segundo le abre de par en par la puerta y la asegura contra intentos futuros de cerrarla.

En realidad, su hijo aprenderá mucho más del 50 por 100 de lo que usted le enseñe.

Es más que probable que aprenda del 80 al 100 por 100.

Pero si sólo aprendiera el 50 por 100 porque usted sólo le ofreciera eso, sería feliz y sano intelectualmente.

Y al fin y al cabo, ¿no es esto lo que se pretende?

Esté dispuesto siempre a cambiar su planteamiento. Haga que cada día sea nuevo y emocionante. El niño pequeño cambia cada día.

Cuando recibe información a una velocidad enorme, él aprovecha esa información para atar cabos. Es un proceso que tiene lugar durante todo el día, todos los días.

A veces le vemos hacer algo que no había hecho nunca. Otras veces podemos percibir que ha alcanzado una nueva manera de mirar el mundo.

Ya tengamos o no la suerte de verlo, sus capacidades se *multiplican,* literalmente, cada día.

Cuando usted empieza a sentirse cómodo con una manera de enseñarle algo, él ya lo ha entendido todo y, como es natural, desea algo nuevo.

A usted y a mí nos gusta encontrar una rutina bonita y cómoda y seguirla durante cierto tiempo. Los niños pequeños siempre quieren seguir adelante.

Cuando usted dice «buenas noches» a su niño al acostarlo, debería decirle «adiós». Mañana no será el mismo.

Así pues, cuando tenga una rutina agradable que le guste a usted, seguramente tendrá que descartar todas las tarjetas y volver a adaptarse para el «niño nuevo» que se ha despertado esta mañana.

Organización y constancia

Es prudente que usted se organice y que organice los materiales antes de empezar, pues cuando haya empezado querrá establecer un programa constante.

Su gozo estará muy relacionado con su grado de organización. Una madre muy organizada tiene un fuerte sentido del propósito de lo que está haciendo. Sabe exactamente lo que ha hecho, cuántas veces lo ha hecho y cuándo es el momento de seguir adelante. Tiene preparada y a punto una buena provisión de información nueva siempre que la necesita.

Algunas madres profesionales muy buenas se quedan a veces en la cuneta porque nunca dedican el tiempo necesario a organizarse con calma.

Es una tragedia, pues si se organizasen, descubrirían que son unas buenas maestras que están tropezando con problemas menores de organización.

Un programa modesto, realizado con constancia y con felicidad, tendrá un éxito infinitamente superior al de un programa demasiado ambicioso que abrume a la madre y que, por lo tanto, sólo se practique muy esporádicamente.

Un programa intermitente no resultará efectivo. Ver los materiales repetidas veces pero con rapidez es vital para dominarlos. El gozo de su hijo se desprende del conocimiento real, y como mejor se puede conseguir este conocimiento es con un programa diario.

No obstante, a veces resulta necesario dejar el programa durante unos días. Esto no es problemático siempre que no suceda con demasiada frecuencia. Algunas veces puede ser indispensable dejarlo durante varias semanas, o incluso durante varios meses. Por ejemplo, la llegada de un bebé nuevo, un cambio de lugar de residencia, un viaje o una enfermedad en la familia pueden alterar seriamente cualquier rutina diaria. Mientras duran estas alteraciones es mejor dejar de lado el programa *por completo*. Dedique este tiempo a leer obras clásicas a su hijo, o a visitar el zoológico, o a visitar museos para que vea obras de arte que quizá ya le haya enseñado usted en casa.

No intente seguir un programa truncado durante estas épocas. Le provocará frustraciones a usted y a su hijo. Cuando esté dispuesto a volver a emprender un programa constante, tómelo en el mismo punto en que se quedaron. No vuelva a empezar desde el principio.

Ya decida realizar un programa modesto o extenso, haga lo que más le convenga *con constancia*. Verá cómo se desarrollan cada día en su hijo el gozo y la confianza.

Los exámenes

Hemos hablado mucho de la enseñanza pero no hemos dicho gran cosa de los exámenes.

Nuestro mayor consejo en este sentido es que *no* examine a su hijo. A los bebés les encanta aprender, pero no les gusta nada que los examinen. En este sentido se parecen mucho a los adultos.

Los exámenes son lo opuesto al aprendizaje.

Están llenos de estrés.

Enseñar a un niño es darle un regalo delicioso.

Examinarlo es exigirle un pago por adelantado. Cuanto más se le examine, más despacio aprenderá y menos querrá aprender.

Cuanto menos se le examine, más deprisa aprenderá y más querrá aprender. El conocimiento es el regalo más precioso que usted puede entregar a su hijo. Entrégueselo con tanta generosidad como le da de comer.

¿Qué es un examen?

En esencia, es un intento de descubrir qué es lo que *no* sabe el niño. Es ponerlo en un compromiso diciéndole: «¿No puedes decir la respuesta a tu padre?»

Se trata de una falta esencial de respeto al niño, pues éste llega a entender que nosotros no lo consideramos capaz de aprender a no ser que lo demuestre una y otra vez.

La intención del examen es negativa: es poner de manifiesto lo que no sabe el niño.

La consecuencia de los exámenes es reducir el aprendizaje y la *disposición* a aprender. No examine a su hijo y tampoco permita que nadie lo examine.

Entonces, ¿qué ha de hacer una madre? No le interesa examinar a su hijo; le interesa enseñarle y brindarle todas las oportunidades posibles de conocer el gozo que producen el aprendizaje y los logros.

Por lo tanto, en vez de examinar a su hijo le proporciona oportunidades para resolver problemas.

El propósito de una oportunidad para resolver un problema es que el niño sea capaz de demostrar lo que sabe, si quiere demostrarlo.

Hablaremos de diversos modos de presentar oportunidades para resolver problemas cuando estudiemos en los capítulos siguientes el modo de enseñar a su hijo a leer, a adquirir conocimientos enciclopédicos y a aprender matemáticas.

Preparación de los materiales

Los materiales que empleará para enseñar a su hijo son sencillos. Se basan en muchos años de trabajo por parte de un gran equipo de expertos en el desarrollo del cerebro infantil, que habían estudiado el desarrollo y el funcionamiento del cerebro humano. Estos materiales están diseñados teniendo en cuenta que el aprendizaje es una función *cerebral*. Tienen en cuenta las virtudes y las limitaciones del pequeño aparato visual del niño y están diseñados para cubrir todas sus necesidades, desde la poca precisión de la vista hasta la perfección visual, y desde la función cerebral hasta el aprendizaje cerebral.

Todos los materiales deberán prepararse sobre cartulina blanca bastante rígida, para que soporten el trato no siempre muy delicado que se les dará.

Los materiales de mala calidad, poco claros o tan pequeños que resultan difíciles de ver no se aprenderán con facilidad. Así se reducirá el placer de enseñar y de aprender.

Cuando usted empiece a enseñar a su hijo, descubrirá que éste termina el material nuevo con mucha rapidez. Por mucho que subrayemos este punto a los padres, ellos se asombran siempre al ver la rapidez con que aprenden sus hijos.

Hace mucho tiempo descubrimos que lo mejor es empezar con tiempo. Por este motivo, prepare una cantidad generosa de tarjetas de lectura, de tarjetas de *Unidad de Inteligencia* y de tarjetas de matemáticas antes de empezar. Así tendrá a mano una provisión adecuada de materiales nuevos dispuestos para su uso antes de empezar. Si no lo hace así, se quedará retrasada constantemente.

La tentación de enseñar una y otra vez las mismas tarjetas de siempre es grande. Si la madre sucumbe a esta tentación, un final desastroso amenaza a su programa. El único error que no tolera el niño es que le vuelvan a enseñar una y otra vez unos materiales que ya deberían haber sido descartados.

Recuerde: usted no quiere aburrir al niño pequeño.

Sea lista: prepare los materiales por adelantado, y no pierda la delantera. Y si por algún motivo se queda retrasada en la preparación de materiales nuevos, no rellene los huecos enseñando las mismas tarjetas de siempre. Interrumpa su programa durante un día o durante una semana hasta que se haya reorganizado y haya preparado materiales nuevos. Después, prosiga desde el punto donde lo dejaron.

La preparación de los materiales puede y debe ser muy divertida. Si usted está preparando los materiales del mes que viene, lo será. Si está preparando los materiales de mañana, no lo será.

Empiece con tiempo, mantenga la delantera, deténgase y reorganícese en caso necesario, pero no vuelva a enseñar una y otra vez los materiales antiguos.

Sumario: Los principios básicos de la buena enseñanza

1. Empiece mientras el niño es tan pequeño como sea posible.
2. Esté alegre en todo momento.
3. Respete a su hijo y tenga confianza en él.
4. No le enseñe más que cuando su hijo y usted estén contentos.
5. Prepare un buen entorno de aprendizaje.
6. Déjelo antes de que su hijo quiera dejarlo.
7. Presente con frecuencia materiales nuevos.
8. Sea organizada y constante.
9. No examine a su hijo.
10. Prepare cuidadosamente los materiales y mantenga la delantera.
11. Recuerde la Ley Infalible:

Si usted no lo está pasando de maravilla, o si su hijo no lo está pasando de maravilla, déjenlo. Están haciendo algo mal.

17

Cómo enseñar a leer a su bebé

*Un día, no hace mucho, la encontré en el suelo del
cuarto de estar hojeando un libro en francés. Me dijo,
simplemente: «Bueno, mamá, es que ya he leído todos
los libros en inglés que hay en casa.»*

Sra. Gilchrist
Revista *Newsweek*, 13 de mayo de 1963

———— • ————

LOS NIÑOS MUY PEQUEÑOS pueden aprender y aprenden a leer
palabras, frases y párrafos exactamente del mismo modo
que aprenden a comprender las palabras, las frases y los párrafos en el lenguaje hablado.

También en este caso, los datos son sencillos, hermosos
pero sencillos. El ojo ve pero no comprende lo que ve. El oído
oye pero no comprende lo que oye.

Sólo el cerebro comprende.

Cuando el oído oye una palabra o un mensaje hablado, el
mensaje se disgrega en una serie de impulsos electroquímicos y se
transmite al cerebro que es sordo, pero que *comprende* entonces el
significado que se pretendía transmitir con aquella palabra.

Del mismo modo sucede que cuando el ojo ve una palabra
o un mensaje impreso, ese mensaje se disgrega en una serie de
impulsos electroquímicos y se transmite a un cerebro que comprende pero que no «ve».

El cerebro es un instrumento mágico.

Tanto la vía visual como la vía auditiva transcurren a través
del cerebro, donde *ambos* mensajes son interpretados por un
mismo proceso cerebral.

Si por algún motivo sólo se pudiera otorgar al niño una sola capacidad, esa capacidad única debería ser, sin duda alguna, la lectura.

Es la base prácticamente de toda la enseñanza formal, y constituye una parte importante de la enseñanza no formal. En este capítulo estudiaremos los principios básicos del modo de enseñar a su bebé a leer. A los padres que deseen más información sobre los principios de la lectura a edades tempranas les recomendamos que lean el libro *Cómo enseñar a leer a su bebé.*

Preparación de los materiales

Los materiales que se emplean para enseñar a su hijo a leer son sencillos. Todos los materiales deberán prepararse sobre cartulina bastante rígida para que soporte el trato que habrá de recibir, no siempre muy delicado.

Necesitará una buena provisión de cartulinas blancas cortadas en tiras de 4 X 24 pulgadas (10 X 60 cm.). Si es posible, encárguelas ya cortadas del tamaño que usted desea. Así se ahorrará el gran trabajo de cortarlas, que consume mucho más tiempo que escribir las palabras.

También necesitará un rotulador grande de color rojo. Búsquelo con la punta más gruesa que encuentre. Cuanto más grueso sea el rotulador, mejor.

A continuación, escriba en una tira de cartulina blanca cada palabra que ha de enseñar para la lectura. Escriba letras de 3 pulgadas (7,5 cm.) de altura. Escriba con letras minúsculas, salvo en el caso de los nombres propios, que, como es sabido, se escriben con mayúscula. En los demás casos deberá escribir siempre con letras minúsculas, pues así es como aparecen escritos los textos de los libros.

Asegúrese de que sus letras sean *muy* gruesas. El trazo deberá tener media pulgada (12 mm.) de grosor, o más. Esta intensidad es importante para que el niño pueda ver la palabra con facilidad.

Escriba con letra limpia y clara. Utilice letras sueltas como las de imprenta, no letra redondilla. Procure centrar la palabra en la tarjeta dejando un borde de media pulgada (12 mm.) alrededor de la palabra. Así tendrá sitio para sujetar la tarjeta con los dedos sin invadir la palabra.

A veces las madres se vuelven perfeccionistas y se sirven de plantillas para preparar sus tarjetas. Así preparan unas tarjetas de lectura muy hermosas; pero el tiempo de preparación es prohibitivo.

Su tiempo es precioso.

Las madres tienen que administrar el tiempo con más cuidado que los miembros de casi todas las demás profesiones. Usted debe desarrollar un método rápido y eficaz de preparar sus tarjetas de lectura, pues va a necesitar *muchas*.

La limpieza y la legibilidad son mucho más importantes que la perfección. Es frecuente que las madres descubran que los padres preparan muy bien las tarjetas, y agradecen su colaboración en el programa de lectura.

Escriba con un tipo de letra constante. También en este caso, su hijo necesita que la información visual sea constante y fiable. Esto le ayuda enormemente.

Los materiales empiezan por las letras grandes, minúsculas y de color rojo y van cambiando progresivamente hasta llegar a las letras de tamaño normal, minúsculas y de color negro. Esto se debe a que los niños pequeños tienen unas vías visuales inmaduras. El tamaño de la letra de los materiales debe irse reduciendo gradualmente para que la vía visual pueda ir madurando con el estímulo y con el uso.

Al principio se utilizan letras grandes por la sencilla razón de que se ven con mayor facilidad. Son rojas porque el color rojo atrae al niño pequeño. Para empezar, puede resultarle más sencillo comprar un juego ya preparado.

Cuando empiece a enseñar a su hijo a leer, descubrirá que su hijo cubre con gran rapidez los materiales nuevos. Como ya hemos repetido y repetiremos a lo largo de este libro, los padres siempre se asombran de la rapidez con que aprenden sus hijos.

Hace mucho tiempo descubrimos que es mejor empezar con tiempo. Prepare al menos 200 palabras antes de empezar a enseñar a su hijo. Así tendrá a mano una provisión adecuada de materiales nuevos listos para ser usados.

Si no lo hace así, se encontrará siempre con retraso. La tentación de volver a enseñar una y otra vez las palabras viejas es grande. Si la madre sucumbe a esta tentación, un final desastroso amenaza a su programa de lectura.

El único error que no tolera el niño es que le vuelvan a enseñar una y otra vez unos materiales que ya deberían haber sido descartados hace mucho tiempo.

Sea lista: prepare los materiales por adelantado, y no pierda la delantera. Y si por algún motivo se queda retrasada en la preparación de materiales nuevos, no rellene los huecos enseñando las mismas tarjetas de siempre.

Interrumpa su programa durante un día o durante una semana hasta que se haya reorganizado y haya preparado materiales nuevos. Después, prosiga desde el punto donde lo dejaron.

La preparación de los materiales puede y debe ser muy divertida. Si está preparando los materiales que ha de usar mañana por la mañana, no lo será.

Empiece con tiempo, mantenga la delantera, deténgase y reorganícese en caso necesario, pero no vuelva a enseñar una y otra vez los materiales antiguos.

Vamos a echar una nueva ojeada rápida a los principios de la buena enseñanza:

Sumario: Los principios básicos de la buena enseñanza

1. Empiece mientras el niño es tan pequeño como sea posible.
2. Esté alegre en todo momento.
3. Respete a su hijo y tenga confianza en él.
4. No le enseñe más que cuando su hijo y usted estén contentos.
5. Prepare un buen entorno de aprendizaje.
6. Déjelo antes de que su hijo quiera dejarlo.

7. Presente con frecuencia materiales nuevos.
8. Sea organizada y constante.
9. No examine a su hijo.
10. Prepare cuidadosamente los materiales y mantenga la delantera.
11. Recuerde la Ley Infalible:

Si usted no lo está pasando de maravilla o si su hijo no lo está pasando de maravilla, déjenlo. Están haciendo algo mal.

EL CAMINO DE LA LECTURA

El camino que va a seguir usted para enseñar a su hijo es sorprendentemente sencillo y fácil. El camino es esencialmente el mismo ya esté usted empezando con un niño muy pequeño o con un niño de cuatro años.

Los pasos de este camino son los siguientes:

Primer paso	Palabras sueltas
Segundo paso	Parejas de palabras
Tercer paso	Oraciones
Cuarto paso	Frases
Quinto paso	Libros

■ PRIMER PASO *(Palabras sueltas)*

El primer paso para enseñar a su hijo a leer comienza con el empleo de sólo quince palabras. Cuando su hijo haya aprendido esas quince palabras estará preparado para pasar a los vocabularios propiamente dichos.

Comience a una hora del día en que el niño esté receptivo, descansado y de buen humor.

Vaya a una parte de la casa en la que exista el menor número posible de factores de distracción, tanto auditivos como visuales; por ejemplo, *no* tenga encendida la radio, y evite las demás fuentes de ruido. Utilice un rincón de una habitación en el que no haya muchos muebles, ni cuadros, ni otros objetos que pudieran distraer la vista del niño.

A continuación, limítese a enseñarle la palabra *mamá*, cerca de él, pero donde no pueda alcanzarla con las manos, mientras le dice claramente: «Aquí dice "Mamá".»

No dé más descripciones al niño ni más detalles. No se la deje ver más de un segundo.

A continuación, enséñele la palabra *papá* y dígale: «Aquí dice "papá".»

Enséñele otras tres palabras exactamente del mismo modo que las otras dos. No pida a su hijo que repita las palabras con usted. Después de la quinta palabra, dé a su hijo un gran abrazo y un beso y manifiéstele su afecto de las maneras más claras posibles.

Repítalo tres veces el primer día, exactamente del modo que hemos descrito. Las sesiones deberán estar separadas por un periodo de una hora, al menos.

El primer día ha terminado, y usted ha dado el primer paso para enseñar a su hijo a leer. (Hasta el momento, le ha dedicado tres minutos como mucho.)

El segundo día, repita la sesión básica tres veces. Añada un segundo conjunto de cinco palabras nuevas. Este nuevo conjunto deberá ser visto tres veces a lo largo del día, del mismo modo que el primero, con lo que el número total de sesiones será de seis.

Al final de cada sesión diga a su hijo que es muy bueno y muy listo. Diga a su hijo que usted está muy orgullosa de él. Dígale que lo quiere mucho. Es recomendable abrazarlo y expresarle físicamente su amor.

No lo soborne ni lo recompense con galletas, con caramelos o con cosas así. Teniendo en cuenta la velocidad a la que aprenderá al poco tiempo, tantas galletas serían una carga intolerable para la economía de usted, y la salud del niño tampoco las toleraría. Por otra parte, las galletas son una recompensa mezquina para un logro tan importante, si se comparan con el amor y el respeto.

Los niños aprenden con la velocidad del rayo, y si usted le enseña las palabras más de tres veces al día, lo aburrirá. Si le enseña una sola tarjeta durante más de un segundo, perderá su atención.

El tercer día, añada un tercer conjunto de palabras nuevas.

Ahora está enseñando a su hijo tres conjuntos de palabras de lectura, cada conjunto de cinco palabras, cada conjunto tres veces al día. Su hijo y usted disfrutan ahora de nueve sesiones de lectura repartidas a lo largo del día, que sólo les ocupan unos pocos minutos en total.

Las quince primeras palabras que usted enseñe a su hijo deberán estar elegidas entre las palabras que le resulten más familiares y agradables. Entre estas palabras deberán figurar los nombres de los miembros de su familia más inmediata, de sus parientes, de los animales domésticos de la familia, sus platos favoritos, los objetos que hay en la casa y sus actividades favoritas. Es imposible presentar aquí una lista exacta, pues las quince palabras de cada niño serán personales y, por lo tanto, diferentes en cada caso.

La única señal de advertencia que puede aparecer en todo el proceso del aprendizaje de la lectura es el aburrimiento.

No aburra nunca a su hijo. Es mucho más fácil que se aburra por ir despacio que por ir demasiado deprisa.

Recuerde que este niño tan listo podría estar aprendiendo, por ejemplo, portugués a esta edad, de modo que no lo aburra. Considere el logro espléndido que acaban de conseguir. Su hijo acaba de dominar la dificultad más grande que tendrá que superar en todo su aprendizaje de la lectura.

Con la ayuda de usted, ha conseguido dos cosas extraordinarias.

1. Ha formado lo suficiente su vía visual y, lo que es más importante, su cerebro, para distinguir un símbolo escrito de otro.
2. Ha dominado una de las abstracciones más importantes con las que tendrá que enfrentarse en la vida: ya es capaz de leer palabras.

Una palabra sobre el abecedario. ¿Por qué no hemos empezado por enseñar a este niño el abecedario? La respuesta a esta pregunta tiene una gran importancia.

Es un principio básico de toda enseñanza que se debe comenzar por lo conocido y por lo concreto, para pasar a lo nuevo y a lo desconocido y, por último, a lo abstracto.

Nada puede ser más abstracto para el cerebro de dos años que la letra *a*. El hecho de que los niños la lleguen a aprender es un tributo a su genio.

Es evidente que si los niños de dos años fueran más capaces de mantener discusiones razonadas haría mucho tiempo que habrían dejado clara esta situación a los adultos.

En tal caso, cuando presentásemos al niño la letra *a*, él preguntaría: «¿Por qué es esa cosa una "a"?»

¿Qué responderíamos?

—Bueno —responderíamos nosotros—, es una *a* porque... bueno... porque, verás, es una *a* porque... bueno, porque era necesario inventar este... bueno, este símbolo, para... bueno, para que represente el sonido "a", que también hemos inventado, para... bueno...

Y así sería la explicación.

Al final, la mayoría de nosotros diríamos, sin duda:

—Es una *a* porque lo digo yo y soy más grande que tú, ¡por eso es una *a*!

Y es posible que esta razón sea tan buena como cualquiera para explicar porqué una *a* es una *a*.

Afortunadamente, no hemos tenido que explicárselo a los niños, porque si bien es posible que ellos no entiendan las razones históricas por las cuales una *a* es una *a*, sí saben que nosotros somos más grandes que ellos, y esta razón les parecería suficiente.

En cualquier caso, han conseguido aprender estas veintisiete abstracciones físicas y, lo que es más, las veintisiete abstracciones auditivas que las acompañan.

El conjunto no constituye un total de cincuenta y dos combinaciones posibles de sonidos y de imágenes, sino un número casi infinito de combinaciones posibles.

Todo esto lo aprenden a pesar de que solemos enseñárselo a los cinco o seis años de edad, cuando les está resultando mucho más difícil aprender.

Gracias a Dios, tenemos la prudencia suficiente para no empezar a enseñar a los estudiantes de derecho, de medicina o de ingeniería unas abstracciones tan abstrusas, pues, como no son más que unos adultos jóvenes, no lo soportarían.

Lo que ha conseguido dominar nuestro pequeño en el primer paso, la *discriminación visual,* tiene gran importancia.

Es difícil leer las letras, pues nadie se ha comido nunca una *a*, ni se ha puesto una *a*, ni ha abierto una a. Uno se puede comer un *plátano*, tirar una *pelota*, ponerse una *camisa* o abrir un *libro*. Si bien las letras que componen la palabra «pelota» son abstractas, la pelota en sí no lo es, y por eso es más fácil aprender la palabra «pelota» que aprender la letra *p*.

Por estos dos hechos, resulta mucho más fácil leer palabras que letras.

Las letras del abecedario *no* son las unidades de la lectura y de la escritura, como los sonidos aislados tampoco son las unidades de la audición ni del habla. Las unidades del lenguaje son *las palabras*. Las letras no son más que materiales técnicos de construcción que están dentro de las palabras, del mismo modo que el yeso, la madera y la piedra son los materiales técnicos de construcción de un edificio. Las verdaderas unidades de construcción de una casa son los ladrillos, los tableros y las piedras.

Mucho más adelante, cuando el niño lea bien, le enseñaremos el abecedario. Entonces ya será capaz de comprender por qué los seres humanos tuvimos que inventar un abecedario y por qué necesitamos las letras.

Empezamos por enseñar al niño pequeño a leer palabras utilizando las palabras del «yo» porque lo primero que aprende el niño se relaciona con su propio cuerpo. Su mundo empieza dentro de sí mismo y va creciendo hacia el exterior. Los pedagogos lo saben desde hace mucho tiempo.

Hace algunos años, un gran experto en el desarrollo infantil expresó con unas letras mágicas un concepto que contribuyó mucho a mejorar la educación. Las letras son VAT: visual, auditivo y táctil. Señaló que los niños aprenden combinando lo que ven (V), lo que oyen (A) y lo que tocan (T). Pero las madres siempre han jugado con los niños diciéndoles cosas del estilo de: «Éste puso un huevo; éste lo encontró...», mientras cuentan los dedos de los pies y se los enseñan al niño de tal modo que éste los ve (visual), mientras la madres repite las palabras para que el niño las oiga (auditivo) y mientras le aprieta los dedos de los pies para que el niño los sienta (táctil).

En cualquier caso, ya estamos preparados para las palabras del «yo».

Partes del cuerpo

mano	pelo	pierna	hombro
rodilla	uñas	ojo	ombligo
pie	oreja	boca	dedo
cabeza	brazo	codo	dientes
nariz	pulgar	labios	lengua

Ahora usted añadiría dos conjuntos más de palabras y tendría un total de cinco conjuntos de palabras, que equivalen a veinticinco palabras divididas en cinco conjuntos. Estos dos nuevos conjuntos deberán estar tomados del vocabulario del «yo».

He aquí el método que usted debe aplicar a partir de este punto para añadir palabras nuevas y para eliminar las antiguas.

Sencillamente, elimine una palabra de cada conjunto que ya lleve cinco días enseñando y sustituya la palabra por una palabra nueva en cada conjunto. Su hijo ya lleva una semana viendo los tres primeros conjuntos, de modo que usted ya puede empezar a retirar una palabra antigua de cada conjunto y a introducir una palabra nueva. De aquí a cinco días, retire una palabra antigua de cada uno de los cinco conjuntos que está usando actualmente y añada una palabra nueva a cada conjunto. Hágalo así todos los días.

Las madres han descubierto que si escriben a lápiz la fecha en el dorso de la tarjeta de lectura pueden determinar después con facilidad las palabras que llevan más tiempo enseñándose y que ya se pueden retirar.

En resumen, pues, usted estará enseñando cada día veinticinco palabras divididas en cinco conjuntos de cinco palabras cada una. Su hijo verá cinco palabras nuevas cada día, una en cada conjunto, y se descartarán cinco palabras cada día.

Evite presentar dos palabras sucesivas que empiecen con la misma letra. Las palabras «ojo» y «oreja» empiezan las dos con la letra «o», y por lo tanto no se deben enseñar sucesivamente.

En algunos casos, el niño llega a la conclusión de que el ojo es igual que la oreja porque las dos palabras empiezan por «o» y tienen un aspecto parecido. Es mucho más fácil que cometan este error los niños a los que ya se ha enseñado todo el abecedario que los niños que no conocen el abecedario. El hecho de conocer el abecedario produce pequeñas confusiones al niño. Al enseñar la palabra «ojo», por ejemplo, las madres pueden encontrarse con el problema de que el niño reconoce a su vieja amiga la letra «a» y que exclame su nombre al verla, en vez de leer la palabra «ojo».

También debe recordarse la regla suprema de no aburrir nunca al niño. Si se aburre con esto, lo más probable es que usted vaya demasiado despacio. Él debería estar aprendiendo deprisa y pidiéndole a usted jugar un poco más a ese juego.

Si usted lo ha hecho bien, él estará aprendiendo unas cinco palabras nuevas cada día por término medio. Es posible que aprenda diez palabras nuevas al día por término medio. Si usted tiene la habilidad y el entusiasmo suficientes, es posible que aprenda más.

Cuando su hijo haya aprendido las palabras del «yo», usted estará preparada para pasar al paso siguiente del proceso de la lectura. Ya ha dejado atrás *dos* de los pasos más difíciles del aprendizaje de la lectura. Si ha tenido éxito hasta ahora, a usted ya le resultará difícil evitar que lea de aquí a poco tiempo.

Llegado este punto, tanto el padre o la madre como el hijo deberán abordar este juego de la lectura con gran placer y expectación. Recuerde: usted está incorporando en su hijo un amor al aprendizaje que se multiplicará a lo largo de su vida. Más exactamente, está reforzando un ansia de aprender que no se le reprimirá, pero que muy bien se le puede deformar dirigiéndola por caminos inútiles o incluso negativos para el niño. Juegue al entretenimiento con alegría y con entusiasmo. Ya está preparada para introducir los nombres de objetos familiares en el entorno de su hijo.

El vocabulario del «hogar» está compuesto por las palabras que dan nombre a los objetos que rodean al niño, tales como «silla» y «pared».

El vocabulario del «hogar» se divide, en realidad, en diversos vocabularios secundarios. Estos grupos son los de las posesiones, las comidas, los animales y los «actos».

Ahora el niño tendrá un vocabulario de lectura de entre veinticinco y treinta palabras. Llegado este punto existe a veces la tentación de repasar una y otra vez las palabras antiguas. No caiga en esta tentación. A su hijo le parecerá aburrido. A los niños les encanta aprender palabras nuevas, pero no les gusta repasar una y otra vez las viejas. También puede sentir la tentación de examinar a su hijo. Tampoco haga esto. Los exámenes provocan invariablemente tensión en la situación por parte del padre o de la madre, y los niños perciben fácilmente esta tensión. Es fácil que asocien al aprendizaje la tensión y la situación desagradable.

No olvide manifestar a su hijo en todas las oportunidades posibles cuánto lo quiere y cuánto lo respeta.

Objetos

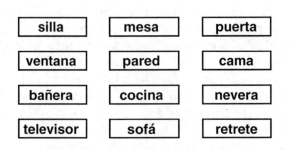

A esta lista también se le deberán añadir o quitar elementos para reflejar el verdadero entorno del hogar del niño y los artículos de uso corriente por parte de su familia.

A continuación, siga alimentando el hambre feliz de su hijo con las palabras de las posesiones.

Posesiones (cosas que pertenecen al propio niño)

Comidas

Animales

Como en el caso de los vocabularios secundarios anteriores, estas listas deberán alterarse para reflejar las posesiones reales de su hijo y las cosas que más le gustan. Evidentemente, la lista variará un poco en función de si su hijo tiene doce meses o cinco años.

Enseñará las palabras a su hijo exactamente del mismo modo que se las ha enseñado hasta ahora. La lista puede tener de diez a cincuenta palabras, tal como prefieran el padre o la madre y el hijo.

La lista de lectura (que hasta ahora puede tener unas cincuenta palabras) ha estado compuesta sólo por nombres. En el grupo siguiente del vocabulario del hogar se reflejarán los actos, y, por lo tanto, en ella aparecen verbos.

Actos

bebiendo	durmiendo	leyendo
comiendo	andando	tirando
corriendo	saltando	nadando
riendo	trepando	arrantrándose

Para que este conjunto sea más divertido, al enseñar cada palabra nueva la madre empieza por presentar un ejemplo del acto, saltando (por ejemplo) a la vez que dice: «Mamá está saltando.» Después hace saltar al niño y dice: «Tú estás saltando.» A continuación, la madre enseña al niño la palabra y dice: «Aquí dice "saltando".» Así recorre todas las palabras de «acción». Al niño le gustará especialmente este juego, pues en él interviene él, su madre o su padre, una acción y el aprendizaje.

Cuando su hijo haya aprendido las palabras básicas del «hogar», estará preparado para seguir adelante.

Ahora su hijo está leyendo más de cincuenta palabras, y tanto él como usted deberán estar encantados. Debemos dejar claros dos puntos antes de pasar al paso siguiente, que es el principio del fin en el proceso de aprender a leer.

Si el padre o la madre ha abordado la enseñanza de la lectura a su hijo como un placer puro (como debe hacer en el caso ideal), más que como un deber o como una obligación (que, a la larga, no es un motivo muy conveniente), entonces tanto el padre o la madre como el hijo deberán estarse divirtiendo mucho en las sesiones diarias.

John Ciardi, en el editorial que ya hemos citado, dijo hablando del niño: «Si ha sido amado (lo que equivale esencialmente a decir que si han jugado con él unos padres a los que el juego les proporcionaba un placer sincero)...» He aquí una descripción magnífica del amor (jugar con el niño y aprender *a la vez* con él), que nunca deberán dejar de tener presentes los padres mientras enseñan al niño a leer.

El punto siguiente que debe recordar un padre o una madre es que los niños tienen una gran curiosidad respecto de las palabras, ya sean escritas o habladas. Cuando un niño manifiesta interés por una palabra, por el motivo que sea, ya ha llegado el momento en que resulta prudente escribírsela en una tarjeta y añadirla a su vocabulario. Aprenderá con rapidez y con facilidad cualquier palabra sobre la que ha preguntado él mismo.

Por lo tanto, si el niño pregunta: «Mamá, ¿qué es un rinoceronte?», o: «¿Qué significa "microscópico"?», es prudente responder cuidadosamente a su pregunta e inmediatamente después escribir la palabra en una tarjeta y añadirla así a su vocabulario de lectura.

Él sentirá un orgullo especial y le aportará un placer especial aprender a leer palabras que él mismo ha propuesto.

■ SEGUNDO PASO *(Parejas de palabras y oraciones)*

Cuando el niño ha adquirido un vocabulario de lectura básico de palabras sueltas, ya está preparado para juntar esas palabras para formar parejas, o combinaciones de dos palabras, y oraciones gramaticales, o combinaciones de más de dos palabras.

Éste es un paso intermedio importante entre las palabras sueltas y las frases completas. Las parejas de palabras y las oraciones gramaticales sirven de puente entre los elementos de construcción básicos de la lectura (las palabras sueltas) y la unidad organizativa siguiente, la frase. Naturalmente, el siguiente objetivo importante es la capacidad de leer un grupo completo de palabras relacionadas entre sí, lo que llamamos una frase. Pero este paso intermedio de las parejas de palabras y las oraciones breves ayudará al niño a llegar a ese nivel siguiente avanzando con pasos fáciles.

Ahora la madre repasa el vocabulario de su hijo y determina qué parejas de palabras puede formar utilizando las palabras que ya le ha enseñado. Tardará poco en descubrir que necesita algunas palabras modificadoras para variar la dieta de palabras de su hijo con el fin de formar parejas y oraciones gramaticales cortas que tengan sentido.

Un grupo sencillo de palabras muy útiles y fáciles de enseñar son los nombres de los colores básicos:

rojo	violeta	azul
anaranjado	negro	rosado
amarillo	blanco	gris
verde	marrón	morado

Estas palabras se pueden preparar con cuadrados del color correspondiente en el dorso de cada tarjeta. Así, la madre puede enseñar la palabra de lectura y después puede dar la vuelta a la tarjeta para enseñar el color en sí.

Los niños muy pequeños aprenden los colores con facilidad, y les encanta enseñar los colores que ven por todas partes. Después de enseñar los colores básicos se puede explorar todo un mundo de tonalidades más sutiles (añil, celeste, esmeralda, caqui, dorado, plateado, cobrizo, etcétera).

Cuando se han presentado estos colores básicos, la madre puede preparar el primer conjunto de parejas de palabras para su hijo:

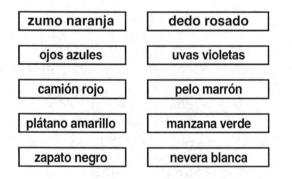

zumo naranja	dedo rosado
ojos azules	uvas violetas
camión rojo	pelo marrón
plátano amarillo	manzana verde
zapato negro	nevera blanca

Cada una de estas parejas tiene la gran virtud de que el niño conoce las dos palabras que componen la pareja como una sola palabra. La pareja contiene dos elementos básicos que resultan satisfactorias para el niño. Uno de los aspectos que le agradan es ver palabras antiguas que ya conoce. El segundo elemento es que aunque ya conoce esas dos palabras ahora ve que sus dos palabras antiguas, combinadas, crean una idea nueva. Esto le resulta emocionante. Le abre la puerta del entendimiento de la magia que aparece en la palabra escrita.

Cuando la madre vaya progresando con este paso descubrirá la necesidad de introducir nuevas palabras modificadoras. Lo mejor es enseñarlas por parejas de términos opuestos:

También en este caso puede ser preciso o no, en función de la edad y de la experiencia del niño, presentar estas tarjetas con una imagen al dorso para ilustrar el concepto. Los conceptos de «grande» y «pequeño» son sencillos para un niño muy pequeño. ¿Qué niño pequeño no advierte al instante que a su hermano o hermana mayor le han dado una cosa «más grande» que a él? A nosotros, los adultos, estas ideas tienden a parecernos abstracciones, y lo son, pero estas ideas rodean al niño pequeño y él las capta rápidamente cuando se le presentan de una manera lógica y directa. Estas ideas están relacionadas directamente con su supervivencia diaria, y por ello las tiene, por así decirlo, cerca del corazón.

Ya podemos presentar parejas de palabras:

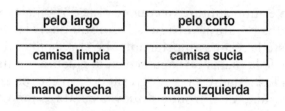

■   PASO TERCERO *(oraciones)*

El salto de las parejas de palabras a las oraciones es sencillo. Damos este salto a base de añadir acción a las parejas de
palabras, con lo que creamos una oración gramatical breve y
sencilla:

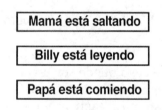

Aun con un vocabulario básico de cincuenta a setenta y cinco
palabras, las combinaciones posibles son muchas. Existen tres
maneras excelentes de enseñar oraciones gramaticales sencillas, y
la madre prudente no aplicará sólo uno de ellos sino los tres.

1. Utilizando las tarjetas de lectura sencillas que usted ya
    ha preparado, prepare algunas tarjetas de «está». Sién-
    tense a trabajar con cinco nombres de personas o de
    animales, cinco tarjetas de «está» y cinco «actos». Elija
    una tarjeta de cada grupo y forme una oración. Léasela
    a su hijo. A continuación, haga que su hijo elija una tar-
    jeta de cada grupo y forme una oración. Léale esta ora-
    ción. Preparen juntos de tres a cinco oraciones. Des-
    pués, dejen las tarjetas. Pueden jugar a este juego con
    tanta frecuencia como lo desee su hijo. No olvide cam-
    biar con frecuencia los nombres para que el juego man-
    tenga su frescura.

La madre elige:

| Sally | está | trepando |

El niño elige:

| Jimmy | está | corriendo |

2. Utilizando sus tarjetas de cartulina de 4 X 24 pulgadas (10 X 60 cm.), prepare un conjunto de cinco oraciones. Tendrá que escribir con letra menor para ajustar tres o cuatro palabras en las tarjetas. Escriba con letras de dos pulgadas (5 cm.) en vez de tres pulgadas (7,5 cm.). Al hacerlo, procure no juntar demasiado las palabras. Deje el suficiente espacio blanco para que cada palabra pueda «respirar». Enséñelas tres veces al día durante cinco días (o menos). Después, añada dos oraciones *nuevas* diariamente y retire dos viejas también diariamente. Su hijo aprenderá estas oraciones con mucha rapidez, de modo que usted deberá estar dispuesta a pasar a oraciones nuevas con toda la rapidez que pueda.

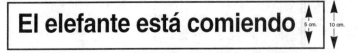

3. Prepare un libro sencillo de oraciones. Este libro debe contener cinco oraciones con una ilustración sencilla para cada oración. El libro deberá medir 8 X 18 pulgadas (20 X 46 cm.), y estará escrito con letras rojas de dos pulgadas (5 cm.) de altura. La página escrita antecede a la ilustración y está separada de ella. Es recomendable hacer que el primero de estos libros sea un sencillo diario de la jornada del niño.

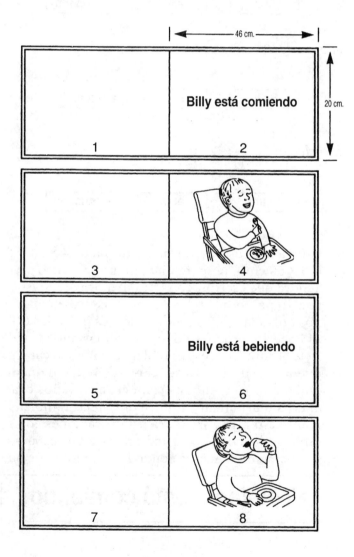

Su nuevo libro se puede ilustrar fácilmente con fotografías del niño haciendo cada una de estas cosas. Este pequeño libro se convierte en el primero de una larga serie de libros que seguirán el crecimiento y el desarrollo de su hijo, así como su vida y sus hechos.

Los niños que tienen la suerte de contar con una madre que dedica el tiempo necesario a preparar estos libros, los aprecian mucho, como es natural. Cada libro empieza siendo un modesto libro de diez páginas que la madre lee a su hijo dos o tres veces al día durante varios días. Después, la madre presenta un capítulo nuevo en el que se utiliza el mismo vocabulario básico.

Estos maravillosos pequeños diarios caseros de la vida de su hijo son un medio vivo y animado de aprovechar todas las grandes fotos que toda madre ha tomado de su hijo a lo largo de los años.

■ PASO CUATRO *(Frases)*

En realidad, las oraciones sencillas que acabamos de ver también son frases cortas. Pero ahora el niño está preparado para el paso más importante, después del de ser capaz de distinguir palabras sueltas. Ahora está preparado para abordar frases completas que expresan un pensamiento más completo.

Si sólo pudiésemos comprender frases que ya hubiéramos visto y conocido antes, nuestra capacidad de lectura estaría francamente limitada. Toda la expectación que sentimos al abrir un libro nuevo se basa en el descubrimiento de las cosas que nos va a decir el libro y que no habíamos leído antes.

Reconocer palabras sueltas y darse cuenta de que representan un objeto o una idea es un paso básico para aprender a leer. Reconocer que las palabras, cuando se usan en una frase, pueden representar una palabra más complicada es un paso adicional y de importancia vital.

Ahora podemos utilizar los mismos procedimientos básicos que presentamos cuando empezamos a preparar oraciones. Pero ahora utilizaremos más de tres palabras. En vez de elegir entre cinco nombres y cinco verbos para preparar la oración sencilla «Mamá está comiendo», añadimos cinco objetos y presentamos la frase «Mamá está comiendo un plátano».

Necesitamos un nuevo grupo de tarjetas con «un», «una», «unos», «unas», «el», «la», «los», «las». Estas tarjetas no se deben enseñar por separado, dado que el niño las aprenderá en el contexto de la frase, donde cumplen una función y tienen sentido; fuera de su contexto tienen poco interés para el niño.

Cuando el niño utiliza las palabras «el», «la», «los», «las» correctamente en el habla corriente y, por lo tanto, las comprende, no las considera palabras aisladas. Naturalmente, es fundamental para la lectura que las *reconozca* y que las *lea* como palabras independientes, pero no es necesario que sea capaz de definirlas. Del mismo modo, todos los niños hablan correctamente mucho antes de saber las reglas de la gramática. Por otra parte, ¿sería usted capaz de explicar el significado de «el», «la», «los», «las», aunque fuera a un niño de diez años? Mejor no se lo explique. Limítese a procurar que sepa leerlas.

Cuando haya preparado frases de cuatro palabras utilizando los tres métodos que se describen en el tercer paso (las oraciones), puede añadir las palabras modificadoras (adjetivos y adverbios) que dan vida a una frase completa:

Cuando vaya añadiendo más palabras, tendrá que volver a reducir el cuerpo de la letra. Reduzca ahora la altura de sus letras hasta una pulgada y media (4 cm.). Deje bastante sitio entre las palabras, o, si es necesario, prepare tarjetas de más de 18 pulgadas (46 cm.) de longitud.

Si usted ha jugado con regularidad al juego de preparar frases con su hijo, ya habrá observado que al niño le encanta formar frases ridículas o absurdas.

Esto deberá inspirarle a usted a hacer lo mismo. Es una triste moraleja el hecho de que nuestra educación formal fuera tan seria y estéril que, sin darnos cuenta, nosotros evitamos el empleo del humor y del absurdo en nuestra enseñanza. Nos recordaron tantas veces que «no hiciéramos el tonto» y que «no hiciésemos el ridículo» que suponemos que va en contra de la ley divertirse cuando se está enseñando o aprendiendo. Este concepto es la esencia misma de lo absurdo, pues divertirse *es* aprender y aprender *es* divertirse. *Cuanta más diversión hay, más se está aprendiendo.*

En una buena sesión de formación de frases, la madre y el hijo suelen acabar intentando superarse el uno al otro en la preparación de frases cómicas, y acaba con mucho ruido, cosquillas, abrazos y risas.

Dado que toda frase que usted está creando o escribiendo en tarjetas o en libros está compuesta de palabras sueltas que antes ha enseñado cuidadosamente, es probable que su hijo entienda muchas frases con gran rapidez.

Será prudente que tome un vocabulario limitado, de unas cincuenta palabras, y que las utilice para formar tantas frases como su hijo y usted puedan crear. Así, su hijo reforzará a fondo su dominio de estas palabras. Adquirirá tanta confianza que será capaz de descifrar cualquier combinación o permutación que se le presente en una frase nueva.

En esta etapa usted todavía le está presentando estos materiales. Le está leyendo las frases o los libros en voz alta. En función de su edad, de su capacidad verbal o de su personalidad, es posible que pronuncie espontáneamente algunas palabras o que lea frases en voz alta. Si lo hace espontáneamente, está bien. Pero usted no debe pedirle que le lea en voz alta. Hablaremos de esto con mayor detalle en el capítulo siguiente.

Cuando pase de las frases de cuatro palabras a las frases de cinco palabras y más, sin duda empezará a acabársele el sitio en las tarjetas de 4 X 24 pulgadas (10 X 60 cm.) o en los libros de 8 X 18 pulgadas (20 X 46 cm.).

Ahora, por evolución, usted va a hacer tres cosas.

1. Reducir el tamaño de la letra.
2. Aumentar el número de palabras.
3. Cambiar el color de la letra de rojo a negro.

Empiece por reducir un poco el tamaño de la letra. No le interesa reducirlo tanto que su hijo llegue a tener alguna dificultad para leerlo. Pruebe con letra de una pulgada (25 mm.). Utilice esta letra durante varias semanas. Si no parece que le cause ningún problema, es que ha llegado el momento de aumentar el número de palabras. Si usted ha estado utilizando frases de cinco palabras, pase a las frases de seis palabras. Pero siga usando letra de una pulgada (25 mm.). Siga durante algún tiempo con frases de seis palabras. Si todo va bien, reduzca el tamaño de la letra a 7/8 de pulgada (22 mm.).

La regla más importante que se debe seguir en este proceso es la de no reducir nunca el tamaño de la letra y aumentar el número de palabras al mismo tiempo.

Reduzca en primer lugar el tamaño de la letra y siga así durante cierto tiempo, y después aumente el número de palabras.

Haga las dos cosas gradualmente. Recuerde, la frase nunca puede pecar de exceso de tamaño o de claridad, pero sí puede pecar de demasiado pequeña o de demasiado confusa. No conviene precipitar nunca este proceso.

Si usted reduce con demasiada rapidez el tamaño de la letra o aumenta demasiado deprisa el número de palabras, advertirá que la atención y el interés de su hijo decaen. Puede empezar a dejar de mirar lo escrito y limitarse a mirarla a usted, porque la tarjeta o la página le resultan demasiado complejas visualmente. Si esto sucede, limítese a volver al tamaño de letra o al número de palabras que estaba usando *inmediatamente antes,* y él recuperará el entusiasmo. Mantenga este nivel durante una buena temporada antes de intentar cambiar las cosas de nuevo.

En realidad, no necesita cambiar el tamaño o el color de las palabras sueltas. Concretamente, hemos descubierto que resulta más fácil tanto para la madre como para el hijo mantener palabras sueltas.

Pero cuando usted esté preparando libros con letras de una pulgada (25 mm.), o con seis palabras o más en una página, le recomendamos que cambie de la letra roja a la negra. Cuando las palabras se van haciendo más pequeñas, el negro ofrece mayor contraste y hace que la página sea más legible.

Ya está preparado el escenario para el último paso de todos, el más emocionante: el libro. Ya hemos despejado un camino importante creando muchos libritos de parejas de palabras, libros de oraciones y libros de frases, pero si estos pasos son el esqueleto, el siguiente es la carne.

El camino ha quedado despejado, de modo que vamos a seguir en marcha.

■ PASO QUINTO *(Libros)*

Su hijo ya está preparado para leer un libro de verdad y como es debido. En realidad, ya ha leído muchos libros caseros y ha completado todas las palabras, las parejas de palabras y las oraciones que encontrará en su primer libro.

La cuidadosa preparación previa es la clave para su éxito con su primer libro y, en realidad, con muchos libros más.

Su capacidad para entender palabras sueltas, parejas de palabras, oraciones y frases escritas con letra muy grande ha quedado establecida. Pero ahora debe ser capaz de entender la letra menor y muchas más palabras en cada página.

Cuanto menor sea el niño, mayor será el desafío que planteará este paso. Recuerde que mientras le enseñaba a leer, usted ha estado haciendo que se desarrollara, verdaderamente, su vía visual, del mismo modo que el bíceps se desarrolla con el ejercicio.

Suponiendo que usted esté reduciendo demasiado deprisa el tamaño de la letra y, por lo tanto, que esté presentando una letra que su hijo todavía no es capaz de leer con facilidad, tendrá una indicación clara de cuál es el tamaño de letra que le resulte fácil y cómodo de leer a su hijo después de realizar los *pasos tercero* y *cuarto* de su programa.

Dado que las palabras que él está utilizando son exactamente las mismas pero sólo difieren en el hecho de que se vuelven más pequeñas a cada paso, usted podrá advertir claramente si el niño está aprendiendo más deprisa de la capacidad de maduración de su vía visual.

Por ejemplo, supongamos que el niño completa con éxito los pasos *tercero* y *cuarto* con palabras de dos pulgadas (5 cm.), pero que le resulta difícil leer esas mismas palabras en el libro. La respuesta es sencilla. Las palabras son demasiado pequeñas. Sabemos que el niño lee con facilidad palabras de 5 cm. En ese caso, la madre o el padre se limitarán a crear palabras adicionales y frases sencillas con letras de 5 cm. Utilice palabras y frases sencillas y con imaginación, con cuya lectura disfrute el niño. Después de dos meses de esta práctica, vuelva de nuevo al libro con su letra menor.

Recuerde que si la letra fuera demasiado pequeña, *a usted mismo* le costaría trabajo leerla.

Si el niño tiene tres años de edad cuando lleguen a la letra de 7/8 de pulgada (22 mm.) del libro, es probable que no se queden detenidos en este punto. Si el niño tiene menos de dos años cuando lleguen al libro, es casi seguro que usted tendrá que conseguir o que crear nuevos libros con letra de una pulgada (25 mm.) o de dos pulgadas (5 cm.) para el niño. Está bien: todo es leer, y leer de verdad. Así madurará el desarrollo de su cerebro mucho más que de cualquier otra manera.

A continuación, la madre o el padre tendrá que conseguir el libro que quiere enseñar a su hijo a leer. Busque un libro que contenga un vocabulario que usted ya haya enseñado en forma de palabras sencillas, de parejas de palabras y de oraciones. Es muy importante elegir el libro adecuado; deberá cumplir los requisitos siguientes:

1. Deberá contener un vocabulario de entre cincuenta y cien palabras.
2. No deberá presentar más de una frase en cada página.
3. La letra no deberá de tener un cuerpo inferior a 7/8 de pulgada (22 mm.).
4. El texto deberá preceder a las ilustraciones y deberá estar separado de las mismas.

Por desgracia, actualmente existen en el mercado pocos libros que cumplan todos estos requisitos.

Tampoco bastará con un libro o dos para mantener alimentado y contento a su apasionado y joven lector. Necesitará *muchos.* Por lo tanto, la manera más sencilla de proporcionar a su hijo libros adecuados en esta etapa es comprar libros interesantes y bien escritos y rehacerlos escribiéndolos con la letra clara y grande que requiere su niño pequeño. A continuación, puede recortar las ilustraciones profesionales e incluirlas en el libro que está preparando usted.

A veces será necesario simplificar el texto para adaptarlo a la capacidad de lectura de su hijo. O bien, puede que encuentre libros con ilustraciones muy bonitas pero con texto tonto o repetitivo que aburriría a su hija. En este caso, rehaga el texto con un vocabulario más avanzado y con frases de estructura más madura.

El contenido del libro es vital. Su hijo querrá leer un libro exactamente por los mismos motivos que nosotros, los adultos, leemos los libros. Querrá que el libro lo divierta o le comunique información nueva; ambas cosas a la vez, a ser posible. Le gustarán los cuentos de aventuras, los cuentos de hadas y de misterio bien escritos. Hay todo un mundo de ficciones maravillosas ya escritas o que están esperando a que las escriban. También le gustarán los libros de temas no novelescos. Los libros que hablan de las vidas de personajes famosos o de los animales son muy populares entre los niños pequeños.

La regla más fácil que usted puede seguir quizá sea la de si a usted mismo le parece interesante el libro. En caso contrario, es muy probable que a su niño de tres años no le parezca tampoco demasiado interesante.

Es mucho mejor, con diferencia, presentarle libros un poco avanzados para él y esperar que los alcance que correr el riesgo de aburrirlo con tonterías y niñerías.

Recuerde las reglas siguientes:

1. Prepare o elija libros que resulten interesantes para su niño.
2. Presente todo el vocabulario nuevo en forma de palabras sueltas antes de empezar el libro.
3. Procure que el texto sea grande y claro.
4. Asegúrese de que el niño tiene que pasar la página para ver la ilustración que sigue al texto.

Cuando haya completado los pasos anteriores, estará preparado para empezar el libro con su hijo.

Siéntese con él y léale el libro. Él puede desear leer algunas de las palabras en vez de que se las lea usted. Si lo hace espontáneamente, está bien. Eso dependerá en gran medida de su edad y de su personalidad. Cuanto más pequeño es el niño, menos deseos tendrá de leer en voz alta. En este caso, lea usted y él la seguirá.

Lea a una velocidad natural, con entusiasmo y con mucha expresión en la voz. No será necesario que señale cada palabra mientras la lee. No obstante, su hijo puede desear hacerlo así. En tal caso, será bueno que lo haga, siempre que usted no se retrase. Léale el libro de dos a tres veces al día durante tres días. Cada libro tendrá vida propia. Algunos libros están pidiendo la estantería al cabo de pocos días y otros se pedirán cada día durante semanas enteras.

Su hijo empieza a tener su propia biblioteca. Cuando usted descarte un libro, lo dejará en su estantería. Después, él podrá leerlo por su cuenta tantas veces como quiera cada día.

Al ir creciendo esta excelente biblioteca de libros hechos a la medida, será una fuente de gran placer y orgullo para el niño pequeño. En esta etapa, es muy probable que empiece a llevarse alguno de sus libros a todas partes.

Mientras los demás niños se aburren en el coche, esperando en la cola del supermercado o sentados en un restaurante, su pequeño tendrá sus libros: sus viejos libros, que él atesora y vuelve a leer una y otra vez, y sus libros nuevos, que espera con interés cada semana.

Llegado este momento resultará imposible proporcionarle suficientes libros. Él los devorará. Cuantos más se le den, más querrá. En un mundo en que un 30 por 100 de los muchachos de dieciocho años que han pasado por nuestro sistema educativo no son capaces de leer prácticamente y muchos terminan la enseñanza secundaria siendo incapaces de leer sus propios diplomas o la etiqueta de un bote, este problema de proporcionar libros suficientes al pequeño es un problema ideal.

Sumario

Existen tres niveles claros de comprensión en el proceso de aprender a leer. Cuando el niño vaya dominando cada uno de ellos dará muestras de regocijo por su descubrimiento nuevo y emocionante. La alegría que debió de sentir Colón al descubrir un nuevo mundo apenas debió de ser superior a la que sentirá el niño en cada uno de estos niveles.

Naturalmente, su primer placer y deleite es la revelación de que las palabras tienen un significado. Para el niño, esto es como un código secreto que comparte con los mayores. Esto le producirá un placer enorme y visible.

Después descubre que las palabras que lee se pueden utilizar combinadas y, por lo tanto, son algo más que simples etiquetas que denotan objetos. También ésta es una revelación nueva y maravillosa.

El último descubrimiento que realiza será, probablemente, muy perceptible por parte de los padres. Este descubrimiento, el mayor de todos, es el de que el libro que está leyendo representa algo más que el simple juego divertido de traducir unos nombres secretos a objetos, y que es todavía más que descifrar unas cadenas de palabras para traducirlas a comentarios acerca de los objetos y de las personas. El niño descubre de pronto, con gran placer, el gran secreto de que este libro le está hablando a él, y sólo a él. Cuando el niño llega a darse cuenta de ello (cosa que no necesariamente sucede hasta que ha leído muchos libros), no habrá manera de pararlo. Entonces será un lector en todos los sentidos de la palabra. Se habrá dado cuenta de que las palabras que ya conoce se pueden disponer de modos diferentes para formar ideas completamente nuevas. Ya no tiene que aprender un conjunto de palabras nuevas cada vez que quiere leer algo.

¡Qué descubrimiento es éste! Pocas cosas de su vida ulterior se podrán comparar con él. Ya puede tener a un adulto que le hable en una nueva conversación, con sólo tomar un libro nuevo.

Ya tiene a su alcance todos los conocimientos de los hombres. No sólo los conocimientos de las personas que conoce en su casa y en su barrio, sino los conocimientos de personas distantes a las que no verá nunca. Más todavía: pueden hablarle personas que vivieron hace mucho tiempo, en otros lugares y en otras épocas.

El poder de controlar nuestro propio destino comenzó, como veremos, con nuestra capacidad de escribir y de leer. Gracias a que los seres humanos han sido capaces de escribir y de leer, han podido transmitir a otros seres humanos de siglos posteriores y de lugares remotos los conocimientos que han adquirido. El conocimiento humano es acumulativo.

Los seres humanos somos seres humanos eminentemente porque sabemos leer y escribir.

Esta es la verdadera importancia de lo que descubre su hijo cuando aprende a leer. El niño puede llegar incluso a hablarle a su manera de su gran descubrimiento, para que a usted, su madre o su padre, no le pase desapercibido. Si lo hace así, escúchelo con respeto y con amor. Lo que tiene que contarle es importante.

18

Cómo dar a su hijo unos conocimientos enciclopédicos

*El mundo está tan lleno de cosas que estoy seguro de
que todos deberíamos vivir tan felices como reyes.*

Robert Louis Stevenson

———— • ————

L A ADQUISICIÓN DE CONOCIMIENTOS es, en un sentido intelectual, el objetivo de la vida. Del conocimiento arranca todo lo demás: la ciencia, el arte, la música, la lengua, la literatura y todo lo que tiene importancia para los seres humanos.

El conocimiento se basa en la información, y la información sólo se puede adquirir a través de los datos. Cada dato es una unidad de información. Cuando un dato de este tipo se presenta al niño de una manera adecuada, se convierte en una *Unidad de Inteligencia,* tanto en el sentido de que hace que se le desarrolle el cerebro como en el sentido de que sirve de base para todos sus conocimientos futuros.

Este capítulo enseñará al padre y al hijo el Programa de Conocimientos Enciclopédicos, y de este modo les abrirá el camino a los conocimientos de todo tipo.

A los padres que desean tener más información acerca de los principios de la transmisión de los conocimientos enciclopédicos a sus hijos les recomendamos la lectura del libro *How to Give Your Baby Encyclopedic Knowledge.*

Este capítulo ha sido escrito como si estuviera dirigido a madres profesionales a tiempo completo, por lo que se supone que lo que pueden hacer el padre o la madre profesionales no tiene límites.

El contenido de este capítulo no debe intimidar en absoluto a la madre que no puede dedicar todo su tiempo a su bebé. Esta madre se limitará a enseñar un número más reducido de grupos.

¿No es maravilloso que haya más cosas por aprender de las que podemos aprender en toda una vida?

El programa de conocimientos enciclopédicos deberá emprenderse cuando el programa de lectura ya esté en marcha y usted se sienta cómodo con él. Esto puede suceder algunas semanas o algunos meses después de haber comenzado el programa de lectura. Los dos programas se complementan mucho mutuamente.

El programa de lectura es, claramente, el más importante de todos. Este programa, como el programa de lectura, también resulta enormemente divertido y aporta al niño un gran placer para toda su vida, dado que cubre la ciencia, el arte, la música, la historia y todas las demás cosas apasionantes que nos ofrece la vida.

¿Qué es una tarjeta de «Unidad de Inteligencia»

Una tarjeta de «*Unidad de Inteligencia*» representa una unidad de información. La tarjeta de *Unidad de Inteligencia* se ha preparado con un dibujo o una ilustración fiel o con una fotografía de gran calidad. Tiene determinadas características importantes. Debe ser precisa, discreta, no ambigua y nueva. También debe ser grande y clara. No debe llamársele, como le llaman algunos, *flash card* o «tarjeta relámpago», pues con este nombre se tiende a minusvalorarlas.

- PRECISA

Cuando decimos que debe ser precisa, queremos decir que debe ser exacta, con una cantidad adecuada de detalles. Debemos hacerla tan exacta como nos resulte humanamente posible.

Si la tarjeta de *Unidad de Inteligencia* contiene, por ejemplo, el dibujo de un cuervo, el dibujo deberá estar realizado con mucho cuidado y con mucha claridad.

- DISCRETA

Cuando decimos que debe ser discreta, queremos decir que debe contener un solo elemento. La tarjeta de *Unidad de Inteligencia* sólo debe contener un tema.

Si la tarjeta de *Unidad de Inteligencia* contiene el dibujo de un cuervo, no deberán aparecer en ella además una vaca, una montaña, una flor y unas nubes.

- NO AMBIGUA

Cuando decimos que debe ser no ambigua, queremos decir que debe tener un nombre concreto, con un significado inconfundible. Por lo tanto, cada tarjeta de *Unidad de Inteligencia* lleva un título que sólo se puede interpretar de una manera única.

Si se trata de un cuervo, deberá llevar el título de **Cuervo**, y no el de «ave negra y grande».

- NUEVA

Cuando decimos que la tarjeta debe ser nueva, queremos decir que debe tratar de algo que su hijo no conozca todavía.

La ilustración siguiente es un ejemplo de imagen incorrecta para una tarjeta de *Unidad de Inteligencia*. El dibujo es impreciso porque el cuervo que se ilustra no tiene detalles y se confunde con el otro cuervo del fondo. No es discreto porque en la misma ilustración hay dos cuervos, unas montañas, una rama con hojas y unas nubes.

La tarjeta sería ambigua aunque se le pusiera el título de **Cuervo**, dado el número de temas que aparecen en la imagen.

Imagen inaceptable para una tarjeta de *Unidad de Inteligencia* titulada «Cuervo».

La ilustración siguiente ilustra una imagen correcta para una tarjeta de *Unidad de Inteligencia*. El dibujo es preciso porque el cuervo aparece con detalle y dibujado con claridad.

Es discreto porque sólo se representa un único tema.

No es ambiguo porque no puede caber duda de que se trata de un cuervo, y llevaría el título correcto al dorso de la tarjeta.

Imagen correcta para una tarjeta de *Unidad de Inteligencia* titulada «Cuervo».

Por lo tanto, para que cualquier unidad de información visual propuesta resulte verdaderamente adecuada para aparecer en una tarjeta de *Unidad de Inteligencia* para su hijo, deberá superar seis pruebas.

1.   Deberá tener detalles precisos.
2.   Deberá contener sólo un elemento.
3.   Deberá tener un título concreto.
4.   Deberá ser nueva.
5.   Deberá ser grande.
6.   Deberá ser clara.

Si falta cualquiera de estas características, la tarjeta de *Unidad de Inteligencia* no deberá figurar en su Programa de Conocimientos Enciclopédicos.

Si están presentes todas estas características, entonces sí se trata de una tarjeta adecuada de *Unidad de Inteligencia*, y su hijo la aprenderá con facilidad cuando se le presente dentro de dicho programa.

Procure comprender a fondo las características que debe tener una tarjeta de *Unidad de Inteligencia* correcta antes de empezar a recopilar y a organizar su programa.

Cómo encontrar imágenes para las tarjetas de Unidad de Inteligencia

Las madres ya han preparado, literalmente, centenares de miles de tarjetas de Unidad de Inteligencia para sus hijos en sus casas. Las mejores fuentes de imágenes son los libros, las revistas, los mapas, los carteles, las fichas pedagógicas y las fichas de los museos.

Los mejores libros son los titulados «Tesoro de ...» (y el nombre del tema), a todo color. Los Tesoros de las plantas, de las flores, de los insectos y de los mamíferos son unas fuentes excelentes para los grupos de materiales visuales. El propósito de estos libros es enseñar e informar, y las ilustraciones y las fotografías suelen ser de gran calidad. Estos libros le proporcionan un grupo ya preparado.

Las revistas pueden ser también una fuente valiosa de imágenes para las tarjetas de *Unidad de Inteligencia*. No obstante, no sirve para ello cualquier revista. Si a usted le interesa enseñar acerca de la flora y fauna naturales, entonces existen muchas revistas de naturaleza que le proporcionarán fotos y dibujos valiosos.

Los mapas de las provincias, las regiones, los países y los continentes han resultado preciosos para preparar tarjetas de *Unidad de Inteligencia* sobre geografía. Dado que otros muchos grupos pueden relacionarse con la geografía, nuestras madres han recurrido mucho a los mapas como fuente.

Los carteles de todo tipo proporcionan excelente materia prima para las tarjetas de *Unidad de Inteligencia*. Los centros oficiales suelen ofrecer carteles con información sobre temas regionales, que pueden adaptarse para preparar buenos materiales pedagógicos.

Casi todos los museos ofrecen buena materia prima para la preparación de tarjetas de *Unidad de Inteligencia*. Proporcionan reproducciones de obras de los grandes pintores y escultores y de obras arquitectónicas. Los museos de ciencia también son una posible fuente de fotos, dibujos y diagramas.

La editorial Better Baby Press fue la pionera en la edición de tarjetas de *Unidad de Inteligencia*, y ofrece al público estos materiales de enseñanza.

Lo que usted puede encontrar para alimentar el cerebro, el corazón y el alma de su bebé no tiene más límites que el propio ingenio de usted y que los límites mismos del conocimiento humano.

Cómo preparar las tarjetas de Unidad de Inteligencia

• CALIDAD

No es difícil preparar en casa tarjetas de *Unidad de Inteligencia* de buena calidad. En concreto, deben tener buena calidad para que usted pueda utilizar estos valiosos materiales con su hijo, que es todavía más valioso. Deberá preparar los materiales teniendo presente un factor por encima de todos: la calidad.

Esto no es un lindo jueguecito al que usted jugará con su hijo, ni tampoco es la guinda del pastel. Es su primer contacto con el conocimiento del mundo.

Sus tarjetas de *Unidad de Inteligencia* deberán reflejar el respeto que siente usted por lo que va a enseñar a su hijo y por lo que éste va a aprender. No hay ningún bien más precioso que el conocimiento. Lo único peor que un regalo barato presentado con un envoltorio muy pretencioso es un regalo de valor inapreciable presentado de mala manera.

Sus tarjetas de *Unidad de Inteligencia* deberán ser apreciadas como bienes familiares que se heredarán amorosamente de un niño al siguiente y se guardarán después cuidadosamente para que las usen más adelante los nietos.

- MATERIALES

Necesitará los materiales siguientes, que suelen ser fáciles de conseguir:

1. Fotos, dibujos y otros materiales visuales adecuados para la preparación de tarjetas de *Unidad de Inteligencia.*
2. Cartulina gruesa.
3. Rotuladores negros indelebles.
4. Pegamento.
5. Película adhesiva transparente, o plastificada (opcional).

- MATERIALES VISUALES ADECUADOS PARA PREPARAR TARJETAS DE UNIDAD DE INTELIGENCIA

Como ya hemos dicho, usted necesitará fotos, dibujos y otros materiales visuales que sean precisos, discretos, no ambiguos y nuevos. Su materia prima para preparar tarjetas de *Unidad de Inteligencia* deberá ser precisa y nueva cuando llegue a sus manos. No obstante, es posible partir de materiales no discretos o ambiguos y volverlos discretos y ambiguos.

Pronto se volverá usted una experta en determinar si una imagen tiene posibilidades o no. Si usted dispone de una buena imagen en potencia para una tarjeta de *Unidad de Inteligencia* pero la imagen se encuentra sobre un fondo que distrae, limítese a recortar el tema y a eliminar el fondo.

Si existe un grupo de objetos dentro de la imagen, recórtelos por separado y haga de cada uno una tarjeta de *Unidad de Inteligencia.*

Si la materia prima tiene un texto al pie o a su alrededor, recórtelo y elimínelo.

Si el tema tiene un título poco claro, ambiguo o que pueda confundir, procure asignarle el título más claro y más completo que pueda. Por ejemplo, el título «tortuga» tiene poco de informativo. Deberá buscar un título más preciso, como **Tortuga carey.**

Por último, antes de descartar los materiales sobrantes, no olvide salvar y archivar toda la información que acompañase al tema seleccionado. Usted necesitará esa información en el futuro para su hijo; por ello, guárdela donde pueda encontrarla con facilidad dentro de varios meses.

- CARTULINA

Nosotros recomendamos que las tarjetas de *Unidad de Inteligencia* se preparen sobre cartulina blanca por los dos lados. Este tipo de cartulina se llama cartulina gruesa, cartulina rígida, cartulina para fichas, etcétera, en función de la composición y de la calidad del material.

El papel carece de la rigidez adecuada para preparar con él tarjetas de *Unidad de Inteligencia*.

Deberá utilizar una cartulina que se pueda sujetar con una mano sin que se doble, y que tenga la solidez suficiente para resistir el manejo repetido (sobre todo si usted espera tener más hijos, además de aquellos a los que está enseñando actualmente).

En los casos en que la cartulina blanca no proporciona un contraste adecuado para el tema de la tarjeta de *Unidad de Inteligencia* que se prepara, utilice cartulina negra o de otro color adecuado para dar contraste.

Para facilitar su labor, puede encargar las cartulinas. Si acude a una papelería, a una tienda de materiales para artistas o a un fabricante de papel, haga que ellos se encarguen del trabajo de cortarlas con sus guillotinas industriales. Las cartulinas deberán medir 11 × 11 pulgadas (28 × 28 cm.).

- ROTULADOR NEGRO INDELEBLE

Para rotular el dorso de sus tarjetas de *Unidad de Inteligencia* necesitará un rotulador negro de punta gruesa. Existen diversas marcas en el mercado. Estos rotuladores son indelebles y utilizan una tinta con base de barniz. No olvide volver a poner los capuchones en los rotuladores cuando no los esté utilizando para que no se evapore la base de barniz. Mantenga estos instrumentos fuera del alcance de su hijo.

- PEGAMENTO

Según nuestra experiencia, el mejor elemento para adherir fotos y dibujos a la cartulina es el pegamento con base de caucho. Aplique una capa ligera al dorso de la imagen y a la zona correspondiente de la cartulina donde se situará la imagen. Cuando ambas superficies estén bastante secas, presione la imagen contra la cartulina. Se puede reforzar la unión colocando una hoja de papel limpia sobre su nueva tarjeta de *Unidad de Inteligencia* y frotando la superficie con la mano.

- PLASTIFICADO

La tarjeta de *Unidad de Inteligencia* ideal está plastificada por ambos lados. La plastificación refuerza la tarjeta, con lo que resulta más difícil estropearla, además de protegerla de las huellas de los dedos y de la suciedad. Si tiene en cuenta el tiempo y la atención que dedica a preparar cada tarjeta de *Unidad de Inteligencia*, parece lógico que desee conservarla de la mejor manera posible para volver utilizarla más adelante o para que la empleen otros miembros de su familia.

La mayoría de las familias no pueden permitirse hacer plastificar a máquina sus tarjetas de *Unidad de Inteligencia*. No obstante, es posible comprar rollos anchos de película transparente autoadhesiva, que es un material fácil de aplicar. Se vende en ferreterías y en las droguerías donde venden también papel adhesivo para cocinas y cajones.

- CÓMO MONTARLO TODO

Usted ya ha reunido todos los materiales que necesita para preparar hermosas tarjetas de *Unidad de Inteligencia*. A continuación deberá establecer una cadena de montaje para sacar el mejor partido posible de lo que haya descubierto.

En primer lugar, prepare el material visual en bruto del que dispone, asegurándose de tener debidamente identificado cada elemento y de haber archivado toda información interesante sobre cada elemento.

En segundo lugar, si el elemento en cuestión no es discreto, recorte el fondo para no montar más de un elemento sobre la tarjeta.

En tercer lugar (y es un paso del que suelen olvidarse las creadoras principiantes de tarjetas de *Unidad de Inteligencia*, con gran disgusto por su parte), rotule el dorso de la cartulina antes de montar la imagen, para no tener que descartar todo el conjunto si comete un error en la rotulación. Deberá rotular limpiamente al dorso la identificación adecuada del elemento, con un rotulador negro indeleble de punta gruesa. El cuerpo de las letras no deberá ser inferior a una pulgada (25 mm.); en realidad, cuanto más grande sean, mejor.

A continuación, con su cartulina etiquetada, pegue sus materias primas a la cartulina con pegamento. Procure aplicar una película fina de pegamento, sobre todo si la imagen tiene textos impresos por el dorso. Las películas gruesas de pegamento pueden hacer que la tinta se corra después de montar la imagen, echando a perder un trabajo cuidadoso.

Ya tiene usted una herramienta pedagógica resistente y de alta calidad. Si quiere conservarla durante muchos años, puede dar el paso adicional de plastificar su nueva tarjeta de *Unidad de Inteligencia* tal como lo hemos indicado antes.

• ORGANIZACIÓN

Las tarjetas de Unidad de Inteligencia siempre están organizadas por grupos. Usted descubrirá que sus grupos empiezan siendo muy genéricos. Por ejemplo, diez grupos característicos para empezar son las aves, los presidentes de los Estados Unidos, los estados de los Estados Unidos, los símbolos musicales, los cuadros de Van Gogh, los huesos del cuerpo, las herramientas sencillas, los nombres de las partes del cuerpo en japonés y los escritores estadounidenses.

Si se observa ese mismo programa dieciocho meses más tarde, se advertirá que la organización de las tarjetas de Unidad de Inteligencia ha avanzado mucho. Dentro de las aves ya existirán los grupos de las aves acuáticas, las comedoras de semillas y las de rapiña. En resumen, usted estará organizando y reorganizando constantemente su biblioteca de tarjetas de *Unidad de Inteligencia* como reflejo de la capacidad de su hijo para conectar y relacionar los grupos entre sí.

Cada grupo deberá contener un mínimo de diez tarjetas de Unidad de Inteligencia, *y el número de tarjetas que puede lle*gar a contener un grupo no tiene límite. Depende por completo en la disponibilidad de información y en el interés y el entusiasmo de su hijo por el grupo en cuestión.

Cuando usted termine de utilizar activamente las tarjetas de Unidad de Inteligencia deberá irlas archivando cuidadosamente por grupos para poder localizarlas más adelante.

- SUMARIO

  1. Conozca la totalidad de los criterios que debe cumplir una tarjeta de *Unidad de Inteligencia.*
  2. Busque una amplia variedad de materia prima para preparar las tarjetas de *Unidad de Inteligencia.*
  3. Organice la materia prima en grupos.
  4. Recorte los temas de sus tarjetas de *Unidad de Inteligencia.*
  5. Conserve información sobre estos temas para los Programas de Inteligencia futuros.
  6. Recorte o compre cartulinas blancas de 11 X 11 pulgadas (28 X 28 cm.).
  7. Rotule el dorso de las tarjetas de 28 X 28 cm. con un rotulador negro.
  8. Aplique pegamento sobre la imagen que se utilizará para preparar la tarjeta de *Unidad de Inteligencia.*
  9. Monte la imagen en la parte delantera de la tarjeta de 28 X 28 cm.
  10. Cubra la tarjeta de unidad de inteligencia con película autoadhesiva transparente o plastifíquela (opcional).
  11. Prepare un sistema práctico de archivo para conservar las tarjetas de Unidad de Inteligencia retiradas.

Grupos de tarjetas de Unidad de Inteligencia

En vista de los criterios que deben seguir las tarjetas de *Unidad de Inteligencia,* está claro que la pieza básica con que se construye la inteligencia es cualquier unidad de información nueva que se pueda presentar de una manera precisa, discreta y no ambigua. El cemento con que se mantiene unida la estructura es la clasificación de las tarjetas de *Unidad de Inteligencia* por grupos.

Un grupo es un conjunto de diez o más tarjetas de *Unidad de Inteligencia* que están relacionadas directamente entre sí. Por ejemplo, un grupo es el de las *Aves*.

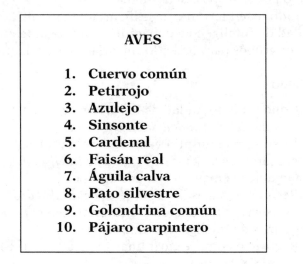

AVES

1. **Cuervo común**
2. **Petirrojo**
3. **Azulejo**
4. **Sinsonte**
5. **Cardenal**
6. **Faisán real**
7. **Águila calva**
8. **Pato silvestre**
9. **Golondrina común**
10. **Pájaro carpintero**

Este grupo de las aves se puede ampliar hasta que comprenda a todas las aves que existen y han existido, desde la prehistoria hasta el presente, o puede quedarse en las treinta aves. En resumen, un grupo contiene al menos diez tarjetas de *Unidad de Inteligencia* y su extensión sólo queda limitada por el número de especies o de miembros que existen en ese grupo.

Por ejemplo, el grupo de los presidentes de los Estados Unidos sólo podrá aumentar al ser elegido un nuevo presidente.

¿Por qué las tarjetas de Unidad de Inteligencia *relacionadas entre sí?*

Este detalle de organización, aparentemente sencillo, tiene un efecto profundamente importante sobre el niño pequeño. Si presentamos a un niño pequeño diez tarjetas de *Unidad de Inteligencia* que son todas ellas precisas, discretas, no ambiguas y nuevas, le hemos entregado tres unidades de conocimiento excelentes. Esto es maravilloso. Él poseerá para siempre estos diez hechos.

Si usted lo hace bien, podrá enseñar las diez tarjetas a un bebé pequeño en diez segundos. Si tarda treinta segundos, estará trabajando demasiado despacio como para mantener su atención.

Es maravilloso hacer esto, y cuando usted haya dedicado diez segundos a esta tarea en tres o cuatro ocasiones, él habrá adquirido la información y la poseerá durante el resto de su vida si usted la repasa de vez en cuando.

Pero en esos mismos diez segundos podemos presentarle diez tarjetas de *Unidad de Inteligencia relacionadas entre sí*, con lo que dispondrá de un mínimo de 3.628.800 combinaciones y permutaciones: ésta es una manera todavía más poderosa de aprovechar diez segundos, y por eso utilizamos las tarjetas de *Unidad de Inteligencia* clasificadas en grupos.

Llamaremos a estos temas de las tarjetas de *Unidad de Inteligencia* relacionadas entre sí Grupos de Inteligencia.

Elección de grupos

Hemos optado por clasificar todos los conocimientos existentes en diez divisiones:

1. Biología.
2. Historia.
3. Geografía.
4. Música.
5. Arte.
6. Matemáticas.
7. Fisiología Humana.
8. Ciencia en general.
9. Lenguaje.
10 Literatura.

Evidentemente, podíamos haber clasificado toda la información en cinco divisiones o en un centenar. Ya quedará claro más adelante por qué hemos elegido estas divisiones.

Su objetivo deberá ser dar a su hijo la base más amplia de conocimientos que pueda proporcionarle. Es recomendable que cuando empiece elija un grupo perteneciente a cada una de las diez divisiones del conocimiento de la clasificación anterior. He aquí algunos ejemplos.

División: *Biología*
Grupo: *Aves*
Tarjetas de Unidad de Inteligencia:

Sinsonte	*Faisán real*
Azulejo	*Cuervo común*
Cardenal	*Águila calva*
Pato silvestre	*Golondrina común*
Pájaro carpintero	*Petirrojo, etc.*

(Se trata de imágenes de las aves)

División: *Historia*
Grupo: *Presidentes de los Estados Unidos*
Tarjetas de Unidad de Inteligencia:

George Washington	*John Adams*
Thomas Jefferson	*James Madison*
James Monroe	*John Quincy Adams*
Andrew Jackson	*Martin Van Buren*
William H. Harrison	*John Tyler*

(Se trata de retratos de los presidentes.)

División: *Geografía*
Grupo: *Estados de los Estados Unidos*
Tarjetas de Unidad de Inteligencia:

Maine	*Vermont*
Rhode Island	*Nuevo Hampshire*
Nueva York	*Massachusetts*
Pensilvania	*Nueva Jersey*
Delaware	*Maryland, etc*

(Se trata de las siluetas de los mapas de los estados.)

División: *Música*
Grupo: *Símbolos musicales*
Tarjetas de Unidad de Inteligencia:
Do   Re   Mi   Fa   Sol   La   Si
Clave de sol   Clave de fa   Redonda, etc.

(Los símbolos musicales correspondientes.)

División: *Arte*
Grupo: *Cuadros de Van Gogh*
Tarjetas de Unidad de Inteligencia:

El escolar La señora	*Roulin y su hijo*
Los girasoles	*Autorretrato*
El cartero	*Roulin Carretas de gitanos*
Viejo triste	*La iglesia de Auvers*
Terraza de café por la noche	*Campo con melocotones en flor, etcétera.*

(Se trata de reproducciones de los cuadros.)

División: *Fisiología humana*
Grupo: *Huesos del cuerpo*
Tarjetas de Unidad de Inteligencia:

Cráneo	*Mandíbula*
Costillas	*Tibia*
Radio	*Vértebras*
Peroné	*Radio*
Falanges	*Clavícula*

(Se trata de dibujos que representan a los huesos.)

División: *Matemáticas*
Grupo: *Cantidades puras (puntos)*
Tarjetas de Unidad de Inteligencia:
●,   ●●,   ●●●,   ●●●●,   ●●●●●,
●●●●●●,   ●●●●●●●,   ●●●●●●●●,
●●●●●●●●●,   ●●●●●●●●●●,   etc.

(Se trata de puntos rojos en la tarjetas. Ver el capítulo 19, que trata de las matemáticas.)

División: Ciencia en general
Grupo: Herramientas sencillas
Tarjetas de Unidad de Inteligencia:

Tijeras	*Cuchillo*	*Sierra*	*Martillo*
Hacha	*Destornillador*	*Taladro*	*Tornillo de banco*
Escoba	*Palanca, etc.*		

(Se trata de dibujos o de fotos de las herramientas.)

División: *Lenguaje*
Grupo: *Japonés*
Tarjetas de Unidad de Inteligencia:

me (ojos)	*mimi (oídos)*
oheyso (ombligo)	*atama (cabeza)*
kata (hombros)	*hana (nariz)*
kuchi (boca)	*kaminoke (pelo)*
ashi (pies)	*hiza (rodilla), etc.*

(Se trata de palabras escritas sobre las tarjetas. Ver el capítulo 17 que trata de la lectura.)

División: *Literatura*
Grupo: *Escritores estadounidenses*
Tarjetas de Unidad de Inteligencia:

Thomas Jefferson	*Thomas Paine*
Nathaniel Hawthorne	*Herman Melville*
Edgar Allan Poe	*Louisa May Alcott*
Henry David Thoreau	*F. Scott Fitzgerald*
Ernest Hemingway	*Mark Twain, etc.*

(Se trata de retratos o de fotografías de los escritores.)

El régimen intelectual de su hijo debe ser amplio. Cuantos más grupos se le enseñen, más amplia será la visión del mundo que poseerá su hijo. No pretendemos dirigir a nuestros hijos en un sentido o en otro: muy al contrario. Lo que deseamos es presentarles muestras de todo el mundo. De ellos dependerá elegir el sentido que quieran seguir.

Cuando se ofrece un amplio espectro de grupos, estas decisiones se tomarán sobre la base de unos conocimientos amplios, en vez de tomarse sobre la base de una ignorancia amplia.

Cómo enseñar utilizando las tarjetas de Unidad de Inteligencia

El apartado siguiente le ayudará a enseñar a su hijo utilizando las tarjetas de Unidad de Inteligencia. Aunque esta información técnica es importante, el ingrediente más fundamental y valioso de su programa está dentro de usted. Se trata del afecto y del respeto con el que enseña usted. Esta información técnica servirá para garantizar que las relaciones de intimidad que comparten su hijo y usted crezcan y se desarrollen a lo largo del proceso de enseñanza.

- LA SESIÓN

Elija el primer grupo que a usted le gustaría enseñar a su hijo. Este grupo contiene diez tarjetas de *Unidad de Inteligencia.*

Colóquese y coloque a su hijo de tal modo que ambos estén cómodos, mirándose cara a cara. Presente las tarjetas a unas 18 pulgadas (45 cm.) de su hijo.

Empiece por anunciar con alegría: «¡Voy a enseñarte unas aves!»

A continuación, con toda la rapidez que se lo permitan sus dedos, pase la última tarjeta del mazo a la parte delantera y diga: «Esta ave es un cuervo común»; «esta ave es un petirrojo»; «esta ave es un azulejo».

Al tomar la última tarjeta del mazo y pasarla al frente puede dar una ojeada rápida al nombre que está escrito al dorso de la tarjeta que está a punto de presentar. Después, al poner al frente esa tarjeta, usted comunica al niño el nombre de la misma.

Usted pasa rápidamente estas diez tarjetas con gran entusiasmo. Su objetivo es hacerlo con toda la velocidad que pueda. Deberá tardar de 10 a 15 segundos; no más de este plazo, desde luego. Un segundo de observación de cada tarjeta y cinco segundos en total pasando las tarjetas. Pronto adquirirá habilidad en este sentido.

Durante los primeros días después de presentar un nuevo grupo, usted seguirá diciendo: «Esta ave es un (nombre)»; pero más tarde dirá sólo «cuervo común», «petirrojo», «azulejo», etcétera, tan deprisa como pueda. Los niños comprenden las reglas con mucha rapidez.

Es prudente asegurarse de que ninguna de las tarjetas de *Unidad de Inteligencia* está invertida ni cabeza abajo antes de empezar, para no derrochar el tiempo de su hijo mientras usted da la vuelta a las tarjetas. Por otra parte, deberá barajar las tarjetas antes de cada sesión para que no se enseñen en el mismo orden cada vez.

Como ya sabe usted por la experiencia de enseñar a leer a su hijo, deberá eliminar las distracciones del entorno, sobre todo cuando estén haciendo algo nuevo por primera vez. Así pues, cuando inicie su Programa de conocimientos enciclopédicos, ponga un cuidado especial en elegir un momento tranquilo y sosegado para presentar sus tarjetas de *Unidad de Inteligencia*.

- FRECUENCIA

Reparta sus sesiones de Conocimientos Enciclopédicos a lo largo del día de tal modo que en realidad esté realizando muchas sesiones breves en vez de varias sesiones sucesivas que son, en realidad, una sola sesión larga. Intercale entre ellas sesiones de lectura. Después de completar una sesión, dedíquese a otra cosa.

Si su hijo le pide «¡más!» (y se lo pedirá en muchos casos), dígale: «¡Claro que sí, en cuanto hayamos puesto la mesa!» Su hijo tendrá verdadera ansia de todas estas cosas. Deberá ser usted quien se ocupe de que no abuse de esto, poniendo fin a cada una de las sesiones y cumpliendo siempre su promesa de volver a sacar más tarde las tarjetas de *Unidad de Inteligencia*.

Las horas de la mañana son las mejores para enseñar. La tarde no suele resultar tan adecuada, pero al caer el día las cosas empiezan a animarse de nuevo. En cualquier caso, elija los ratos en que su hijo esté más despierto y atento, y evite por todos los medios los ratos en que no lo esté.

- INTENSIDAD

Usted ha procurado con mucho interés que sus tarjetas de *Unidad de Inteligencia* sean claras y grandes y que estén montadas con márgenes grandes. Así se garantiza que su hijo pueda ver con mucha facilidad el tema de las tarjetas, y usted podrá enseñarle sus tarjetas de *Unidad de Inteligencia* sin preocuparse de si su hijo las ve o no.

Sitúese a unas dieciocho pulgadas (45 cm.) de su hijo. Sus manos no deben tapar de ningún modo la imagen de la tarjeta.

La iluminación debe ser buena y usted debe evitar las distracciones visuales, auditivas y táctiles.

Otro aspecto es el de la intensidad de su voz. Cuanto más pequeño sea su hijo cuando empiecen, más alta y más clara deberá ser la voz de usted. Pero no grite.

- DURACIÓN

Deberá dedicar a cada tarjeta de *Unidad de Inteligencia* un segundo, y nada más. Siempre, siempre deberá enseñar a su hijo algunas tarjetas menos de las que a él le gustaría verdaderamente que usted le mostrase. Si usted sabe que a su hijo le gustaría ver quince, muéstrele diez; si el número máximo que desea su hijo es de diez, muéstrele cinco.

La atención de su hijo es excelente. Procure ganársela siempre llevando las sesiones con brevedad, con vida, con mucha organización y con entusiasmo.

- LAS SESIONES DE UN DÍA

Empiece por presentar tres grupos diferentes con diez tarjetas de *Unidad de Inteligencia* en cada grupo. Procure enseñar cada grupo tres veces en el día. Al ir ganando confianza usted, empiece por añadir más grupos día a día hasta que esté mostrando diez grupos diferentes. Como siempre, cada grupo se presenta durante diez segundos tres veces al día.

- AÑADIR INFORMACIÓN NUEVA; RETIRAR LA VIEJA

Diez días después de haber llegado a los diez grupos empiece por retirar una tarjeta vieja de *Unidad de Inteligencia* de cada uno de los grupos cada día. Guarde estas tarjetas retiradas en su fichero para volver a usarlas más adelante. Añada una tarjeta de *Unidad de Inteligencia* nueva a cada grupo para sustituir a la que ha retirado. A partir de este momento, usted sigue añadiendo una tarjeta nueva por grupo cada día, un total de diez tarjetas de *Unidad de Inteligencia* nuevas cada día. *Éste es un número mínimo, no máximo.*

Si usted puede introducir tarjetas nuevas con mayor rapidez, no cabe duda de que su hijo podrá retenerlas. Este número mínimo que hemos indicado tiene en cuenta la cantidad de tiempo dedicado a buscar, a recortar y a pegar. No es un límite debido a la capacidad del cerebro de un niño pequeño. Esta capacidad, para todos los efectos, no tiene límite.

Cuando se le hayan acabado las tarjetas de *Unidad de Inteligencia* de un grupo, retire el grupo en su totalidad y presente en su lugar un grupo completamente nuevo de diez tarjetas. Más tarde, cuando usted haya encontrado materiales suficientes nuevos de *Unidad de Inteligencia* para el grupo retirado, podrá volver a introducirlo. Hasta entonces, archive cuidadosamente las tarjetas retiradas, pues las necesitará más adelante.

- La vida de una tarjeta de *Unidad de Inteligencia*

Toda madre deberá vigilar de cerca el programa de su hijo. Por ejemplo, deberá saber con exactitud cuántas veces necesita enseñar a su hijo una tarjeta nueva de *Unidad de Inteligencia* para que éste las conozca al dedillo. Es fundamental saberlo, pues deberá cambiar constantemente.

Por ejemplo, en el programa que hemos esbozado líneas atrás, ¿cuántas veces necesita ver su hijo una tarjeta antes de retirarla? Si ha seguido cuidadosamente la descripción, verá que el ciclo vital de una tarjeta de *Unidad de Inteligencia* determinada es de treinta días, pues la tarjeta nueva se ve tres veces al día durante diez días. No obstante, si usted sigue este programa con energía y entusiasmo durante un plazo de entre tres y seis meses, descubrirá que treinta presentaciones en un periodo de diez días es, sencillamente, más de lo que necesita su hijo.

¿A qué se debe esto?

Usted ha desempeñado un papel eficaz para el desarrollo de la vía visual de su hijo. Ahora puede enseñarle sus tarjetas nuevas sólo tres veces al día durante cinco días (quince veces en total), y ¡oh prodigio!, se las sabe.

Este cambio enorme de la frecuencia se suele conseguir al cabo de pocos meses de iniciar el programa descrito.

Cuando empiece, pregúntese con frecuencia: «¿Tengo que cambiar el ciclo vital de las tarjetas de *Unidad de Inteligencia* teniendo en cuenta la mayor madurez de la vía visual de mi hijo?»

Si usted se está divirtiendo y si su hijo se divierte también, no cabe duda de que usted se dará cuenta un día de que su hijo sólo necesita ver tarjetas nuevas una o dos veces para conocerlas bien.

Algunas veces, las madres consideran que esto es un problema. Pero más tarde se dan cuenta de que han alcanzado su objetivo: un niño que es capaz de aprender cualquier cosa rápidamente y sin esfuerzo la primera vez que la ve. El cerebro de su hijo se está desarrollando cada día, y se está desarrollando con gran rapidez.

* ¿QUÉ ES UN «PROGRAMA DE INTELIGENCIA»?

Cuando usted haya establecido una amplia red de tarjetas de *Unidad de Inteligencia,* organizadas sistemáticamente por grupos, habrá llegado el momento de ampliar su Programa de Conocimientos Enciclopédicos.

Cuando haya enseñado a su hijo 1.000 tarjetas de *Unidad de Inteligencia,* deberá empezar a crear Programas de Inteligencia.

Si bien un grupo de inteligencia establece una amplitud de conocimiento en un área, los Programas de Inteligencia proporcionan una magnitud ascendiente de conocimientos dentro de un grupo. Cada nuevo programa dentro de un grupo pasa a una magnitud superior, empezando por la información más sencilla y terminando por la más profunda. He aquí un ejemplo:

División: *Biología*
Grupo: *Aves*
Tarjeta de Unidad de Inteligencia: *Cuervo común*

PROGRAMA DE 1.ª MAGNITUD: *Los cuervos construyen sus nidos en los árboles o en los arbustos.*

PROGRAMA DE 2.ª MAGNITUD: *Los nidos de los cuervos están hechos de ramas cubiertas de hierba o de pelo.*

PROGRAMA DE 3.ª MAGNITUD: *Los cuervos comen insectos, granos, fruta y semillas.*

Programa de 4.ª MAGNITUD: *SE HA VISTO A LOS CUERVOS COMER moluscos, animales muertos, ratones, huevos, peces, basuras, caucho, masilla y materiales aislantes de plástico.*

PROGRAMA DE 5.ª MAGNITUD: *La hembra del cuervo cría una nidada cada año.*

PROGRAMA DE 6.ª MAGNITUD: *La voz del cuervo es fuerte y dura; no es musical.*

PROGRAMA DE 7.ª MAGNITUD: *Los cuervos forman parte de la familia de los córvidos.*

PROGRAMA DE 8.ª MAGNITUD: *La familia de los córvidos la constituyen los cuervos, los arrendajos y las urracas.*

PROGRAMA DE 9.ª MAGNITUD: *La mayoría de las aves de la familia de los córvidos establecen parejas de por vida.*

PROGRAMA DE 10.ª MAGNITUD: *La mayoría de los córvidos son gregarios: anidan en colonias densas.*

PROGRAMA DE 11.ª MAGNITUD: *Las únicas regiones del mundo donde no se encuentran miembros de la familia de los córvidos son Nueva Zelanda y la mayoría de las islas del Océano Pacífico.*

PROGRAMA DE 12.ª MAGNITUD: *La familia de los córvidos tiene 103 especies divididos en 26 géneros.*

Está claro que estas magnitudes pueden ir creciendo más y más, y que sólo quedan limitadas por el estado actual de los conocimientos humanos en cualquier área determinada.

Cuando usted emprenda los Programas de Inteligencia, su objetivo deberá ser establecer una amplitud de conocimientos por todos sus grupos, en vez de ir incrementando el grado de magnitud de cualquier tarjeta o grupo de *Unidad de Inteligencia.*

En principio deberá aspirar a realizar un Programa de Inteligencia de la 1.ª magnitud sobre todas las tarjetas retiradas de todos los grupos. Cuando complete este paso, empezará a ir subiendo a magnitudes cada vez mayores en todos los grupos.

Cuando esto se lleva a cabo en magnitudes crecientes, la información sobre elementos determinados dentro de un grupo empieza a tener puntos de coincidencia. Más tarde, los propios grupos empiezan a estar relacionados entre sí.

Al final, su Programa de Conocimientos Enciclopédicos se convierte en una vasta red de conocimientos en los que no se añade ningún elemento de información nuevo que no arroje luz sobre algún otro elemento de información.

Cuando usted haya alcanzado esta etapa, descubrirá que cuanto más enseñe a su hijo, más será capaz de retener éste.

Es un estado de cosas muy agradable para él y para usted.

- OTRAS CARACTERÍSTICAS DE LOS PROGRAMAS DE INTELIGENCIA

1. El Programa de Inteligencia es exacto.

Se trata de un dato, no de una opinión ni de una suposición. Por ejemplo, «George Washington fue el primer presidente de los Estados Unidos» es un Programa de Inteligencia. «Zachary Taylor fue un mal presidente» no es un Programa de Inteligencia: es una opinión.

2. El Programa de Inteligencia es claro.

Está redactado de la manera más clara y directa posible, de tal modo que no sea susceptible de interpretarse mal en ningún sentido. Por ejemplo, «el guepardo es el más veloz de los mamíferos terrestres» es una afirmación que no se puede interpretar mal en ningún sentido.

Los Programas de Inteligencia pueden servir para relacionar entre sí las tarjetas de un grupo retirado de *Unidad de Inteligencia* con las de otro grupo retirado.

Por ejemplo, «George Washington nació en Virginia». Para el niño que conoce a George Washington y que conoce el estado de Virginia, es una buena manera de relacionar entre sí dos grupos que aparentemente no tenían nada en común.

Cuando su hijo y usted vayan descubriendo más maneras de relacionar los grupos entre sí, él se irá emocionando cada vez más al descubrir cada relación nueva. Los Programas de Inteligencia deberán estar relacionados con las informaciones con las que ya esté familiarizado su hijo.

Es perfectamente cierto que a Bach lo llamaron «el maestro de la fuga», pero este dato puede resultar algo esotérico como primer programa sobre Bach.

Usted avanzará más y mejor con este otro dato: «Bach tuvo veintitrés hijos.» Le resultará mucho más fácil volver a comunicar Programas de Inteligencia de magnitud superior que traten de un hombre que tuvo veintitrés hijos.

En resumen, le interesará emprender unos primeros Programas de Inteligencia para abrir puertas a su hijo. Para que su hijo quiera asomarse detrás de esas puertas, los primeros programas deberán estar relacionados con las cosas que él ya conoce. Más adelante, usted podrá cubrir terrenos bastante poco familiares sin dificultades.

Los Programas de Inteligencia deberán ser interesantes. El hecho de que Filadelfia tiene x kilómetros cuadrados es un dato, pero es muy árido a no ser que también se estén realizando programas matemáticos y se estén haciendo cálculos relacionados con los kilómetros cuadrados. Es mucho más interesante saber que la campana de la Libertad se conserva en Filadelfia.

Si un dato que haya encontrado usted le parece árido y aburrido, es muy probable que a su hijo también le resulte árido y aburrido. Busque las cosas que le interesen a usted, y así se ganará también el interés de su hijo.

Los Programas de Inteligencia deben ser divertidos cuando resulte adecuado que lo sean. De todos los recursos pedagógicos que existen, el humor es el más infravalorado, el más olvidado y el más despreciado injustamente.

Pocos Programas de Inteligencia han tenido tanto éxito entre los chicos de los Institutos que el que dice: «Cuando Chaikovski dirigía a la orquesta, se ponía la mano izquierda bajo la barbilla porque tenía miedo de que se le cayese la cabeza.»

El mundo está lleno de datos sorprendentes y divertidos. Utilícelos.

● CÓMO ENCONTRAR PROGRAMAS DE INTELIGENCIA

El primer lugar donde puede encontrar información sobre una tarjeta de *Unidad de Inteligencia* retirada es la misma fuente donde usted encontró el dato de partida. Algunos padres prudentes fotocopian la información que encuentran junto con sus dibujos o fotografías antes de montar éstas en las fichas, y archivan dicha información. Usted necesitará también una enciclopedia completa o una buena enciclopedia resumida en un solo volumen. Si no puede permitirse comprarla, acuda a la biblioteca de su localidad y trabaje allí.

Un buen diccionario de los dirigidos a estudiantes de secundaria y, con el tiempo, un buen diccionario para estudiantes universitarios también resultarán útiles para todos los aspectos de su programa. Estos diccionarios deberán indicar las palabras que se derivan de cada palabra, además de sus definiciones.

En caso de duda, consúltelo.

No comunique a su hijo lo que usted *cree* que es la verdad. Compruebe sus datos con toda la precisión que pueda.

● CÓMO PREPARAR PROGRAMAS DE INTELIGENCIA

Existen tres maneras básicas de preparar Programas de Inteligencia. La más sencilla es escribir los programas que quiere enseñar sobre tarjetas de 5 x 7 pulgadas (13 x 18 cm.). Escriba cinco programas en cada tarjeta. (Se los leerá a su hijo en voz alta.)

El cuervo común

1. Los cuervos construyen sus nidos en los árboles o en los arbustos.

2. Los nidos de los cuervos están hechos de ramas cubiertas de hierba o de pelo.

3. Los cuervos comen insectos, granos, fruta y semillas.

4. Se ha visto a los cuervos comer moluscos, animales muertos, ratones, huevos, peces, basuras, caucho, masilla y materiales aislantes de plástico.

5. La hembra del cuervo cría una nidada cada año.

Otra manera de enseñar un programa es escribirlo en forma de tarjetas que contienen cada una una frase en letra grande. También se las leerá usted en voz alta, pero él podrá ver las palabras mientras usted se las lee.

Estas tarjetas pueden llegar a desempeñar un papel importante en el programa de lectura.

Los cuervos comen insectos, granos, frutas y semillas.

Una tercera manera de presentar los programas consiste en preparar bonitos libros de lectura hechos en casa, con un programa en cada página y con cinco a diez programas en cada libro. Usted lee el libro a su hijo, y más adelante el niño lo lee por sí solo. Naturalmente, el tamaño de la letra dependerá del nivel actual de lectura de su hijo.

Cómo enseñar los Programas de Inteligencia

• LA SESIÓN

La sesión no deberá abarcar más de cinco programas. Se tarda más tiempo en leer en voz alta los programas que en mostrar las tarjetas de *Unidad de Inteligencia*, y para mantener la atención en las sesiones usted deberá leer menos programas.

Si usted no hace más que leer a su hijo los programas, utilice un sistema de fichas para mantener el orden. Es divertido sacar las cinco tarjetas viejas de *Unidad de Inteligencia* y enseñarlas rápidamente mientras comunica a su hijo información nueva.

Por ejemplo, usted saca las tarjetas descartadas de aves y las va enseñando mientras dice:

Cuervo:

«Los cuervos anidan en los árboles o en los arbustos.»

Petirrojo:

«Los petirrojos tienen el pecho rojo y las alas grises.»

Azulejo:

«El canto del azulejo es "jay" o "jía".»

Sinsonte:

«El sinsonte suele cantar de noche.»

Cardenal:

«El cardenal macho es de color rojo brillante, con la cara negra.»

Deberá tardar de 10 a 15 segundos. Si usted prefiere utilizar frases escritas en letra grande en vez de enseñar la tarjeta de *Unidad de Inteligencia*, enseñe la frase mientras la lee.

Si prefiere utilizar el libro, siéntese a leerlo con su hijo. Sea cual sea el método que elija, la sesión deberá ser rápida y muy divertida.

- LAS SESIONES DIARIAS

Empiece con cinco grupos de cinco programas en cada grupo. Presente cada grupo tres veces al día. Puede ampliar esta frecuencia hasta llegar a presentar tantos grupos como quiera.

- AÑADIR PROGRAMAS NUEVOS Y RETIRAR LOS VIEJOS

Después de cinco días, retire todos los programas que haya estado utilizando e introduzca cinco programas nuevos en cada grupo. Esto supone que cada programa se presentará tres veces al día a lo largo de cinco días, es decir, un total de quince veces antes de retirarse. Usted añadirá al menos veinticinco programas nuevos cada cinco días. Si usted advierte que su hijo está aprendiendo los programas con mayor rapidez, retírelos antes e introduzca otros nuevos.

Cuando se le acaben los programas buenos para un grupo determinado, retire el grupo y empiece a trabajar con otro grupo retirado.

- MAGNITUD DE LOS PROGRAMAS

Cuando haya realizado muchos Programas de Inteligencia de primera magnitud, empezará a enseñar programas de segunda magnitud. Cada orden de magnitud exige unos conocimientos generales más amplios que el anterior. Por lo tanto, sus primeros programas contendrán información nueva pero dentro de un contexto familiar. En los primeros programas, usted utilizará un vocabulario familiar. Al ir avanzando, utilizará un vocabulario cada vez más sofisticado.

De este modo, su hijo siempre estará aspirando a alcanzar información más avanzada a la vez que se mantiene firmemente asentado sobre una base de entendimiento. De usted depende de que en cada nuevo escalón aparezca una información nueva dentro de un contexto que el niño pueda comprender y apreciar con facilidad.

En realidad, la base de toda buena enseñanza es el equilibrio correcto entre estos dos elementos.

Sumario

Usted ya deberá tener claro que puede enseñar a su hijo casi cualquier cosa que sea capaz de presentarle de una manera sincera y concreta. Puede ofrecer a su niño pequeño todos los temas que usted misma conozca y que le gusten. Puede enseñar a su hijo todos aquellos temas que a usted le interesaron pero que nunca pudo estudiar. Empiezan a ser abordables incluso los temas que a usted le resultaban difíciles.

En efecto, las madres que llevan doce meses o más enseñando a sus hijos tarjetas de *Unidad de Inteligencia* durante doce meses o más descubren que su actitud hacia la cultura y el aprendizaje ha cambiado por completo. Estas mujeres tienen el mundo en sus manos. Ningún tema les parece demasiado arduo. Es posible que no conozcan todos los temas del mundo, pero saben bien dónde pueden conseguir el material que necesiten para preparar tarjetas de *Unidad de Inteligencia*. Están conectadas con todo el mundo.

La imaginación inagotable de nuestras madres y padres profesionales no deja nunca de maravillarnos. Podemos afirmar sin miedo a equivocarnos que no hay dos madres que preparen dos programas iguales de Conocimientos Enciclopédicos.

En el programa de cada niño se refleja de manera singular la creatividad, la imaginación y la inventiva de su madre. Parece que la inventiva de las madres profesionales no tiene límites, como tampoco los tiene la capacidad del niño pequeño.

Toda madre que se embarca en esta aventura espera ampliar la capacidad de su hijo. Lo hace con tanta energía y vigor que apenas se toma el tiempo necesario para evaluar el modo en que cambia la capacidad y el punto de vista de la propia madre.

Un día, cuando se dispone alegremente a enseñar a su hijo cálculo infinitesimal o física nuclear, se da cuenta de lo que está haciendo y su propio arrojo la sorprende.

La sensación de sorpresa no le dura mucho tiempo.

Se dice a sí misma: «Siempre supe en secreto que yo era capaz de aprender cualquier cosa»; y vuelve al trabajo de enseñar a su hijo.

Ya no somos capaces de aprender a la velocidad con la que aprende un niño pequeño, ni mucho menos; ni tampoco se puede comparar siquiera la calidad de nuestro aprendizaje con la suya.

No obstante, podemos gozar de la emoción y del honor de tomar en brazos a este alumno maravilloso y de ponerlo sobre nuestros hombros. ¡Qué hombros tan anchos tienen nuestros padres profesionales, y qué panorama tan amplio ofrecen a nuestros niños pequeños!

19

¿Cómo es posible que los niños pequeños realicen cálculos matemáticos instantáneos?

———•———

L O QUE DEBÍAMOS PREGUNTARNOS no es «¿Cómo es posible que los niños pequeños realicen cálculos matemáticos instantáneos?» sino, más bien; «¿Cómo es posible que los adultos, que hablan una lengua, no realicen cálculos matemáticos instantáneos?»

El problema es que en las matemáticas hemos confundido el símbolo, 5, con el dato,

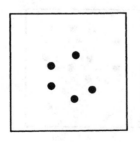

Cuando el problema estriba en conocer la magnitud 5 ó de

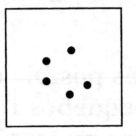

entonces no hay problema, pues el adulto es capaz de percibir correctamente el símbolo o el dato desde el valor uno

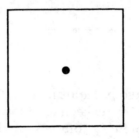

hasta el valor 12

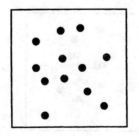

aproximadamente, con cierto grado de fiabilidad.

Desde el 12

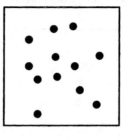

hasta el 20,

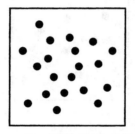

aproximadamente, hasta el más sagaz de los adultos tiende a perder fiabilidad notablemente.

A partir del 20,

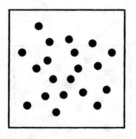

los adultos calculamos a bulto, y casi siempre calculamos muy mal.

Los niños que ya conocen los símbolos, como por ejemplo 5, 7, 10, 13, pero que no conocen los datos

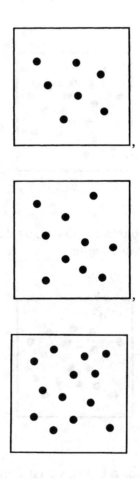

son incapaces de realizar cálculos matemáticos instantáneos.

Pero los niños pequeños ven las cosas exactamente tal como son, mientras que nosotros, los adultos, tendemos a ver las cosas como creemos que son o como creemos que deberían ser.

A mí me parece enloquecedor que, a pesar de que entiendo perfectamente cómo los niños de dos años son capaces de hacer cálculos matemáticos instantáneos, yo sea incapaz de hacer otro tanto. Si no consigo realizar cálculos matemáticos instantáneos, se debe a que si me dicen «setenta y nueve» yo sólo soy capaz de ver

$$79$$

No soy capaz de ver

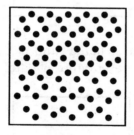

No es completamente exacto decir que yo no veo lo anterior. Lo veo, pero no soy capaz de percibirlo.

Los niños pequeños sí son capaces.

Para que los niños pequeños perciban la verdad del uno (1), que es, concretamente,

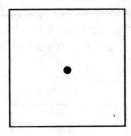

sólo es preciso que enseñemos al niño el dato

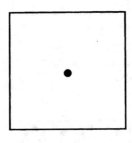

y que le digamos: «Esto se llama "uno".»

A continuación le presentamos el dato

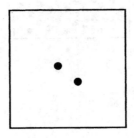

y le decimos: «Esto se llama "dos".»

Después le decimos «Esto se llama "tres"», mostrando al niño

y así sucesivamente. Basta con que presentemos cada uno de estos datos un número muy reducido de veces para que el niño pequeño sea capaz de percibir y de retener la verdad.

Cuando a la mente adulta se le presenta esta realidad, tiende a asombrarse de ella, y muchos adultos prefieren creer que un niño que es capaz de reconocer los valores del

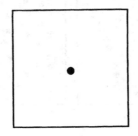

al

es, de alguna manera, vidente, antes de aceptar que un niño de dos años sea capaz de realizar una tarea que a nosotros nos parece que tiene un carácter intelectual y que nosotros, los adultos, no somos capaces de conseguir.

Después, nos aferramos al clavo ardiendo de creer que en realidad el niño no está reconociendo el número sino, más bien, la forma en que están dispuestos los números.

Pero cualquier niño de un año que se precie, y al que no hayan engañado todavía para que reconozca los símbolos antes de reconocer los datos reales, es capaz de ver a primera vista que

o como quiera que se quieran disponer los datos, es lo mismo: equivale a lo que llamamos... ¿27? Perdone: le hemos engañado. ¡En realidad, es el cuarenta y no el 27!

Una cosa que nosotros los adultos sólo podemos ver si se nos presenta el símbolo «40».

Los chicos no se dejan engañar y ven sólo la verdad, con independencia del modo en que se les presente, mientras que nosotros los adultos tenemos que contar los puntos si se nos presentan en cualquier disposición aleatoria, o que recurrir a la multiplicación si se nos presentan las columnas. Así, si presentamos el dato de esta forma

●●

nosotros resolvemos el problema contando los puntos, mientras que el niño pequeño ve la verdad de una ojeada.

Si presentamos la verdad en forma de columnas

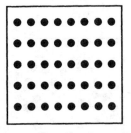

los adultos tendemos a contar el número de columnas, que vemos que es de 8, y el número de filas, que vemos que es de 5, y después recurrimos a una formulación aritmética que vemos del modo siguiente:

$$\begin{array}{r} 8 \\ \times\ 5 \\ \hline 40 \end{array}$$

o a una formulación algebraica: 8 X 5 = 40.

Este proceso increíblemente lento no tiene casi ninguna virtud que lo haga recomendable, salvo el hecho de que permite llegar a un resultado final correcto. No obstante, incluso cuando llegamos al resultado correcto, que vemos como 40, no tenemos ninguna idea de lo que significa en realidad 40, si no es por comparación con alguna otra cosa, tal como el número de dólares que gano al día, o el número de días que hay en un mes más diez. El niño ve la verdad absoluta, que es que

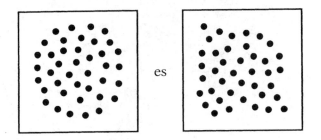

es

Sin aproximaciones, y nada menos.

Si debemos comparar el valor con los días del mes, entonces bien podemos decir que cualquier niño al que se haya brindado la oportunidad de ver la verdad sabe que septiembre,
abril, junio y noviembre tienen

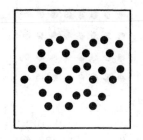

días.

Y si hay que comparar lo que nosotros llamamos 40 con los
días del mes, entonces diríamos que 40 es lo mismo que

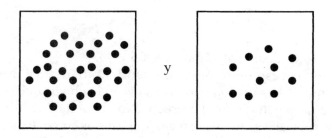

como puede ver claramente cualquier niño.

20

¿Cómo enseñar matemáticas
a su bebé?

—Nina, ¿cuántos puntos ves?
—¡Los veo todos, abuela!

NINA PINKETT REILLY, DE TRES AÑOS

•

LOS NIÑOS PEQUEÑOS deben estudiar matemáticas por dos motivos de importancia vital. El primero es el más evidente de todos, pero el menos importante: la práctica de las matemáticas es una de las funciones más elevadas del cerebro humano. De entre todas las criaturas de la Tierra, sólo las personas son capaces de practicar las matemáticas.

La práctica de las matemáticas es una de las funciones más importantes para la vida, dado que es fundamental diariamente para la vida del ser humano civilizado. Las matemáticas nos afectan desde la infancia hasta la vejez. El niño tiene que resolver problemas matemáticos todos los días en la escuela, como tienen que resolverlos el ama de casa, el carpintero, el empresario y el astrónomo.

El segundo motivo es más importante todavía. Los niños deben aprender matemáticas a la edad más temprana posible dado el efecto que tiene su práctica sobre el desarrollo físico del cerebro mismo y sobre el fruto de ese desarrollo físico, al que llamamos inteligencia.

Tenga en cuenta que cuando utilizamos la palabra *cifra* estamos hablando del símbolo que representa una *cantidad* o valor verdadero, tal como 1, 5, 9. Cuando utilizamos la palabra *número,* nos referimos a la cantidad real de objetos, tal como uno, cinco o nueve:

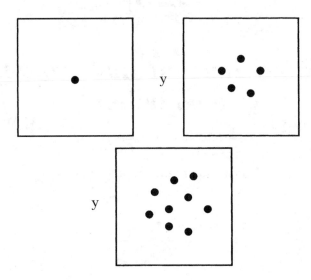

Es en esta diferencia entre el valor verdadero o cantidad y su representación simbólica por medio de símbolos para representar la cantidad real donde estriba la ventaja que tienen los niños pequeños sobre los adultos.

Usted puede enseñar matemáticas a su bebé aunque a usted mismo no se le den muy bien. Si su hijo y usted juegan como es debido al juego de aprender matemáticas, ambos disfrutarán enormemente del mismo. Lleva menos de media hora al día.

Este capítulo presentará los principios básicos del modo de enseñar matemáticas a su hijo. A los padres que deseen más información sobre los principios de la enseñanza de las matemáticas a sus bebés les recomendamos que lean el libro Cómo enseñar matemáticas a su bebé.

Preparación de los materiales

Los materiales que utilizará para enseñar matemáticas a su hijo son enormemente sencillos. Están diseñados teniendo en cuenta que la matemática es una función *del cerebro*. Reconocen las virtudes y las limitaciones del aparato visual del niño pequeño y están diseñadas para cubrir todas sus necesidades, desde la tosquedad visual hasta la sofisticación visual, y desde el funcionamiento del cerebro hasta el aprendizaje cerebral.

Todas las tarjetas matemáticas deberán prepararse sobre cartulina blanca bastante rígida, para que resistan el manejo frecuente.

Necesitará, para empezar:

1. Una buena provisión de tarjetas de 11 × 11 pulgadas (28 × 28 cm.) de cartulina blanca. Si es posible, cómprelas ya cortadas del tamaño que desea. Así se ahorrará el gran trabajo de cortarlas, que lleva mucho más tiempo que el resto de la preparación del material. Necesitará al menos un centenar de tarjetas para preparar su primer juego de materiales.

2. Necesitará también 5.050 puntos rojos autoadhesivos de 3/4 de pulgada (19 mm.) de diámetro, para preparar las tarjetas del 1 al 100.

3. Un rotulador grande, de color rojo. Busque el que tenga la punta más gruesa posible: cuanto más grueso sea el trazo del rotulador, mejor.

Habrá observado que los materiales se empiezan a preparar con puntos rojos grandes. Son rojos por la sencilla razón de que el color rojo resulta atractivo para el niño pequeño. Están pensados para que la vía visual del bebé, que es inmadura en un principio, sea capaz de distinguirlos bien y sin esfuerzo. De hecho, el acto mismo de verlos acelerará el desarrollo de su vía visual de tal modo que más adelante, cuando le enseñemos las cifras, él será capaz de ver estas cifras y de aprenderlas con mayor facilidad que la que habría podido tener de otra manera.

Usted empezará preparando las tarjetas que utilizará para enseñar a su hijo las cantidades, el valor verdadero de los números. Para ello preparará un juego de tarjetas que contengan los puntos rojos, desde una tarjeta con un punto rojo hasta una tarjeta con cien puntos rojos. Este trabajo lleva su tiempo, pero no es difícil. Existen, no obstante, algunos consejos prácticos que le pueden facilitar la labor al preparar estos materiales.

1. Empiece por la tarjeta del cien y vaya *bajando* hasta la de uno. Los números más altos son los más difíciles, y usted trabajará con mayor cuidado al principio que al final.

2. Cuente el número exacto de puntos *antes* de pegarlos sobre la tarjeta. (Le resultará difícil contarlos después de haberlos pegado a la tarjeta, sobre todo con las tarjetas de más de veinte puntos.)

3. Escriba el número a lápiz o con bolígrafo en las cuatro esquinas del dorso de la tarjeta *antes* de aplicar el número correcto de puntos en la parte delantera de la tarjeta.

4. Procure *no* disponer los puntos ordenadamente, formando cuadrados, círculos, triángulos, rombos ni ninguna otra forma regular.

5. Coloque los puntos en las tarjetas de forma completamente aleatoria, empezando por el centro y desplazándose hacia los bordes, procurando que los puntos no se toquen ni se solapen.

6. No olvide dejar un poco de margen en los bordes de las tarjetas. Así tendrá algo de sitio para sujetar las tarjetas con los dedos sin cubrir ningún punto cuando la esté enseñando.

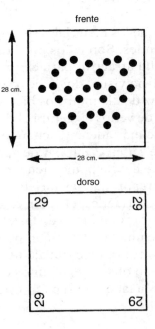

Es cierto que la preparación de los materiales indicados lleva algo de tiempo, y que puede ser algo costosa en función del coste de la cartulina; pero si se tiene en cuenta la emoción y la alegría que sentirán su hijo y usted estudiando matemáticas juntos, su esfuerzo habrá valido la pena.

Estas primeras cien tarjetas son lo único que necesita usted para emprender el primer paso de su programa de matemáticas.

Cuando haya empezado a enseñar matemáticas a su hijo, descubrirá que el niño cubre los materiales nuevos con gran rapidez.

Hace mucho tiempo que descubrimos que es mejor empezar por adelantado. Por este motivo, prepare las cien tarjetas de puntos antes de empezar a enseñar a su hijo. Así tendrá siempre una provisión adecuada de materiales nuevos a mano y dispuestos para su uso. Si no lo hace así, se encontrará siempre con retraso.

Recuerde: el único error que no tolera el niño es que le vuelvan a enseñar una y otra vez unos materiales que ya deberían haber sido descartados hace mucho tiempo.

Sea lista: prepare los materiales por adelantado, y no pierda la delantera. Y si por algún motivo se queda retrasada en la preparación de materiales nuevos, no rellene los huecos enseñando las mismas tarjetas de siempre.

Interrumpa su programa durante un día o durante una semana hasta que se haya reorganizado y haya preparado materiales nuevos. Después, prosiga desde el punto donde lo dejaron.

Empiece por adelantado y mantenga la delantera.

EL CAMINO DE LAS MATEMÁTICAS

El camino que va a seguir usted para enseñar a su hijo es sorprendentemente sencillo y fácil. El camino es en esencia el mismo ya esté usted empezando con un niño muy pequeño o con un niño de dieciocho meses.

Los pasos de este camino son los siguientes:

Primer paso	Reconocimiento de cantidades
Segundo paso	Ecuaciones
Tercer paso	Resolución de problemas
Cuarto paso	Reconocimiento de cifras
Quinto paso	Ecuaciones con cifras

■   PRIMER PASO *(Reconocimiento de cantidades)*

El primer paso consiste en enseñar a su hijo a ser capaz de reconocer los números reales, que son el valor verdadero de las cifras. Recordemos que las cifras no son más que unos símbolos que representan el valor verdadero de los números. Empezará por enseñar a su bebé (a la edad más temprana posible, a partir del nacimiento) las tarjetas numéricas del uno al diez. Empezará por las tarjetas del uno al cinco.

Comience a una hora del día en que el niño esté receptivo, descansado y de buen humor.

Vaya a una parte de la casa en la que exista el menor número posible de factores de distracción, tanto auditivos como visuales; por ejemplo, *no* tenga encendida la radio, y evite las demás fuentes de ruido. Utilice un rincón de una habitación en el que no haya muchos muebles, ni cuadros, ni otros objetos que pudieran distraer la vista del niño.

Ahora es cuando empieza la diversión. Limítese a enseñar la tarjeta del «uno» cerca del niño pero donde él no pueda alcanzarla con las manos, mientras le dice claramente y con entusiasmo: «Esto es "uno".»

A continuación, enseñe la tarjeta del «dos» y vuelva a decir con gran entusiasmo: «Esto es "dos".»

Enseñe las tarjetas del tres, el cuatro y el cinco exactamente del mismo modo que ha enseñado las dos primeras tarjetas. Cuando muestre un conjunto de tarjetas es mejor tomar la tarjeta del fondo del mazo en vez de retirar la tarjeta delantera. Así, usted puede echar una ojeada a uno de los ángulos del dorso de la tarjeta, donde ha escrito el número correspondiente. Esto supone que mientras usted dice a su hijo el número, también puede dirigir su atención plena al rostro de él. Le interesa dirigirle toda su atención y todo su entusiasmo en vez de mirar la tarjeta mientras la mira él.

Recuerde: cuanto más deprisa le enseñe las tarjetas, mejor será la atención y el interés del niño. Recuerde también que su hijo habrá recibido la atención feliz y completa de usted, y que esto les encanta a los niños pequeños más que cualquier otra cosa.

No pida a su hijo que repita los números con usted. Después de haber enseñado a su hijo la tarjeta del cinco, déle un gran abrazo y un beso y manifiéstele su afecto de la manera más clara que pueda. Dígale que es maravilloso y muy listo y que a usted le encanta enseñarle.

Repita esta sesión dos veces más durante el primer día, exactamente del mismo modo que acabamos de describir. En las primeras semanas de su programa de matemáticas deberá existir un intervalo de al menos media hora entre las sesiones. Después, las sesiones pueden repetirse con sólo quince minutos de descanso.

Ya ha terminado el primer día, y usted ha dado el primer paso para enseñar a su hijo a comprender las matemáticas. (Hasta aquí, usted sólo ha invertido tres minutos como máximo.)

El segundo día repita la sesión básica tres veces. Añada un segundo conjunto de cinco tarjetas nuevas de puntos (seis, siete, ocho, nueve y diez). Este nuevo conjunto deberá mostrarse tres veces a lo largo del día. Dado que usted estará mostrando ahora dos conjuntos de cinco tarjetas, y dado que cada conjunto se enseñará tres veces al día, estará realizando un total de seis sesiones diarias de matemáticas.

La primera vez que usted enseñe el conjunto de tarjetas del uno al cinco y el conjunto de tarjetas del seis al diez podrá mostrarlas en orden (es decir, uno, dos, tres, cuatro, cinco). Después de esta primera vez, *no olvide barajar siempre cada conjunto de tarjetas antes de volverlas a mostrar, para que su hijo vea las tarjetas en un orden imprevisible.*

Del mismo modo que tras las sesiones de lectura, después de cada sesión de matemáticas diga a su hijo que es muy bueno y muy listo. Dígale que usted está muy orgullosa de él y que lo quiere mucho. Abrácelo y manifiéstele físicamente su amor, pero no lo soborne ni lo recompense con galletas, con caramelos ni con cosas así.

También del mismo modo que en el caso de la lectura, los niños aprenden con la velocidad del rayo; si usted le enseña las tarjetas matemáticas más de tres veces al día, lo aburrirá. Si le enseña una sola tarjeta durante más de un segundo, perderá su atención. Pruebe un experimento con el padre del niño. Pida a Papá que se pase treinta segundos mirando fijamente una tarjeta con seis puntos. Verá que le resulta muy difícil. Recuerde que los bebés perciben mucho más deprisa que los adultos.

Ahora está enseñando a su hijo dos conjuntos de tarjetas matemáticas con cinco tarjetas en cada conjunto, y cada conjunto se enseña tres veces al día. Su hijo y usted disfrutan ahora de seis sesiones de matemáticas repartidas a lo largo del día, que les ocupan unos pocos minutos en total.

Recuerde: la única señal de advertencia que puede aparecer en todo el proceso del aprendizaje de las matemáticas es el aburrimiento. *No aburra nunca al niño. Es mucho más fácil que se aburra por ir despacio que por ir demasiado deprisa.*

Considere el logro tan espléndido que acaba de conseguir usted. Ha brindado a su hijo la oportunidad de aprender la cantidad verdadera de diez, precisamente cuando es lo suficientemente joven como para percibirla. Ni usted ni yo tuvimos nunca esta oportunidad. Con la ayuda de usted, el niño ha conseguido dos cosas extraordinarias.

1. Su vía visual se ha desarrollado y, lo que es más importante, él es capaz de distinguir entre una cantidad o un valor y otro.
2. Ha llegado a dominar una habilidad que los adultos no dominamos y que probablemente no dominaremos nunca.

Siga enseñando los dos conjuntos de cinco tarjetas, pero después del segundo día mezcle entre sí los dos conjuntos de tal modo que uno de los conjuntos pueda tener, por ejemplo, las tarjetas del tres, diez, ocho, dos y cinco mientras las demás tarjetas están en el otro conjunto. Esta operación constante de mezclar y barajar las cartas contribuirá a mantener la emoción y la novedad de cada sesión. Su hijo no sabrá nunca qué número va a salir a continuación. Esto es muy importante para mantener la frescura y el interés de la enseñanza.

Siga enseñando de esta manera estos dos juegos de cinco tarjetas durante cinco días. El sexto día usted empezará a añadir tarjetas nuevas y a retirar otras viejas.

He aquí el método que deberá seguir usted a partir de ahora para añadir tarjetas nuevas y para retirar las viejas. Limítese a eliminar los dos números más bajos de las diez tarjetas que lleva enseñando durante cinco días. En este caso, retiraría la tarjeta del uno y la del dos y las sustituiría por dos tarjetas nuevas (las del once y el doce). A partir de este punto deberá añadir dos tarjetas nuevas cada día y retirar otras dos tarjetas viejas. A este proceso de retirar una tarjeta vieja lo llamamos «retiro». Pero todas las tarjetas retiradas volverán al servicio activo cuando lleguemos a los pasos segundo y tercero, como veremos en seguida.

PROGRAMA DIARIO
(después del primer día)

Contenido diario:	2 conjuntos
Cada sesión:	1 conjunto (5 tarjetas) enseñadas una vez
Frecuencia:	3 veces al día cada conjunto
Intensidad:	Puntos rojos de æ de pulgada (19 mm.)
Duración:	5 segundos por sesión
Tarjetas nuevas:	2 al día (1 en cada conjunto)
Tarjetas retiradas:	2 al día (las dos más bajas)
Vida activa de cada tarjeta:	3 veces al día durante 5 días = 15 veces
Principio:	Dejarlo siempre antes de que quiera dejarlo el niño.

En resumen, usted estará enseñando diez tarjetas cada día, divididas en dos conjuntos de cinco tarjetas. Su niño verá dos tarjetas nuevas cada día, una tarjeta nueva por cada conjunto, y las dos tarjetas más bajas se retirarán cada día.

Los niños a los que ya les han enseñado a contar del uno al diez o más pueden intentar al principio contar los puntos de cada tarjeta. El hecho de saber contar confunde ligeramente al niño. La velocidad a que se enseñan las tarjetas servirá para impedírselo de una manera delicada. Cuando se da cuenta de la velocidad con que se enseñan las tarjetas, verá que se trata de un juego diferente de los juegos de conteo a los que está acostumbrado a jugar, y deberá empezar a aprender a reconocer las cantidades de los puntos que ve. Por este motivo, si su hijo pequeño no sabe contar, no le empiece a enseñar hasta *bastante después* de que haya completado los cinco pasos de este camino.

Debemos recordar de nuevo la regla suprema de no aburrir nunca al niño. Si se aburre, es muy probable que se deba a que usted va demasiado despacio. Él debería aprender rápidamente y pedirle a usted que jugase con él un poco más a ese juego.

Si usted lo hace bien, él aprenderá dos tarjetas nuevas al día por termino medio. En realidad, éste es el número *mínimo* de nuevas tarjetas que usted deberá presentar cada día. Usted puede percibir que necesita material nuevo más deprisa. En este caso, deberá retirar tres tarjetas al día, o incluso cuatro, y añadir otras tantas.

Llegado este punto, tanto la madre o el padre como el hijo estarán abordando el juego de las matemáticas con gran placer y expectación. Recuerde: usted está incorporando en su hijo un amor al aprendizaje que se multiplicará a lo largo de su vida. Más exactamente, está reforzando un ansia de aprender que no se le reprimirá, pero que muy bien se le puede deformar dirigiéndola por caminos inútiles o incluso negativos para el niño. Juegue al juego con alegría y con entusiasmo. No ha pasado más de tres minutos enseñando al niño y otros cinco o seis dándole amor, y él ha realizado uno de los descubrimientos más importantes de toda su vida.

En efecto, si usted le ha entregado este conocimiento con interés y con alegría, y como un don puro sin exigir al niño una compensación, él ya habrá aprendido una cosa que pocos adultos han aprendido en toda la historia. Será capaz de *percibir,* verdaderamente, lo que usted sólo es capaz de *ver.* Será capaz de distinguir treinta y nueve puntos de treinta y ocho puntos, o noventa y un puntos de noventa y dos puntos. Ahora conoce el valor verdadero, y no unos simples símbolos, y tiene la base que necesita para comprender realmente las matemáticas y no limitarse a memorizar fórmulas y ritos tales como el de «escribo el 6 y me llevo 9». Ahora será capaz de reconocer de una ojeada cuarenta y siete puntos, cuarenta y siete monedas o cuarenta y siete ovejas.

Si usted ha sido capaz de resistirse a la tentación de ponerlo a prueba, es posible que él ya le haya dado muestras de su capacidad por casualidad. En todo caso, confíe en él un poco más de tiempo. No caiga en el error de creer que el niño no puede dominar las matemáticas de este modo porque usted no haya conocido nunca a ningún adulto que fuera capaz de ello. Tampoco ha conocido nunca a ningún adulto capaz de aprender un idioma con la rapidez que lo aprende cualquier chico.

Usted sigue enseñando las tarjetas de puntos del modo que hemos descrito, hasta llegar al cien. No es necesario llegar más allá del cien con las tarjetas de cantidades, aunque algunos padres muy aplicados lo han hecho a lo largo de los años. Después del cien, lo único que se está haciendo es jugar con ceros. Cuando su hijo haya visto las tarjetas de puntos del uno al cien tendrá un concepto muy adecuado de las cantidades.

De hecho, él tendrá que empezar y querrá empezar el segundo paso del Camino de las Matemáticas mucho antes de que usted llegue al cien con las tarjetas de puntos. Cuando haya llegado al veinte con las tarjetas de puntos será el momento de comenzar el segundo paso.

■ SEGUNDO PASO *(Ecuaciones)*

Al comenzar este paso, su hijo reconocerá las cantidades del uno al veinte. Llegado este punto existe a veces la tentación de repasar una y otra vez las tarjetas viejas. No caiga en esa tentación. A su hijo le parecerá aburrido. A los niños les encanta aprender números nuevos, pero no les gusta repasar una y otra vez los viejos. También puede sentir la tentación de examinar a su hijo. Tampoco haga esto. Los exámenes provocan invariablemente tensión en la situación por parte del padre o de la madre, y los niños perciben fácilmente esta tensión. Es fácil que asocien al aprendizaje la tensión y la situación desagradable. Ya hemos hablado de los exámenes con mayor detalle en otro capítulo del libro.

No olvide manifestar a su hijo en todas las oportunidades posibles cuánto lo quiere y cuánto lo respeta.

Las sesiones de matemáticas deberán ser siempre unos momentos de diversión y de afecto físico. Se convierten en la recompensa perfecta para usted y para su hijo.

Cuando el niño ha adquirido el reconocimiento básico de las cantidades del uno al veinte, está preparado para empezar a juntar varias de éstas cantidades y descubrir qué otras cantidades se obtienen como resultado. Está preparado para empezar a sumar.

Es muy fácil empezar a enseñar ecuaciones de suma. En realidad, su hijo ya lleva varias semanas observando el proceso.

Cada vez que usted le enseñaba una tarjeta de puntos nueva, él veía la suma de un punto más. Este proceso se vuelve tan previsible que su hijo empieza a imaginarse las tarjetas que no ha visto todavía. No obstante, no tiene manera de prever ni de deducir *el nombre* que daremos al dato «veintiuno». Es probable que haya deducido que la tarjeta nueva que vamos a enseñarle va a tener exactamente el mismo aspecto que la del veinte, con la diferencia de que tendrá *un punto más*.

Naturalmente, este proceso se llama suma. Él no sabe todavía cómo se llama, pero sí tiene un concepto rudimentario de lo que es y de cómo funciona. Es importante comprender que él habrá llegado a este punto *antes* de que usted empiece a enseñarle ecuaciones de suma por primera vez.

Usted puede preparar sus materiales con sólo escribir a lápiz o con bolígrafo unas ecuaciones de suma de dos sumandos en el dorso de sus tarjetas. En pocos momentos de trabajo con una calculadora podrá escribir bastantes ecuaciones en el dorso de cada tarjeta de puntos del uno al veinte. Por ejemplo, el dorso de su tarjeta del diez puede tener este aspecto:

$9 + 1 = 10$	$5 + 5 = 10$
$8 + 2 = 10$	$2 \times 5 = 10$
$7 + 3 = 10$	$5 \times 2 = 10$
$6 + 4 = 10$	$1 + 2 + 3 + 4 = 10$
$20 : 2 = 10$	$19 - 9 = 10$
$30 : 3 = 10$	$18 - 8 = 10$
$40 : 4 = 10$	$17 - 7 = 10$
$50 : 5 = 10$	$16 - 6 = 10$

Para empezar, deposite sobre su regazo, boca abajo, las tarjetas del uno, del dos y del tres. Diga simplemente, con un tono de voz alegre y entusiasta: «Uno más dos son tres.» Mientras dice esto, enseñe la tarjeta correspondiente al número que está diciendo.

Por lo tanto, para presentar esta ecuación concreta usted muestra la tarjeta del uno y dice «uno» (deja la tarjeta del uno); dice «más» (muestra la tarjeta del dos); dice «dos» (deja la tarjeta del dos); dice «son» (muestra la tarjeta del tres) y dice «tres».

El niño aprende el significado de las palabras «más» y «son» del mismo modo que aprende el significado de las palabras «mío» y «tuyo», es decir, viéndolas en acción y en su contexto.

Hágalo con rapidez y con naturalidad. Practique también esto con Papá hasta que lo haga con comodidad. El truco consiste en tener la ecuación preparada y dispuesta para su presentación antes de hacer que el niño se dé cuenta de que va a comenzar una sesión de matemáticas. Es una tontería esperar que su bebé se quede sentado viéndola a usted revolver tarjetas en busca de las adecuadas para componer la ecuación que va a enseñarle. Él se limitará a escurrir el bulto, y hará bien. Su tiempo también es precioso.

Prepare la secuencia de sus tarjetas de ecuaciones para el día siguiente *la noche anterior*, para estar lista para ponerse en marcha en cuanto se presente un buen momento. Recuerde que no pasarán mucho tiempo dedicados a las ecuaciones sencillas del uno al veinte: pronto estarán trabajando con ecuaciones que usted no será capaz de hacer mentalmente con tanta rapidez ni con tanta precisión.

Sólo se tarda unos segundos en mostrar cada ecuación. No intente explicar lo que significa «más» o «son». No es necesario, pues usted está haciendo algo mucho mejor que explicar lo que significan estas palabras: está presentando una demostración práctica de lo que son. Su hijo está viendo el proceso, en vez de limitarse a oír hablar de él. El acto de mostrar la ecuación define claramente lo que significa «más» y lo que significa «son». Esta es la mejor manera posible de enseñar.

Si alguien dice «uno más dos son tres» a un adulto, lo que el adulto ve mentalmente es «$1 + 2 = 3$», pues nosotros los adultos nos limitamos a ver los símbolos, más que los datos.

Lo que ve el niño es que

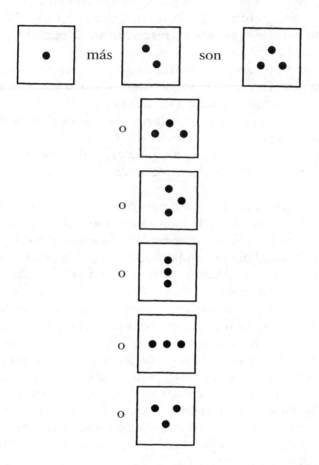

Los niños pequeños ven el dato, no el símbolo.

Enuncie siempre las ecuaciones de una manera consistente. Utilice siempre unas mismas palabras. Diga: «uno más uno son dos». No diga: «uno y uno, dos». Cuando se enseña a los niños los datos, ellos deducen las reglas, pero nosotros los adultos debemos ser consistentes para que ellos puedan deducir las reglas. Si variamos nuestro vocabulario, los niños tienen derecho a creer que también han cambiado las reglas.

Cada sesión debe comprender tres ecuaciones, y no más. Puede hacer menos, pero no haga más de tres. Recuerde: le interesa siempre que la sesión sea breve.

Realice tres sesiones de ecuaciones al día. Cada una de estas tres sesiones contendrá tres ecuaciones diferentes; por lo tanto, usted estará enseñando *nueve ecuaciones diferentes cada día*. Tenga presente que no debe repetir una misma ecuación una y otra vez. Sus ecuaciones serán nuevas cada día.

Evite seguir pautas previsibles de ecuaciones en una misma sesión. Por ejemplo,

$$1 + 2 = 3$$
$$1 + 3 = 3$$
$$1 + 2 = 3$$
etcétera

Sería mucho mejor la sesión siguiente:

$$1 + 2 = 3$$
$$2 + 5 = 7$$
$$4 + 8 = 12$$

Limite las ecuaciones de suma a dos sumandos, pues así la sesión mantiene su vida y su interés, lo cual es mucho mejor para el niño pequeño.

Es posible realizar ciento noventa sumas diferentes de dos sumandos utilizando las tarjetas del uno al veinte, de modo que no tema que se le agoten las ideas en la primera semana. Tiene materiales de trabajo más que suficientes.

En realidad, después de pasarse dos semanas presentando nueve ecuaciones de suma al día, llega el momento de pasar a las ecuaciones de resta; de lo contrario, usted perderá la atención y el interés de su hijo. Él ya tiene una idea clara de lo que es sumar puntos; ahora está preparado para ver cómo se restan.

El proceso que aplicará usted para enseñar la resta es exactamente el mismo proceso que ha seguido para enseñar la suma. Es el mismo método por el que aprende a hablar.

Prepare sus tarjetas de puntos escribiendo diversas ecuaciones en el dorso. Empiece diciendo: «Tres menos dos son uno.» También en este caso tendrá preparadas en el regazo las tres tarjetas que componen cada ecuación y mostrará cada tarjeta mientras dice el nombre del número.

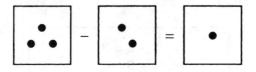

Llegado este momento, usted habrá alcanzado más allá del veinte en la enseñanza de las tarjetas de puntos, de modo que dispondrá de una selección más amplia todavía de números con los que preparar ecuaciones de resta, y podrá utilizar para ello estos números más altos con toda libertad.

Ya puede dejar de presentar ecuaciones de suma y reemplazar estas sesiones por las de ecuaciones de resta. Realizará tres sesiones diarias de ecuaciones de resta con tres ecuaciones distintas en cada sesión, a la vez que sigue mostrando dos conjuntos de cinco tarjetas de puntos tres veces al día para enseñar los números más altos, hasta llegar al cien. Así pues, realizará nueve sesiones muy breves de matemáticas cada día.

PROGRAMA DIARIO

1.ª sesión	Tarjetas de puntos
2.ª sesión	Ecuaciones de resta
3.ª sesión	Tarjetas de puntos
4.ª sesión	Tarjetas de puntos
5.ª sesión	Ecuaciones de resta
6.ª sesión	Tarjetas de puntos
7.ª sesión	Tarjetas de puntos
8.ª sesión	Ecuaciones de resta
9.ª sesión	Tarjetas de puntos

Cada una de estas ecuaciones tiene la gran virtud de que el niño conoce de antemano tanto las cantidades

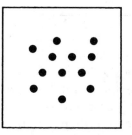

como sus nombres (doce). La ecuación contiene dos elementos que resultan satisfactorios para el niño. En primer lugar, le gusta ver las tarjetas de puntos antiguas que ya conoce, y en segundo lugar, aunque ya conoce las dos cantidades, ahora ve que sus dos cantidades ya conocidas crean una idea nueva cuando se restan. Esto le parece emocionante. Le abre la puerta a la comprensión de la mágica de las matemáticas.

En las dos semanas siguientes usted se ganará una licenciatura en restas. En este periodo enseñará a su hijo unas 126 ecuaciones de resta. Es un número suficiente. No es preciso que realice todas las combinaciones posibles. A continuación, habrá llegado el momento de pasar a la multiplicación.

La multiplicación no es más que una suma repetida; por lo tanto, la primera ecuación de multiplicación que usted presente a su hijo no le supondrá ninguna gran revelación. Pero él estará aprendiendo algo más acerca del lenguaje de las matemáticas, lo que le resultará muy útil.

Dado que el repertorio de tarjetas de puntos de su hijo ha ido creciendo cada día, usted ya dispone de números todavía más altos que puede usar en sus ecuaciones de multiplicación. Y muy a tiempo, pues necesitará números más altos para los resultados de estas ecuaciones. Prepare sus tarjetas escribiendo tantas ecuaciones de multiplicación como pueda al dorso de cada tarjeta de puntos.

Utilizando tres tarjetas, diga: «Dos por tres son seis.»

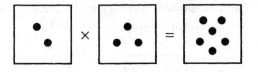

Él aprenderá lo que significa la palabra «por», del mismo modo que aprendió el significado de las palabras «más», «son», «menos», «mío» y «tuyo»: viéndolas en acción.

Ahora, sus sesiones de ecuaciones de resta serán sustituidas por sesiones de ecuaciones de multiplicación. Harán tres sesiones diarias con tres ecuaciones en cada sesión. Siga exactamente la misma pauta que ha seguido con la suma y la resta. Mientras tanto, siga con las sesiones de tarjetas de puntos, con números más altos cada vez.

En circunstancias ideales, su niño pequeño sólo ha visto *números reales* en forma de tarjetas de puntos, y todavía no ha visto ninguna cifra, ni siquiera el 1 o el 2.

Las dos semanas siguientes se dedican a la multiplicación. Siga evitando las pautas previsibles en las ecuaciones que presente en una misma sesión, tales como

$$2 \times 3 = 6$$
$$2 \times 4 = 8$$
$$2 \times 5 = 10$$

Estas pautas sí tienen su valor más adelante. Ya hablaremos de la ocasión conveniente para presentárselas a su hijo, pero esa ocasión no ha llegado todavía. De momento, nos interesa que el niño pequeño se siga preguntando qué es lo que va a ver a continuación. La pregunta «¿Qué viene ahora?» es característica de niño pequeño, y cada sesión debe aportarle una respuesta nueva y diferente a ese misterio.

Su hijo y usted llevan menos de dos meses disfrutando juntos de las matemáticas y ya han cubierto el reconocimiento de cantidades del uno al cien, la suma, la resta y la multiplicación. No está mal, si se tiene en cuenta el poco tiempo que se le ha invertido y la emoción y la aventura de aprender el lenguaje de las matemáticas.

Hemos dicho que ya han completado todas las tarjetas de puntos, pero no es cierto del todo. En realidad, queda por enseñar una tarjeta de cantidad. La hemos guardado para el final porque es especial, y a los niños pequeños les gusta especialmente.

Se ha dicho que los antiguos matemáticos tardaron cinco mil años en descubrir el concepto del cero. Sea verdad o no, es posible que a usted no le sorprenda saber que en cuanto los niños pequeños descubren el concepto de cantidad, ven inmediatamente la necesidad de la ausencia de cantidad.

A los niños pequeños les encanta el cero, y nuestras aventuras por el mundo de la cantidad real no estarían completas si no incluyésemos una tarjeta de puntos para el cero. Ésta es muy fácil de preparar. Se trata, sencillamente, de una tarjeta de cartulina de 11 × 11 pulgadas (28 × 28 cm.) sin ningún punto.

La tarjeta de puntos del cero será un éxito en todas las ocasiones. A partir de ahora, usted utilizará la tarjeta del cero para enseñar a su hijo las ecuaciones de suma, de resta y de multiplicación. Por ejemplo:

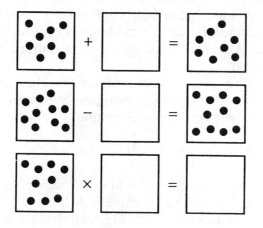

Ya hemos terminado de enseñar todas las tarjetas de números reales que necesitamos. No obstante, no hemos terminado con las tarjetas de puntos. Seguiremos usándolas de muchos modos para presentar nuevas ideas matemáticas cuando vayamos avanzando.

Después de dos semanas dedicadas a la multiplicación ha llegado el momento de pasar a la división. Dado que su hijo ha completado todas las tarjetas de puntos, desde el cero hasta el cien, usted ya puede utilizar estas tarjetas como base de sus ecuaciones de división. Prepare sus tarjetas escribiendo ecuaciones de división de dos elementos en el dorso de muchas de sus tarjetas de puntos del uno al cien, si no en todas. (Es un buen trabajo para su matemático de cabecera. Si usted no tiene matemático de cabecera, pruebe a recurrir a Papá.)

Ahora, usted dice sencillamente a su hijo: «Seis dividido por dos son tres.»

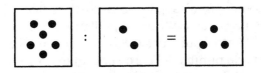

Él aprenderá lo que significa exactamente la palabra «dividido», del mismo modo que aprendió lo que significaban todas las demás palabras. Cada sesión contiene tres ecuaciones. Realizan tres sesiones diarias, de modo que cubrirán nueve ecuaciones al día. A estas alturas, esto ya les resultará facilísimo a su hijo y a usted.

Cuando lleven dos semanas con las ecuaciones de división habrán llegado al final del segundo paso y estarán preparados para comenzar el tercer paso del camino.

■ TERCER PASO *(Resolución de problemas)*

Si hasta ahora usted ha estado extraordinariamente entregada y se ha abstenido por completo de hacer exigencias, entonces las cosas van bien y no habrá examinado a su hijo en absoluto.

Ya hemos hablado mucho de la enseñanza y también hemos hablado mucho de los exámenes.

Nuestro consejo más firme en este tema es el de *no* examinar a su hijo. A los bebés les encanta aprender, pero les molesta mucho que los examinen. En este sentido son muy semejantes a los adultos.

Y bien, ¿qué ha de hacer, entonces, una madre? No le interesa examinar a su hijo; lo que le interesa es enseñarle y brindarle todas las oportunidades posibles para que viva la alegría del aprendizaje y del logro.

Por lo tanto, en vez de examinar a su hijo le proporciona oportunidades para resolver problemas.

El propósito de una oportunidad para resolver un problema es que el niño sea capaz de demostrar lo que sabe, si quiere demostrarlo.

Es exactamente lo *contrario* al examen.

Ahora usted está preparada, no para *examinarlo* sino para *enseñarle* que sabe resolver problemas (y usted verá que sí lo sabe).

Una oportunidad muy sencilla para resolver un problema sería enseñarle dos tarjetas de puntos. Supongamos que usted elige las correspondientes al «quince» y al «treinta y dos», y que muestra ambas tarjetas y pregunta: «¿Dónde está el treinta y dos?»

Es una buena oportunidad para que el bebé mire la tarjeta o la toque si lo desea. Si su bebé mira la tarjeta que tiene treinta y dos puntos o la toca, usted siente el natural deleite y lo celebra mucho. Si mira a la otra tarjeta, limítese a decir: «El treinta y dos es éste, ¿verdad?» mientras le pone delante la tarjeta del treinta y dos.

Usted está contenta, relajada y llena de entusiasmo. Si él no responde a su pregunta, acérquele un poco más la tarjeta que tiene treinta y dos puntos y diga: «El treinta y dos es éste, ¿verdad?», de una manera también contenta, relajada y llena de entusiasmo.

Y aquí termina la oportunidad.

Sea cual fuere su respuesta, él gana, y también usted gana, pues es muy probable que si usted está contenta y relajada a él le agradará hacer esto con usted.

Estas oportunidades para resolver problemas pueden brindarse al final de las sesiones de ecuaciones. Así se crea un buen equilibrio del dar y tomar en la sesión, dado que cada sesión se inicia dando usted tres ecuaciones a su hijo, y termina brindándole la oportunidad de que resuelva una ecuación si desea hacerlo.

Usted descubrirá que el mero hecho de brindar a su hijo la oportunidad de elegir entre un número y otro está bien para empezar, pero deberá pasar muy pronto a presentarle la oportunidad de elegir respuestas a las ecuaciones. Esto es mucho más emocionante para su hijo, como también lo es para usted.

Para presentar estas oportunidades para resolver problemas necesita las mismas tres tarjetas que necesitaría para presentar cualquier ecuación, más una cuarta tarjeta que sirva de segunda opción para elegir. *No pida a su hijo que diga en voz alta las respuestas. Permítale siempre elegir entre dos respuestas posibles.* Los niños muy pequeños no hablan o apenas empiezan a hablar. Las situaciones de resolución de problemas que requieren una respuesta oral les resultarán muy difíciles o imposibles. Ni siquiera a los niños que están empezando a hablar les gusta dar una respuesta oral (que es, en sí misma, un nuevo examen); por lo tanto, presente siempre a su hijo varias respuestas para que elija una.

Recuerde que no está intentando enseñar a su hijo a hablar: le está enseñando matemáticas. A él le resultará muy fácil y muy divertido elegir, pero se irritará pronto si le exigimos que hable.

Dado que usted ya ha completado todas las tarjetas de puntos, así como la suma, la resta, la multiplicación y la división en las etapas iniciales, ya puede hacer que sus sesiones de ecuaciones sean todavía más avanzadas y variadas. Siga realizando tres sesiones de ecuaciones cada día. Siga mostrando tres ecuaciones completamente diferentes en cada sesión. Pero ya es innecesario que muestre las tres tarjetas en la ecuación. Ahora sólo le hace falta mostrar la tarjeta de la respuesta.

De este modo las sesiones resultarán todavía más rápidas y más fáciles. Usted dice simplemente: «Veintidós dividido por once son dos» y enseña la tarjeta del «dos» mientras dice el resultado. Es así de sencillo.

Su hijo ya conoce el «veintidós» y el «once», de modo que no existe en realidad ningún motivo para seguir enseñándole toda la ecuación. Estrictamente, tampoco es necesario enseñarle el resultado, pero hemos observado que a nosotros, los adultos, nos resultan útiles las ayudas visuales en la enseñanza. Parece que los chicos también lo prefieren así.

Ahora, las sesiones de ecuaciones estarán compuestas de ecuaciones variadas; por ejemplo, de una ecuación de suma, una ecuación de resta y una ecuación de división.

También sería éste un buen momento de pasar a las ecuaciones de tres sumandos o factores y ver si a su hijo le agradan.

Si usted recorre el material con la rapidez suficiente, es muy probable que le agraden.

Basta con que se siente a trabajar con una calculadora, prepare una o dos ecuaciones de tres sumandos o factores para cada tarjeta, y las escriba claramente en el dorso de cada tarjeta. Una sesión característica de esta fase sería así:

Ecuaciones:

$$2 \times 2 \times 3 = 12$$
$$2 \times 2 \times 6 = 24$$
$$2 \times 2 \times 8 = 32$$

Resolución de problemas

$$2 \times 2 \times 12 = ?$$

$$48 \ \acute{o} \ 52$$

Observe que estas sesiones siguen siendo muy, muy breves. SU hijo ya tiene nueve ecuaciones diarias de tres elementos con una oportunidad para resolver un problema al final de cada sesión.

Por lo tanto, usted le está comunicando la solución de las tres primeras ecuaciones de cada sesión y, al final de cada sesión, le está brindando la oportunidad de elegir la solución de la cuarta ecuación si él desea elegirla.

Después de practicar estas ecuaciones durante varias semanas, habrá llegado el momento de añadir otra vez un poco de pimienta a sus sesiones. Ahora va a presentar a su hijo las ecuaciones que le gustarán más que ninguna otra.

Empiece por crear ecuaciones que combinen dos de las cuatro reglas: la suma, la resta, la multiplicación y la división.

La combinación de dos funciones le brinda la oportunidad de explorar pautas creando ecuaciones que están relacionadas entre sí por un elemento común. Por ejemplo:

$$3 \times 15 + 5 = 50$$
$$3 \times 15 - 5 = 40$$
$$3 \times 15 : 5 = \quad 9$$

o

$$40 + 15 - 30 = 25$$
$$40 + 15 - 20 = 35$$
$$40 + 15 - 10 = 45$$

o

$$100 - 50 : 10 = 5$$
$$50 - 30 : 10 = 2$$
$$20 - 10 : 10 = 1$$

A su hijo le parecerán interesantes e importantes estas pautas y estas relaciones, como se lo parecen a todos los matemáticos.

Cuando usted esté preparando estas ecuaciones, será importante que tenga en cuenta que si en la ecuación aparece una multiplicación, ésta debe aparecer en primer lugar en la secuencia de la ecuación. Por lo demás, puede crear con libertad cualquier ecuación que desee siempre que el resultado final de la ecuación quede entre el cero y el cien, ya que usted no dispone de tarjetas de puntos por encima del cien. Escriba estas nuevas ecuaciones en el dorso de cada tarjeta de puntos.

Sus oportunidades para resolver problemas también deberán contener estas ecuaciones más avanzadas.

Después de varias semanas, añada otra función a las ecuaciones que está presentando. Entonces estará presentando por primera vez ecuaciones de cuatro pasos, por ejemplo:

$$56 + 20 - 16 : 2 = 30$$
$$56 + 20 - 8 : 2 = 34$$
$$56 + 20 - 4 : 2 = 36$$

Estas ecuaciones de cuatro pasos son muy divertidas. Si la idea de enseñar matemáticas a su hijo la intimidaba un poco al principio, ya deberá estar relajada y disfrutando a fondo con estas ecuaciones más avanzadas, del mismo modo que disfruta de ellas su hijo.

De vez en cuando podrá presentar con toda libertad tres ecuaciones no relacionadas entre sí, además de aquellas que siguen una pauta. Por ejemplo:

$$86 + 14 - 25 : 5 = 15$$
$$100 : 25 + 0 - 3 = 1$$
$$3 \times 27 : 9 + 11 - 15 = 5$$

Es verdad que el niño percibirá realmente lo que está pasando, aunque usted y yo sólo somos capaces de ver las ecuaciones sin digerir la información. No obstante, el conocimiento de que usted y nadie más que usted ha suscitado esa capacidad en el niño le proporcionará un gran placer.

Le asombrará la velocidad a la que resuelve las ecuaciones su hijo. Se preguntará si las resuelve de alguna manera videncial. Cuando los adultos ven a niños de dos años resolver problemas de matemáticos más deprisa que los adultos, hacen los supuestos siguientes, y en este orden:

1. El niño acierta por casualidad. (Si acierta prácticamente siempre, la probabilidad matemática de que no sea por casualidad es casi astronómica.)

2. El niño no percibe en realidad los puntos, sino que reconoce en realidad la forma en que se presentan. (Absurdo. El niño es capaz de reconocer el número de personas que componen un grupo, y ¿quién es capaz de mantener a las personas en orden? Por otra parte, ¿por

qué no es usted capaz de reconocer la forma de los setenta y cinco puntos en la tarjeta del setenta y cinco,
que él reconoce de una ojeada?)
3. Es un truco. (Usted le ha enseñado. ¿Ha recurrido a algún truco?)
4. El bebé es vidente. (Lo siento, pero no lo es: simplemente, es un genio a la hora de reconocer datos. Prefe-
riríamos escribir un libro titulado *Cómo hacer que su
bebé sea vidente*, porque eso sería todavía mejor. Por
desgracia, no sabemos cómo hacer que los niños pequeños sean videntes.)

Desde ahora ya no hay límite. A partir de este punto usted
puede avanzar en muchas direcciones en la resolución de problemas matemáticos, y existen muy grandes posibilidades de que su
hijo esté más que dispuesto a seguirle donde usted decida ir.

Propondremos algunas ideas adicionales para las madres
que desearían algo más de inspiración.

1. Secuencias.
2. Mayor que y menor que.
3. Igualdades y desigualdades.
4. Personalidad de los números.
5. Quebrados.
6. Álgebra sencilla.

No podemos cubrir todas estas áreas en el alcance de este
libro. No obstante, estos temas se cubren con mayor detalle en
el libro *Cómo enseñar matemáticas a su bebé*.

Todos estos temas se pueden enseñar con las tarjetas de
puntos, y, en efecto, deben enseñarse con las tarjetas de puntos,
pues de este modo el niño verá la realidad de lo que sucede con
las cantidades reales, en vez de aprender a manipular los símbolos, tal como nos enseñan a nosotros los adultos.

■ CUARTO PASO *(Las cifras)*

Este paso es ridículamente sencillo. Ya podemos comenzar
el proceso de enseñar las cifras o símbolos que representan los
valores o cantidades verdaderas que su hijo ya conoce tan bien.

Deberá preparar un conjunto de tarjetas de cifras para su hijo. Lo mejor es preparar un conjunto completo, del cero al cien. Deberá prepararlas en cartulinas de 11 ✕ 11 pulgadas (28✕ 28 cm.), y los números deberán escribirse con un rotulador rojo grueso. Debe escribir cifras muy grandes: de 6 pulgadas (15 cm.) de altura, y al menos 3 pulgadas (7,5 cm.) de ancho. Procure hacer trazos gruesos para que las cifras se vean claramente.

Escriba las cifras de una manera consistente. Su hijo necesita que la información visual sea consistente y fiable. Esto le ayuda enormemente.

Rotule siempre el título de sus materiales en la esquina superior izquierda del dorso. Haciéndolo así sabrá siempre que lo está presentando del derecho cuando se lo enseñe a su hijo.

No era preciso tener en cuenta esto con las tarjetas de puntos que ya preparó para enseñar las cantidades, dado que estas tarjetas no están del derecho ni del revés. En realidad, a usted le interesa presentar estas tarjetas de cualquier manera que se presenten: por eso ha rotulado usted las cuatro esquinas del dorso de estas tarjetas, y no sólo en la esquina superior izquierda.

En el dorso de las tarjetas de cifras vuelva a rotular la cifra en el ángulo superior izquierdo del dorso. Escríbala de cualquier tamaño que le resulte cómodo para verla y leerla. Puede escribirla a lápiz o con bolígrafo.

Sus tarjetas de cifras deberán tener el aspecto siguiente:

A veces, las madres se vuelven perfeccionistas y se sirven de plantillas para preparar sus tarjetas. Así preparan unas tarjetas de cifras muy hermosas; pero el tiempo de preparación es prohibitivo. Recuerde que su tiempo es precioso.

La limpieza y la legibilidad son mucho más importantes que la perfección. Es frecuente que las madres descubran que los padres preparan muy bien las tarjetas y que a ellos les gusta colaborar en el programa de matemáticas.

En esta etapa de su programa diario estará realizando tres sesiones de ecuaciones al día, con un poco de resolución de problemas al final de cada sesión, pero ya habrá terminado hace mucho las seis sesiones que realizaba en un principio para enseñar las tarjetas de puntos. A continuación, enseñará las tarjetas de cifras exactamente del mismo modo que enseñó hace varios meses las tarjetas de puntos.

Tendrá dos conjuntos de tarjetas de cifras con cinco tarjetas en cada conjunto. Empiece con las tarjetas del 1 al 5 y del 6 al 10. Puede enseñarlas ordenadas la primera vez, pero después de esa primera vez baraje siempre las cartas para que la secuencia sea imprevisible. Como antes, retire cada día las dos cifras más bajas y añada las dos siguientes. Asegúrese de que cada uno de los conjuntos que se enseñan contiene una carta nueva cada día, en vez de que uno de los dos conjuntos contenga dos cartas nuevas mientras que el otro sigue igual que el día anterior.

Enseñe tres veces al día cada uno de los tres conjuntos. Advierta que su hijo puede aprender estas tarjetas con una rapidez increíble, por lo cual usted deberá estar preparada para ir todavía más deprisa si es necesario. Si advierte que está perdiendo la atención y el interés de su hijo, acelere la introducción de materiales nuevos. En vez de retirar dos tarjetas al día, retire tres o cuatro tarjetas e introduzca tres o cuatro tarjetas nuevas. En este punto puede descubrir que tres veces al día es una frecuencia excesiva. Si su hijo mantiene el interés durante las dos primeras sesiones pero suele escurrir el bulto en la tercera, reduzca la frecuencia de tres veces al día a dos veces al día.

Usted debe ser sensible en todo momento a la atención de su hijo, a su interés y a su entusiasmo. Cuando se observan cuidadosamente estos elementos, serán unas herramientas preciosas para dar forma y modelar el programa diario de su hijo con el fin de ajustar sus necesidades al ir cambiando y desarrollándose él.

Usted deberá tardar cincuenta días, como mucho, en completar todas las cifras del 0 al 100. Lo más probable es que tarde mucho menos.

Cuando haya llegado a la cifra 100 podrá mostrar con toda libertad diversas cifras mayores que el 100. Su hijo se emocionará al ver las cifras 200, 300, 400, 500 y 1.000. Después, vuelva atrás y muéstrele ejemplos como 210, 325, 450, 586, 1.830. No crea que debe enseñar a su hijo todas y cada una de las cifras que existen. Esto lo aburriría enormemente. Ya le ha enseñado los principios básicos del reconocimiento de cifras al estudiar del 0 al 100. A continuación, aventúrese a darle a probar una dieta variada de cifras.

Cuando le haya enseñado las cifras del cero al veinte habrá llegado el momento de emprender el paso de unión por el cual se relacionarán los símbolos con los puntos. Esto se puede hacer de muchas maneras. Una de las más sencillas consiste en volver a las igualdades, a las desigualdades, al mayor que y menor que, y utilizar conjuntamente las tarjetas de puntos y las tarjetas de símbolos.

Tome la tarjeta de puntos correspondiente al diez y póngala en el suelo; ponga a continuación el símbolo de desigualdad y después la cifra 35, y diga: «Diez no es igual a treinta y cinco.»

Una sesión podía ser así:

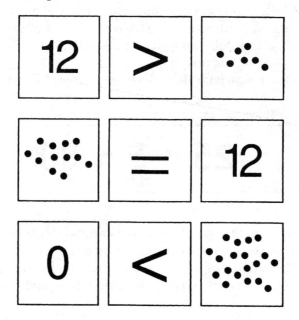

Cuando vaya cubriendo las tarjetas de cifras, juegue a este juego con tantas tarjetas de cifras y de puntos como se lo permita su tiempo y su disposición. A los niños también les gusta participar y elegir sus propias combinaciones con las tarjetas de puntos y de cifras.

Aprender las cifras es un paso muy sencillo para su hijo. Háganlo con rapidez y con alegría para poder llegar al quinto paso tan pronto como sea posible.

■   QUINTO PASO (*Ecuaciones con cifras*)

El quinto paso es, en realidad, una repetición de todo lo que se ha visto antes. Es una recapitulación de todo el proceso de la suma, la resta, la multiplicación, la división, las secuencias, las igualdades, las desigualdades, el mayor que, el menor que, las raíces cuadradas, los quebrados y el álgebra sencilla.

Ahora necesitará usted una buena provisión de tarjetas de cartulina en tiras de 18 pulgadas (46 cm.) de largo por 4 pulgadas (10 cm.) de ancho. Estas tarjetas se utilizarán para preparar tarjetas de ecuaciones con cifras. Le recomendamos que en esta etapa pase de usar el rotulador rojo al negro. Las cifras que escribirá serán más pequeñas que antes, y el negro proporciona un mayor contraste que el rojo para estas cifras más pequeñas. Las cifras deberán tener 2 pulgadas (5 cm.) de altura y 1 pulgada (2,5 cm.) de ancho.

Sus primeras tarjetas deberán tener el aspecto siguiente:

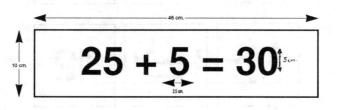

Vuelva ahora al segundo paso del camino y siga las instrucciones del mismo, con la diferencia de que esta vez utilizará tarjetas de ecuaciones nuevas, con cifras, en lugar de las tarjetas de puntos. Cuando haya completado el segundo paso, siga con el tercer paso.

Para el tercer paso necesitará preparar unos materiales adecuados para presentar oportunidades de resolución de problemas. Prepare una buena cantidad de tarjetas sin soluciones escritas en las mismas. Siga utilizando las tarjetas de una sola cifra para proporcionar a su hijo varias opciones donde elegir la respuesta. Le resultará útil escribir siempre la respuesta correcta en el ángulo superior izquierdo del dorso de estas tarjetas para resolución de problemas, además del problema mismo, para que usted no tenga que dudar nunca cuál es la respuesta correcta.

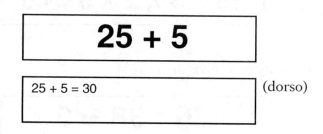

He aquí algunos ejemplos del aspecto que deberán tener sus materiales cuando usted vaya cubriendo las operaciones que ya ha realizado con puntos.

Ecuaciones de resta

$$30 - 12 = 18$$

$$92 - 2 - 10 = 80$$

$$100 - 23 - 70 \neq 0$$

Ecuaciones de multiplicación

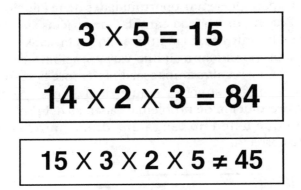

$$3 \times 5 = 15$$

$$14 \times 2 \times 3 = 84$$

$$15 \times 3 \times 2 \times 5 \neq 45$$

Ecuaciones de división

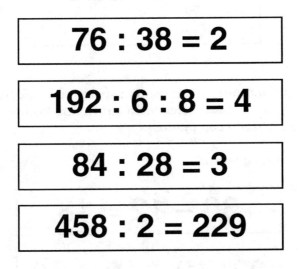

$$76 : 38 = 2$$

$$192 : 6 : 8 = 4$$

$$84 : 28 = 3$$

$$458 : 2 = 229$$

Siga utilizando estas cifras de 2 pulgadas (5 cm.) durante el tiempo suficiente para asegurarse de que su hijo se siente cómodo con ellas. Cuando esta parte de su programa marche con regularidad, podrá empezar a hacer las cifras menores. El proceso debe ser gradual. Si reduce las cifras demasiado deprisa, perderá la atención y el interés de su hijo.

Cuando haya reducido gradualmente el tamaño de las cifras a una pulgada (2,5 cm.) o menos, dispondrá de más espacio en las tarjetas para escribir ecuaciones más largas y más avanzadas. Llegado este punto, y dentro de su programa de resolución de problemas, su hijo puede optar por elegir números y símbolos de operaciones (=, ≠, +, −, 3 , ÷) y preparar sus propias ecuaciones para que usted le diga el resultado. Tenga la calculadora a mano: ¡la necesitará!

Sumario

Cuando usted haya completado los cinco pasos del Camino de las Matemáticas habrá terminado la primera fase de la aventura de su hijo con las matemáticas, que durará toda su vida. A él se le habrá presentado el mundo de la aritmética de una manera maravillosamente gozosa. Habrá dominado cuatro verdades básicas pero vitales en las matemáticas.

En primer lugar, habrá aprendido el concepto de cantidad. De hecho, será capaz de distinguir muchas cantidades entre sí.

En segundo lugar, habrá aprendido a unir estas cantidades y a disgregarlas. Habrá visto centenares de combinaciones y permutaciones diferentes de las cantidades.

En tercer lugar, habrá aprendido que existen unos símbolos que utilizamos para representar la realidad de cada una de las cantidades, y habrá aprendido a leer dichos símbolos.

Y, por último, y más importante, conocerá la diferencia entre la realidad de la cantidad y los símbolos que se han elegido arbitrariamente para representar estas cantidades.

La aritmética será para él el final de la primera fase, pues ahora será capaz de saltar con facilidad y con alegría desde los sencillos mecanismos de la aritmética hasta el mundo mucho más fascinante y creativo de las matemáticas superiores. Es un mundo de pensamiento, de razonamiento y de lógica: no se trata de simples cálculos previsibles, sino de una verdadera aventura en la que siempre se están descubriendo cosas nuevas.

Por desgracia, es un mundo en el que han entrado muy pocos. La mayoría huimos de las matemáticas a la primera oportunidad, y mucho antes de tener a la vista el mundo emocionante de las matemáticas superiores. De hecho, éste ha sido considerado siempre un coto cerrado al que sólo tenían acceso unos pocos afortunados. La aritmética, en vez de servir de trampolín para saltar a las matemáticas superiores, servía para cerrar las puertas de este lenguaje maravilloso.

Todo niño debe tener derecho a dominar este lenguaje magnífico. Usted habrá comprado a su hijo el pasaporte.

21

La magia está en el niño...
y en usted

Sólo podemos dejar dos legados perdurables a nuestros hijos.
El primero son las raíces; el segundo, las alas.

HODDING CARTER

———•———

LA PARTE MÁS IMPORTANTE del arte de multiplicar la inteligencia de su bebé es aprender lo que es verdaderamente su bebé y lo que puede llegar a ser en virtud de sus posibilidades.

Usted ya ha aprendido también los detalles básicos del arte de enseñar a su bebé. Pero ¡cuidado! Nosotros, los seres humanos, atesoramos las técnicas. Nos encanta el «saber hacer». De hecho, nosotros los estadounidenses nos enorgullecemos de nuestro saber hacer. Pero a veces ponemos el saber hacer por delante del «saber por qué» en cuanto a importancia. No debemos hacerlo así.

Los principios del desarrollo del cerebro y las causas de su crecimiento son infinitamente más importantes que las técnicas o que los «saber hacer».

Las técnicas no tienen nada de mágicas.

La magia está en el niño.

No se enamore usted de las técnicas.

Por el contrario, tenga la seguridad de haber adquirido una comprensión a fondo del modo en que se desarrolla el cerebro y de las causas por las que se desarrolla así.

Es infinitamente más importante.

Si usted *sólo* aprende técnicas, por muy bien que las aprenda le faltará la certidumbre y la confianza que otorga el hecho de comprender los principios y la filosofía. En tales circunstancias, usted llevará a cabo las técnicas mal.

Con el paso del tiempo, cuando a usted se le vayan olvidando las técnicas, sus conocimientos degenerarán y usted sabrá cada vez menos.

Por otra parte, si comprende verdaderamente lo que hace y por qué lo hace, sus conocimientos aumentarán a pasos agigantados, y al final usted será capaz de inventar más técnicas, e incluso técnicas mejores que las que le hemos enseñado en este libro.

Hemos dedicado años enteros a desarrollar estas técnicas, y son espléndidas. Lo que es más importante todavía: dan resultado, y muy bien. Pero hay una cosa que usted no deberá olvidar nunca:

La magia no está en las técnicas; la magia está en el niño. La magia está en su cerebro increíble. La magia está en usted.

Un miembro del personal viajaba una vez en avión de Sydney a San Francisco. Es un viaje largo. A su lado iba sentada una joven madre que rebosaba de entusiasmo por una aventura que había vivido recientemente. El miembro del personal la escuchaba encantado mientras ella le hablaba de un curso maravilloso que había seguido en Filadelfia llamado «Cómo multiplicar la inteligencia de su bebé».

Cuando ella se tranquilizó un poco, él le preguntó:

—Y estas cosas ¿funcionan?

—Sí, claro que funcionan —respondió ella.

—¿De modo que usted ha empezado, verdaderamente, a enseñar a su hija a leer, y matemáticas, y todas esas cosas?

—Sí, un poco —respondió ella—, y es divertido. Pero en realidad eso no es lo más importante.

—Ah. ¿Qué es lo más importante, entonces?

—Pues que todas nuestras vidas han cambiando y quedarán cambiadas para siempre.

—¿De verdad?

—Claro que sí. Yo siempre la había querido mucho, y ahora la quiero todavía más porque ahora la respeto más y la comprendo mucho mejor. Comprendo plenamente toda la magnitud del milagro, como no lo había comprendido hasta ahora.

»Ahora nos amamos y nos respetamos mutuamente más de lo que yo hubiera creído posible. En consecuencia, hablo con ella de una manera completamente diferente de cómo la habría hablado antes. Aunque yo no le hubiera enseñado nunca una palabra de lectura o una sola tarjeta de matemáticas, nuestras vidas habrían quedado totalmente cambiadas por la experiencia, igualmente.

Esta madre sabía que la magia estaba en su hija.

Nosotros, los padres, somos lo mejor que pueden tener los bebés, pero en el último medio siglo nos han obligado, por medio de amenazas, a que hagamos unas cosas muy raras.

Queremos mucho a nuestros hijos y, por ello, soportamos todos los pañales sucios, los mocos, los momentos de terror cuando los perdemos de vista durante un momento en una playa llena de gente, las fiebres altas que parece que sólo se presentan a las dos de la madrugada, las carreras al hospital y todas las demás cosas que acompañan al hecho de ser padres y de querer a nuestros hijos.

Pero cuando llega el momento de presentarles toda la belleza fascinante que hay en el mundo (todo lo hermoso que se ha escrito en nuestras lenguas, todos los bellos cuadros que se han pintado, toda la música conmovedora que se ha compuesto, todas las esculturas maravillosas que se han tallado) esperamos a que tengan seis años, cuando ya ha terminado todo, prácticamente, y entonces, trágicamente, dejamos esa gozosa oportunidad en manos de un extraño llamado maestro, que en muchos casos no considera que se trate de una oportunidad gozosa.

Nos perdemos la magia que se produce cuando la madre, el padre y el niño pequeño aprenden juntos. Se trata del equipo de aprendizaje más mágico que ha existido nunca en el mundo.

A veces nos obligan, con amenazas, a que hagamos cosas muy extrañas.

La magia de cualquier niño nace en él. Viene con él, y si tenemos la sabiduría suficiente para reconocerla y nutrirla, la magia sigue con él durante el resto de su vida. Si respetamos la magia, pasamos a formar parte de ella.

Toda madre y todo padre han vivido una sensación de asombro y de maravilla cuando han contemplado a su hijo recién nacido.

Todo padre y toda madre conocen esa magia.

La magia no está en la cartulina ni en los rotuladores rojos, no está en los puntos, y desde luego no está en el sistema escolar. La magia no está, siquiera, en los Institutos para el Logro de las Posibilidades Humanas.

La magia está en su hijo. Él tiene su propia magia, de características únicas, diferente a cualquier magia que se haya visto antes.

Descubra esa magia y entréguele la de usted.

Si este libro aporta a una sola madre un respeto nuevo y profundo hacia su bebé, entonces habrá valido la pena. Pues esto, por sí mismo, producirá un cambio poderoso e importante en todas las madres y en todos los bebés a los que afecte.

De eso trata la Revolución Pacífica.

Los autores

———— • ————

GLENN DOMAN se licenció en fisioterapéutica en la Universidad de Pensilvania en 1940. A partir de entonces comenzó a realizar una labor pionera en el campo del desarrollo del cerebro infantil. En 1955 fundó en Filadelfia los Institutes for the Achievement of Human Potential (Institutos para el Logro de las Posibilidades Humanas). A principios de los sesenta, la labor realizada en los Institutos, y reconocida en todo el mundo, con los niños que padecían lesiones cerebrales había conducido a unos descubrimientos fundamentales sobre el crecimiento y el desarrollo de los niños sanos. El autor ha convivido, ha estudiado y ha trabajado con niños de más de 100 países, desde los más civilizados hasta los más primitivos. El gobierno brasileño lo ha condecorado por su labor destacada en pro de los niños del mundo.

Glenn Doman es autor de los éxitos internacionales de la serie La Revolución Pacífica, compuesta por los libros *Cómo enseñar a leer a su bebé*, *Cómo enseñar matemáticas a su bebé*, *Cómo multiplicar la inteligencia de su bebé*, *How to Give Your Baby Enciclopedic Knowledge* y *How to Teach Your Baby to Be Physically Superb*. También ha escrito *What to Do About Your Brain-Injured Child*, una guía para los padres de niños lesionados. Actualmente sigue dedicando todo su tiempo a enseñar a los padres, tanto de niños lesionados como sanos.

Glenn Doman y los expertos en desarrollo cerebral infantil de los Institutos llevan más de treinta años demostrando que los niños muy pequeños son mucho más capaces de aprender de lo que hemos imaginado nunca. Doman ha tomado estos trabajos notables (unos trabajos que exploran por qué los niños aprenden mejor y más deprisa desde el nacimiento hasta los seis años que a edades más avanzadas) y le ha dado una aplicación práctica. Como fundador de los Institutos para el Logro de las Posibilidades Humanas, ha creado un programa completo de desarrollo temprano que cualquier padre o madre puede seguir en casa.

Cuando Glenn Doman decidió poner al día los libros de la serie de la Revolución Pacífica, fue natural que su hija le ayudase a redactar y a organizar la información nueva que se había adquirido en las tres últimas décadas de experiencia que habían transcurrido desde que se escribieron las primeras versiones de algunos de los libros.

JANET DOMAN es directora de los Institutos para el Logro de las Posibilidades Humanas. Después de terminar sus estudios de zoología en la Universidad de Hull, en Inglaterra, y de antropología física en la Universidad de Pensilvania, se dedicó a enseñar programas de lectura temprana a los padres en los Institutos. Pasó casi dos años en la Asociación del Desarrollo Temprano, en el Japón, donde creó programas para las madres. De allí regresó a Filadelfia para dirigir el Instituto Evan Thomas, una escuela singular para las madres y los bebés. El programa de desarrollo temprano condujo a la creación de la Escuela Internacional para los niños que completaban el programa de desarrollo temprano.

Janet pasa muchas horas al día tratándose cara a cara con «las mejores madres del mundo», ayudándolas a descubrir las amplias posibilidades de sus bebés y las posibilidades de ellas mismas como maestras.

Índice de materias

Todos aquellos lectores que estén interesados en contactar con los autores, pueden dirigir su correspondencia a la siguiente dirección:

I. A. H. P.
8801 Stenton Avenue
Wyndmoor, PA 19038
USA

7/16 (11) 12/11